中国高被引分析报告
2020

曾建勋　主编

科学技术文献出版社
SCIENTIFIC AND TECHNICAL DOCUMENTATION PRESS
·北 京·

图书在版编目（CIP）数据

中国高被引分析报告. 2020 / 曾建勋主编. —北京：科学技术文献出版社，2022.6
ISBN 978-7-5189-9274-4

Ⅰ.①中…　Ⅱ.①曾…　Ⅲ.①期刊—文献计量学—统计资料—中国—2020　Ⅳ.①G255.2 ②G350

中国版本图书馆CIP数据核字（2022）第101732 号

中国高被引分析报告2020

策划编辑：周国臻　　责任编辑：李　鑫　　责任校对：张　微　　责任出版：张志平

出 版 者　科学技术文献出版社
地　　址　北京市复兴路 15 号　邮编 100038
编 务 部　（010）58882938，58882087（传真）
发 行 部　（010）58882868，58882870（传真）
邮 购 部　（010）58882873
网　　址　www.stdp.com.cn
发 行 者　科学技术文献出版社发行　全国各地新华书店经销
印 刷 者　中煤（北京）印务有限公司
版　　次　2022 年 6 月第 1 版　2022 年 6 月第 1 次印刷
开　　本　787×1092　1/16
字　　数　416 千
印　　张　19
书　　号　ISBN 978-7-5189-9274-4
定　　价　198.00 元

《中国高被引分析报告2020》
编辑委员会

通信地址：北京市海淀区复兴路15号　100038
中国科学技术信息研究所　信息资源中心
网　　址：http://www.istic.ac.cn
电　　话：010-8882369　58882061
传　　真：010-58882321
电子信箱：library@istic.ac.cn

前　　言

自 1964 年美国科学信息研究所创办出版《科学引文索引》（Science Citation Index，SCI）以来，科学引文数据库以其独特的引证途径和耦合特征，形成了对期刊、论文、学术机构、学者等相关的科学计量指标。2001 年推出的基本科学指标（Essential Science Indicators，ESI），对全球学术机构、学术论文、学者被引频次的前 1%进行统计排行，形成了 22 个专业领域的高被引学术机构、高被引论文和高被引学者等指标，从多个维度对国家/地区科研水平、机构学术声誉、学者学术影响力及期刊学术水平进行评估。

近年来，我国学术论文产出逐年提高，对我国学术期刊进行有效采集，对学术论文进行规范加工，形成完整系统的“中国知识链接数据库”，是推进我国学术论文开放共享和公益传播的基础，也是进行我国科技论文引文计量分析的前提。中国科学技术信息研究所自 2000 年以来收录我国出版的学术期刊论文，囊括了我国出版的科技类和社科类学术期刊 7000 余种，累积论文 5500 余万篇，引文记录 29500 余万条，是目前最完备的中文期刊论文引文库。一方面提供信息检索与全文传递公益服务；另一方面形成中国科学引文索引 CSCI（http://csci.istic.ac.cn）数据平台，成为我国最大的基于期刊论文引文的检索评价工具。

目前，基于引文进行文献情报计算、基于引证关系进行知识关联分析已成为科学监测和科学评价的重要手段。为了科学地利用论文引文海量数据，遴选各学科高被引论文，合理测算科研机构的学术影响力，我们基于“中国知识链接数据库”，借助中国科学引文索引 CSCI 数据平台，全面深化学科高被引分析，自 2007 年始，编制出版《中国期刊高被引指数》，于 2011 年对学术论文数据按学科进行统计分析，以图谱、表格等方式展现，编制出版《中国高被引指数分析》，并于 2012 年最终形成按年编卷出版的系列《中国高被引分析报告》。

《中国高被引分析报告 2020》以我国正式出版的各学科 7000 余种中、英文期刊（不包括少数民族语种期刊和港、澳、台地区出版的期刊）为统计源刊，经过对期刊引文数据的规范化处理，以高被引论文为基础，按期刊所属学科类别统计，从主题、期刊、作者、机构等多个角度分学科进行高影响力分析，全面展现各个学科领域的高被引情况。按学科领域反映高被引论文、高被引期刊、高被引作者、高被引机构、高被引国外期刊等，并利用共被引分析等方法，借助可视化工具进行论文主题关联分析，力求直观地展现领域内研究主题关联情况。

在整个编写过程中，尽管力求严格规范、细致准确、精益求精。但是，由于一些实际情况，如期刊的更名合并、引用文献著录不规范、期刊缩简写各异或学报版本更迭、作者重名、机构演化变更等，给我们的统计、分析和编写工作带来了很大困难，错误和疏漏在所难免，诚望广大读者不吝赐教，批评指正。

编　者

2021 年 11 月

目　录

第 1 章　编制说明

1.1　数据来源

《中国高被引分析报告 2020》统计了 2019 年我国正式出版的各学科 7050 种中、英文期刊（不包括少数民族语种期刊和港、澳、台地区出版的期刊），经过期刊引文数据规范化处理，依托“中国知识链接数据库”进行统计分析、数据挖掘和知识链接，再以图谱、表格等方式加以展现，按年编卷出版。

根据期刊主题，《中国高被引分析报告 2020》参考《中国图书资料分类法（第四版）》的学科分类，按照“突出基础、科技类学科，兼顾人文、社科类学科”的原则将统计源论文划分为 55 个学科，详情见表 1-1。

表 1-1　《中国高被引分析报告 2020》学科分类

章	学科名称	章	学科名称
2	自然科学总论	20	特种医学
3	数学	21	药学
4	物理学	22	农业科学与工程
5	化学	23	植物保护学
6	天文学、地球科学	24	农作物
7	生物科学与工程	25	园艺学
8	预防医学、卫生学	26	林业
9	中医药	27	畜牧兽医
10	基础医学	28	水产、渔业
11	临床医学	29	工程技术总论
12	护理学	30	通用工业技术
13	内科学	31	测绘科学技术
14	外科学	32	矿业工程
15	妇产科学、儿科学	33	石油、天然气工业
16	神经病学、精神病学	34	冶金工业
17	肿瘤学	35	金属学与金属工艺
18	皮肤病学与性病学	36	机械、仪表工业
19	五官科学	37	能源与动力工程

续表

章	学科名称	章	学科名称
38	电工技术	48	环境科学、安全科学
39	无线电电子学、电信技术	49	社会科学总论
40	信息科学与系统科学	50	管理学
41	计算机科学与技术	51	法学
42	化学工程	52	经济
43	轻工业、手工业	53	新闻出版
44	建筑科学	54	图书情报档案
45	水利工程	55	教育
46	交通运输	56	语言文艺
47	航空航天		

“中国知识链接数据库”共收录2014—2018年发表的论文1492.38万篇，其总被引频次为2045.83万次，在2019年的被引频次为623.14万次（表1-2）。

表1-2　“中国知识链接数据库”收录2014—2018年发表的论文概况

年份	发文量/篇	2019年被引频次/次	总被引频次/次	高被引论文数量/篇
2014	2807535	759168	5325134	28021
2015	2950090	1007192	5199796	29373
2016	3049823	1451444	4752893	30561
2017	3127008	1743578	3592531	30699
2018	2989379	1270039	1587904	27322
合计	14923835	6231421	20458258	145976

1.2　高被引分析指数

为全面反映、客观评判学者、机构及期刊等各个科研主体的高被引情况，本书选取了发文量/载文量、被引频次、被引率、5年影响因子、高被引论文、高影响力期刊、高被引作者、高被引机构、高被引国外期刊等多种角度来揭示学科被引情况。具体包括以下内容。

（1）发文量/载文量

总发文量：在数据统计的时间范围内，某学者或机构在国内正式期刊上发表的学术论文数量总和。期刊载文量：在数据统计的时间范围内，某期刊登载的学术论文数量。学科发文量：在数据统计的时间范围内，某学者或机构在国内某学科的正式期刊上发表的学术论文数量。

●5 年发文量/5 年载文量

统计发文量/载文量的时间范围限定为：5 年（2014—2018 年）。

（2）被引频次

在文献计量学领域，被引频次常被用于体现学术论文受其他学者关注的程度，并进一步用于反映学术论文的影响力（被引频次并不必然是学术水平的直接体现）。一般情况下，“被引频次”指学术论文被其他学术论文引用的次数。本书在统计被引频次时不排除自引。

●总被引频次

在统计范围内，被统计对象所发表（或刊载）全部学术论文的被引频次的累计值。

●2019 年被引频次

被统计对象 5 年（2014—2018 年）发文在 2019 年被其他学术论文引用的次数。若同一被统计对象发表（或刊载）的 2 篇或多篇论文同时被 1 篇论文引用，则只计作 1 次被引。

●篇均被引频次

用作统计的论文集合的平均被引用次数。

（3）被引率

以期刊被引率为例（同理可计算学者和机构的论文被引率）：期刊前 5 年刊载的学术论文中，在统计当年获得过引用的论文占载文总数的比例。被引率反映期刊论文被利用的情况，被引率越高的期刊，其刊载论文的被引用概率越高。具体算法为：

$$\text{期刊被引率}=\frac{\text{期刊前 5 年刊载并在统计当年被引用过的论文数量}}{\text{期刊前 5 年刊载的论文数量}}\times 100\%。$$

在各学科的第一个表中合计被引率反映的是 2014—2018 年该学科发表论文的整体被引情况。

（4）5年影响因子

5 年影响因子主要用于反映期刊所载论文的总体被引情况。

期刊 5 年影响因子是指某期刊前 5 年刊载的所有学术论文在统计当年的篇均被引频次。具体算法为：

$$\text{期刊5年影响因子}=\frac{\text{期刊前5年刊载的论文在统计当年的总被引频次}}{\text{期刊前5年刊载的论文数量}}。$$

（5）高被引论文

某学科 2019 年被引用过的论文中，按论文被引频次高低排序，排位在前 1%的论文定义为“高被引论文”。

（6）高影响力期刊

将某学科内期刊 5 年影响因子较高的期刊定义为“高影响力期刊”。将在 2019 年被某学科论文引用较多的国外期刊定义为“高被引国外期刊”。

（7）高被引作者

前 5 年内在某学科期刊发表过论文的作者中，将学科论文累计被引频次从高到低的顺序排列，排在前列的作者定义为“高被引作者”。本书只统计论文的第一作者。

（8）高被引机构

本书将机构划分为高等院校和科研院所两种类型。前 5 年内在某学科期刊发表过论文的机构中，将学科论文累计被引频次排在前列的高等院校和科研院所分别定义为“高被引高等院校”和“高被引科研院所”。对于医学类学科，则视具体被引情况列出“高被引医院”、“高被引高等院校”或“高被引科研院所”等类型的机构。需要说明的是，本书将出现在高被引机构中的行政管理单位归入“科研院所”类别。

1.3　分析框架和方法

本书按照 55 个学科来分别统计学术论文的发表和被引，不但从整体上展现学科内论文发表和被引的数量分布概况，还从期刊、作者、机构等侧面反映学科内学术影响力情况，更进一步利用共现、共被引等方法揭示各学术主体之间内在的主题关联。本书的分析框架如图 1-1 所示。

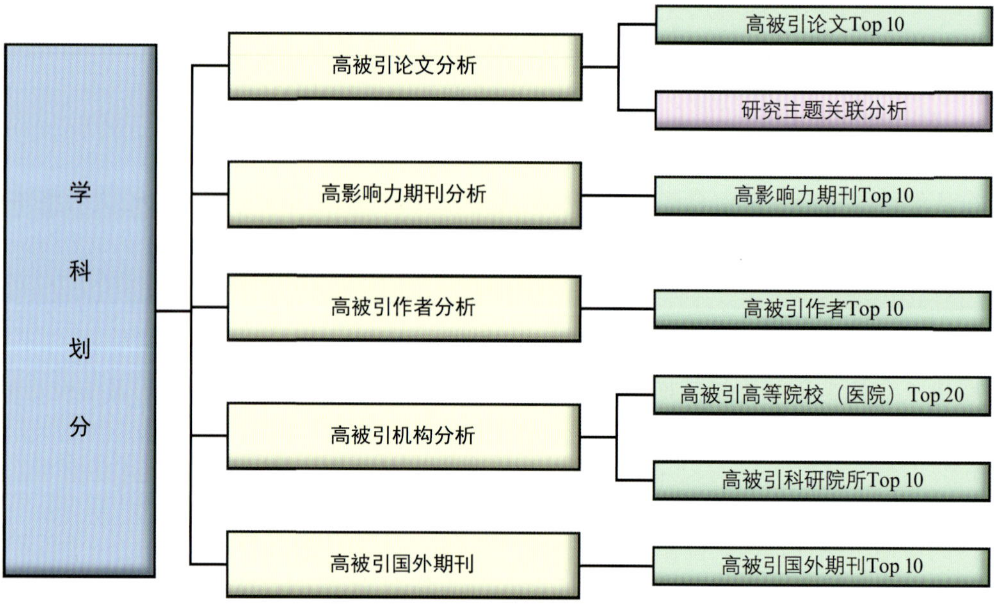

图 1-1　“中国高被引分析”分析框架

（1）高被引论文分析

①高被引论文 Top 10。列出学科内总被引频次排名前 10 位的学术论文的题名、第一作者姓名、来源期刊、发表年份、发表至今的总被引频次（2019 年及之前）及 2019 年的被引频次等指数。

②研究主题关联分析。一方面，由于论文被引存在较长时滞，分析高被引论文的主题难

以贴切反映学科的最新研究热点；另一方面，分析 2019 年发表的各学科全部论文的主题，数据量较大。为此，我们分别抽取各个学科高被引论文的施引文献，借助关键词共现分析来获得各学科的热点主题分布情况，并以知识图谱的形式加以展现。在热点主题关联图中，节点大小代表关键词文档词频的相对高低，连线粗细反映共现次数多少；节点颜色表示主题聚类结果。

共词分析是一种研究词语共现现象的计量分析方法，其原理是：具有概念内涵的两个词语在指定范围内多次共同出现，则假定它们之间存在着某种主题关联，共现频率越高则认为主题关联越紧密。

（2）高影响力期刊分析

高影响力期刊 Top 10。对于各学科内 5 年影响因子排名前 10 位的学术期刊，列出期刊名称、5 年载文量、总被引频次、5 年影响因子、高被引论文数量、h 指数等指标。

（3）高被引作者分析

高被引作者 Top 10。对于学科内 5 年发文总被引频次排名前 10 位的作者，列出作者姓名、作者单位、5 年发文量、总被引频次、篇均被引频次、被引率、h 指数等指标。

（4）高被引机构分析

高被引高等院校（医院）Top 20、高被引科研院所 Top 10。对于学科内论文总被引频次排名前 20 位的高等院校、排名前 10 位的科研院所（部分医学学科分别列出“医院”“高等院校/科研院所”），列出机构名称、5 年发文量、总被引频次、篇均被引频次等指标。

（5）高被引国外期刊

高被引国外期刊 Top 10。对于学科内 2019 年学科被引频次排名前 10 位的国外期刊，列出期刊名称和被引频次。

1.4 其他说明

①在统计论文被引时，本书将 2014—2018 年（共 5 年）的论文数据都统计在内。如果在统计的时间范围内期刊更名，则将更名前后的被引频次累加为新刊名的被引频次。

②在统计中，同一机构的重名作者无法排重，只能按同一作者对待，并对有多个机构的高被引作者进行合并归一。

③为了便于统计，当一位作者有 2 个或 2 个以上的作者机构时，均按其第一个机构名称进行统计。如果统计机构被引频次，则只计算第一作者的第一个机构名称。

④期刊分类基本参考《中国图书资料分类法（第四版）》。由于标引过程中对期刊的理解偏差，可能存在其所分学科不精确的现象。

第 2 章　自然科学总论领域高被引分析

2.1　领域论文概况

2014—2018 年，自然科学总论领域的 169 种期刊上共发表学术论文 129581 篇，由来自 15678 所机构的 103860 位学者作为第一作者发表。上述论文中，有 52203 篇获得过引用，整体被引率为 40.3%，总被引频次为 128626 次，篇均被引 0.99 次；其中，高被引论文有 1225 篇，高被引论文篇均被引 15.11 次（表 2-1）。另外，2019 年本领域共发表论文 19924 篇，其中有 1230 篇在当年获得过引用，总共被引 1504 次。

表 2-1　自然科学总论领域论文分布情况

年份	论文数量/篇	总被引频次/次	被引率/%	高被引论文数量/篇	高被引论文被引频次/次
2014	30551	37457	42.5	303	5831
2015	31451	34572	41.6	272	4880
2016	25352	27627	43.7	254	4161
2017	21328	19783	43.8	222	2516
2018	20899	9187	27.4	174	1125
合计	129581	128626	40.3	1225	18513

2.2　高被引论文分析

在自然科学总论领域，2014—2018 年发表的总被引频次 Top 10 论文（表 2-2）的平均被引频次为 98.0 次，是全部 1225 篇高被引论文篇均被引频次的 6.49 倍。从论文分布来看，刊载高被引论文数量居前 3 位的期刊分别是《科学通报》（167 篇）、《西南师范大学学报（自然科学版）》（82 篇）和《北京大学学报（自然科学版）》（60 篇），其中，《科学通报》刊载了高被引论文 Top 10 中的 5 篇；发表高被引论文数量居前 3 位的学者分别是青岛科技大学的丁锋（6 篇）、喀什大学的张四保（5 篇）和渤海大学的赵美娜（4 篇）；产出高被引论文数量居前 3 位的机构分别是西南大学（55 篇）、北京大学（40 篇）和兰州大学（22 篇）。

表 2-2　自然科学总论领域高被引论文 Top 10

序号	论文题名	第一作者	期刊名称	发表年份	被引频次/次	
					总频次	2019 年
1	大数据背景下的高校智慧校园建设探讨	蒋东兴	华东师范大学学报（自然科学版）	2015	217	46
2	“互联网＋”时代课程教学环境与教学模式研究	陈一明	西南师范大学学报（自然科学版）	2016	132	26
3	网络重要节点排序方法综述	任晓龙	科学通报	2014	125	33

续表

序号	论文题名	第一作者	期刊名称	发表年份	被引频次/次	
					总频次	2019 年
4	中国草地资源的现状分析	沈海花	科学通报	2016	80	42
5	中国地表水环境中药物和个人护理品的研究进展	王丹	科学通报	2014	79	13
6	科学大数据与数字地球	郭华东	科学通报	2014	77	13
7	中国PM2.5来源解析方法综述	郑玫	北京大学学报（自然科学版）	2014	70	16
8	四川盆地富有机质页岩硅质生物成因及对页岩气开发的意义	王淑芳	北京大学学报（自然科学版）	2014	70	11
9	基于MATLAB的最小二乘曲线拟合仿真研究	陈岚峰	沈阳师范大学学报（自然科学版）	2014	68	11
10	肠道菌群影响宿主行为的研究进展	罗佳	科学通报	2014	62	21

2.3　研究主题关联分析

在自然科学总论领域，1225 篇高被引论文共被引用了 18513 次。通过分析施引文献关键词的词频及关键词之间的共现关系，获得自然科学总论领域的热点主题和主题关联，如图 2-1 所示。由图可知：“翻转课堂”“教学模式”“教学改革”“云计算”“气候变化”等关键词的文档词频较高，是自然科学总论领域的研究热点；本领域主要形成 3 个研究主题簇，分别以“翻转课堂”“教学改革”为核心，以“智慧校园”“云计算”“深度学习”为核心，以“气候变化”“PM2.5”为核心。

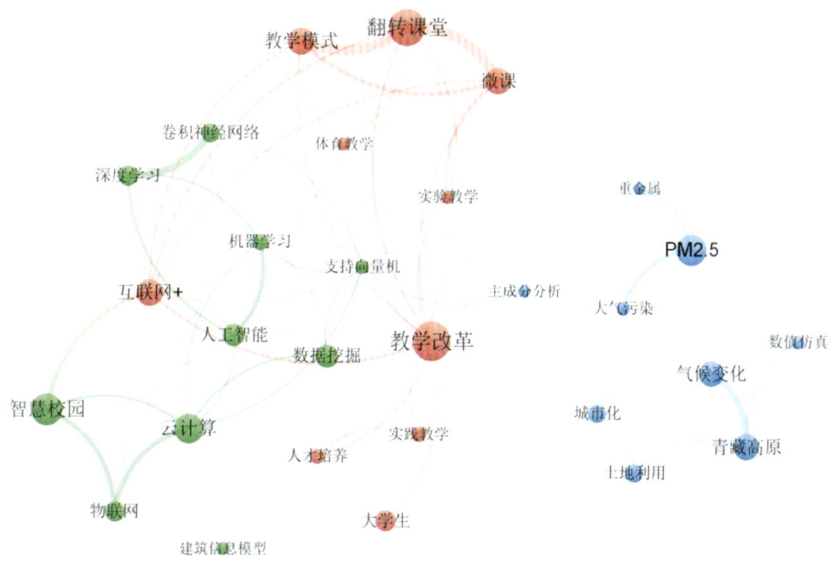

图 2-1　自然科学总论领域热点论文主题关联

2.4 高影响力期刊分析

在自然科学总论领域，5 年影响因子 Top 10 期刊见表 2-3，总被引频次最高的期刊是《科学通报》（6490 次），5 年影响因子最高的期刊是《北京大学学报（自然科学版）》。

表 2-3 自然科学总论领域高被引期刊基本指标

序号	期刊名称	5 年载文量/篇	总被引频次/次	5 年影响因子	高被引论文数量/篇	h 指数
1	北京大学学报（自然科学版）	717	2322	1.052	60	19
2	科学通报	2334	6490	0.841	167	28
3	西南师范大学学报（自然科学版）	2015	4956	0.722	82	19
4	贵州师范大学学报（自然科学版）	678	1172	0.687	19	10
5	西南大学学报（自然科学版）	1688	3411	0.659	35	13
6	兰州大学学报（自然科学版）	676	1626	0.642	23	14
7	北京师范大学学报（自然科学版）	685	1027	0.587	14	11
8	中南民族大学学报（自然科学版）	601	962	0.556	17	10
9	浙江大学学报（英文版）（A辑：应用物理和工程）	427	746	0.550	7	9
10	浙江大学学报（理学版）	599	1048	0.549	12	10

2.5 高被引作者分析

2014—2018 年论文总被引频次 Top 10 的作者见表 2-4。其中，发文总被引频次居前 3 位的作者分别是清华大学的蒋东兴（217 次）、白城师范学院的王佐成（145 次）和广东石油化工学院的陈一明（135 次）。5 年发文量居前 3 位的作者分别是中国传媒大学的黄志洵（38 篇）、中国传媒大学的昝廷全（33 篇）和华东交通大学的吴跃生（31 篇）。

表 2-4 自然科学总论领域高被引作者 Top 10

序号	作者	作者单位	发文量/篇	总被引频次/次	篇均被引频次/次	被引率/%	h 指数
1	蒋东兴	清华大学	1	217	217.00	100.0	1
2	王佐成	白城师范学院	9	145	16.11	100.0	6
3	陈一明	广东石油化工学院	3	135	45.00	100.0	2
4	杨甲山	梧州学院	24	125	5.21	95.8	7
5	任晓龙	杭州师范大学	1	125	125.00	100.0	1
6	张四保	喀什大学	16	107	6.69	87.5	5
7	赵美娜	渤海大学	9	86	9.56	100.0	7

续表

序号	作者	作者单位	发文量/篇	总被引频次/次	篇均被引频次/次	被引率/%	h指数
8	毛北行	郑州航空工业管理学院	22	85	3.86	86.4	6
9	杜先存	红河学院	17	82	4.82	94.1	6
10	沈海花	中国科学院植物研究所	1	80	80.00	100.0	1

2.6　高被引机构分析

自然科学总论领域总被引频次 Top 20 高等院校和总被引频次 Top 10 科研院所的发文和被引情况分别见表 2-5 和表 2-6。

表 2-5　自然科学总论领域高被引高等院校 Top 20

序号	第一作者单位	发文量/篇	总被引频次/次	篇均被引频次/次	序号	第一作者单位	发文量/篇	总被引频次/次	篇均被引频次/次
1	西南大学	1761	3944	2.24	11	华南师范大学	651	810	1.24
2	北京大学	711	1724	2.42	12	福建师范大学	643	789	1.23
3	兰州大学	465	1253	2.69	13	内蒙古民族大学	565	778	1.38
4	北京师范大学	614	1024	1.67	14	浙江大学	464	778	1.68
5	贵州师范大学	612	988	1.61	15	浙江理工大学	769	773	1.01
6	陕西师范大学	801	952	1.19	16	重庆师范大学	583	770	1.32
7	四川大学	747	943	1.26	17	西南民族大学	459	765	1.67
8	中南民族大学	553	885	1.60	18	沈阳师范大学	519	757	1.46
9	贵州大学	779	829	1.06	19	西北师范大学	628	700	1.11
10	福州大学	752	811	1.08	20	上海理工大学	493	685	1.39

表 2-6　自然科学总论领域高被引科研院所 Top 10

序号	第一作者单位	发文量/篇	总被引频次/次	篇均被引频次/次	序号	第一作者单位	发文量/篇	总被引频次/次	篇均被引频次/次
1	中国科学院植物研究所	38	305	8.03	4	广西科学院	121	216	1.79
2	国家知识产权局专利局专利审查协作北京中心	247	226	0.91	5	中国科学院地理科学与资源研究所	61	211	3.46
3	江西省科学院	150	218	1.45	6	中国科学院遥感与数字地球研究所	34	185	5.44

续表

序号	第一作者单位	发文量/篇	总被引频次/次	篇均被引频次/次	序号	第一作者单位	发文量/篇	总被引频次/次	篇均被引频次/次
7	国家知识产权局	287	182	0.63	9	中国科学院大气物理研究所	41	178	4.34
8	国家知识产权局专利局	202	180	0.89	10	中国科学院心理研究所	63	169	2.68

2.7 高被引国外期刊

自然科学总论领域2019年被引频次Top 10的国外期刊见表2-7，排名居前3位的国外期刊分别是*Advanced Materials*、*Nature*和*Science*。

表2-7 自然科学总论领域高被引国外期刊Top 10

序号	期刊名称	2019年被引频次/次
1	Advanced Materials	760
2	Nature	617
3	Science	528
4	Journal of the American Chemical Society	487
5	Scientific Reports	486
6	Nature Communications	461
7	ACS Applied Materials & Interfaces	422
8	Physical Review Letters	371
9	PLOS ONE	359
10	ACS Nano	358

第 3 章　数学领域高被引分析

3.1　领域论文概况

2014—2018 年，数学领域的 42 种期刊上共发表学术论文 27473 篇，由来自 5133 所机构的 21140 位学者作为第一作者发表。上述论文中，有 9052 篇获得过引用，整体被引率为 32.9%，总被引频次为 19230 次，篇均被引 0.70 次；其中，高被引论文有 287 篇，高被引论文篇均被引 10.66 次（表 3-1）。另外，2019 年本领域共发表论文 5358 篇，其中有 323 篇在当年获得过引用，总共被引 442 次。

表 3-1　数学领域论文分布情况

年份	论文数量/篇	总被引频次/次	被引率/%	高被引论文数量/篇	高被引论文被引频次/次
2014	5649	5695	40.2	58	937
2015	5382	4854	39.1	55	703
2016	5403	3792	34.8	56	580
2017	5657	3238	30.5	63	560
2018	5382	1651	19.9	55	278
合计	27473	19230	32.9	287	3058

3.2　高被引论文分析

在数学领域，2014—2018 年发表的总被引频次 Top 10 论文（表 3-2）的平均被引频次为 36.2 次，是全部 287 篇高被引论文篇均被引频次的 3.40 倍。从论文分布来看，刊载高被引论文数量居前 3 位的期刊分别是《数学的实践与认识》（101 篇）、《数学教学通讯》（72 篇）和《系统科学与数学》（18 篇），其中，《数学的实践与认识》刊载了高被引论文 Top 10 中的 4 篇；发表高被引论文数量居前 3 位的学者分别是梧州学院的杨甲山（6 篇）、郑州大学的石东洋（5 篇）和辽宁工程技术大学的崔铁军（4 篇）；产出高被引论文数量居前 3 位的机构分别是梧州学院（6 篇）、郑州大学（6 篇）和上海理工大学（4 篇）。

表 3-2　数学领域高被引论文 Top 10

序号	论文题名	第一作者	期刊名称	发表年份	被引频次/次	
					总频次	2019 年
1	受限波尔兹曼机	张春霞	工程数学学报	2015	56	13
2	浅议如何密切联系小学数学教学与生活	孔涛涛	数学教学通讯	2014	49	3
3	基于多维空间事故树的维持系统可靠性方法研究	崔铁军	系统科学与数学	2014	43	4

续表

序号	论文题名	第一作者	期刊名称	发表年份	被引频次/次	
					总频次	2019 年
4	基于多元线性回归模型的东北地区需水量分析	周晨	数学的实践与认识	2014	38	11
5	二阶椭圆问题一种新格式的高精度分析	石东洋	应用数学学报	2014	34	3
6	基于灰色马尔科夫模型的平顶山市空气污染物浓度预测	杨锦伟	数学的实践与认识	2014	32	5
7	有关Euler函数ψ（n）的方程的正整数解	张四保	数学的实践与认识	2014	31	10
8	数形结合思想在初中数学教学中的应用研究	高爱红	数学教学通讯	2016	27	8
9	一类具有反馈控制的修正Leslie-Gower模型的周期解	李祖雄	应用数学学报	2015	27	5
10	两阶段视角下高技术产业技术创新效率及影响因素研究	陈建丽	数学的实践与认识	2014	25	2

3.3　研究主题关联分析

在数学领域，287 篇高被引论文共被引用了 3058 次。通过分析施引文献关键词的词频及关键词之间的共现关系，获得数学领域的热点主题和主题关联，如图 3-1 所示。由图可知："核心素养""初中数学""高中数学""小学数学"等关键词的文档词频较高，是数学领域的研究热点；本领域主要形成 4 个研究主题簇，分别以"核心素养""高中数学"为核心，以"初中数学""小学数学"为核心，以"翻转课堂""混合式教学"为核心，以"层次分析法""灰色关联分析"为核心。

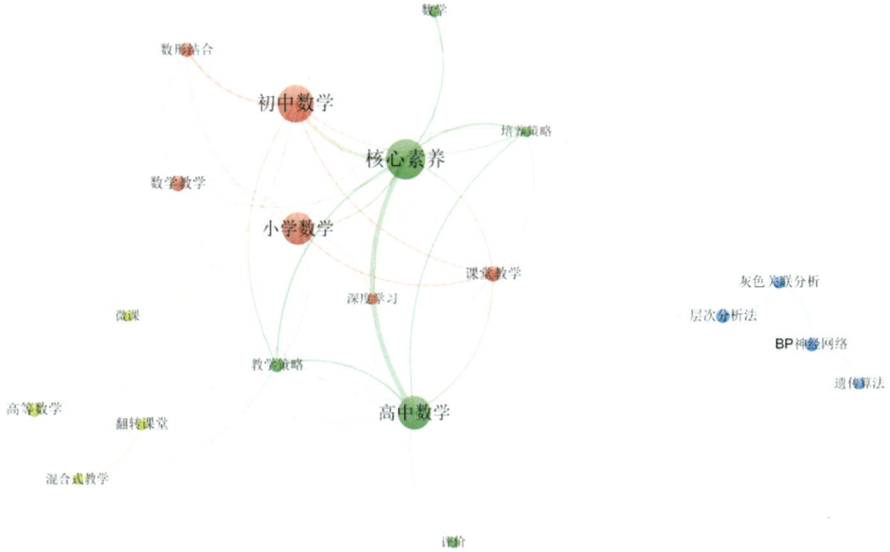

图 3-1　数学领域热点论文主题关联

3.4　高影响力期刊分析

在数学领域，5 年影响因子 Top 10 期刊见表 3-3，总被引频次最高的期刊是《数学的实践与认识》（5509 次），5 年影响因子最高的期刊是《系统科学与数学》。

表 3-3　数学领域高被引期刊基本指标

序号	期刊名称	5 年载文量/篇	总被引频次/次	5 年影响因子	高被引论文数量/篇	h 指数
1	系统科学与数学	838	977	0.419	18	10
2	大学数学	807	920	0.394	13	9
3	数学的实践与认识	4873	5509	0.368	101	15
4	计算数学	172	198	0.302	5	6
5	数学教学通讯	5578	2920	0.290	72	11
6	应用数学学报	427	498	0.286	12	9
7	运筹学学报	266	269	0.286	3	6
8	模糊系统与数学	754	758	0.261	8	8
9	系统科学与复杂性学报（英文版）	485	366	0.256	2	5
10	工程数学学报	358	331	0.251	4	6

3.5　高被引作者分析

2014—2018 年论文总被引频次 Top 10 的作者见表 3-4。其中，发文总被引频次居前 3 位的作者分别是辽宁工程技术大学的崔铁军（111 次）、梧州学院的杨甲山（86 次）和郑州大学的石东洋（83 次）。5 年发文量居前 3 位的作者分别是赤峰学院的刘春辉（30 篇）、中国人民解放军海军指挥学院的时统业（22 篇）和河北工业大学的金少华（20 篇）。

表 3-4　数学领域高被引作者 Top 10

序号	作者	作者单位	发文量/篇	总被引频次/次	篇均被引频次/次	被引率/%	h 指数
1	崔铁军	辽宁工程技术大学	10	111	11.10	100.0	5
2	杨甲山	梧州学院	10	86	8.60	100.0	6
3	石东洋	郑州大学	8	83	10.38	87.5	5
4	张春霞	西安交通大学	1	56	56.00	100.0	1
5	刘春辉	赤峰学院	30	51	1.70	50.0	4
6	孔涛涛	徐州开发区实验小学	1	49	49.00	100.0	1
7	冯依虎	亳州师范高等专科学校	5	43	8.60	100.0	4
8	周晨	吉林大学	1	38	38.00	100.0	1

续表

序号	作者	作者单位	发文量/篇	总被引频次/次	篇均被引频次/次	被引率/%	h 指数
9	杨锦伟	平顶山学院	1	32	32.00	100.0	1
10	管训贵	泰州学院	11	31	2.82	72.7	3

3.6 高被引机构分析

数学领域总被引频次 Top 20 高等院校和总被引频次 Top 10 科研院所的发文和被引情况分别见表 3-5 和表 3-6。

表 3-5 数学领域高被引高等院校 Top 20

序号	第一作者单位	发文量/篇	总被引频次/次	篇均被引频次/次	序号	第一作者单位	发文量/篇	总被引频次/次	篇均被引频次/次
1	上海理工大学	233	186	1.25	11	东北石油大学	114	112	0.98
2	辽宁工程技术大学	171	82	2.09	12	太原理工大学	118	111	0.94
3	合肥工业大学	159	178	0.89	13	北京航空航天大学	115	111	0.97
4	北京师范大学	154	154	1.00	14	安徽大学	120	107	0.89
5	东北财经大学	140	79	1.77	15	江南大学	62	105	1.69
6	武汉大学	131	147	0.89	16	赤峰学院	91	100	1.10
7	陕西师范大学	131	142	0.92	17	西北师范大学	147	98	0.67
8	西安交通大学	126	81	1.56	18	南京航空航天大学	134	98	0.73
9	郑州大学	120	55	2.18	19	四川师范大学	95	94	0.99
10	上海大学	114	271	0.42	20	梧州学院	14	94	6.71

表 3-6 数学领域高被引科研院所 Top 10

序号	第一作者单位	发文量/篇	总被引频次/次	篇均被引频次/次	序号	第一作者单位	发文量/篇	总被引频次/次	篇均被引频次/次
1	中国科学院数学与系统科学研究院	172	138	0.80	3	如皋市实验初中	24	33	1.38
2	徐州开发区实验小学	1	49	49.00	4	江苏省平潮高级中学	19	27	1.42

续表

序号	第一作者单位	发文量/篇	总被引频次/次	篇均被引频次/次	序号	第一作者单位	发文量/篇	总被引频次/次	篇均被引频次/次
5	江苏省如东县苴镇新光初级中学	2	27	13.50	8	安徽省阜阳城郊中学	16	24	1.50
6	湖北省生物资源保护与利用重点实验室	1	27	27.00	9	江苏省常熟市王淦昌中学	20	23	1.15
7	吴江盛泽中学	14	25	1.79	10	北京应用物理与计算数学研究所	32	20	0.63

3.7 高被引国外期刊

数学领域 2019 年被引频次 Top 10 的国外期刊见表 3-7，排名居前 3 位的国外期刊分别是 *Journal of Mathematical Analysis and Applications*、*Journal of Differential Equations* 和 *Applied Mathematics and Computation*。

表 3-7　数学领域高被引国外期刊 Top 10

序号	期刊名称	2019 年被引频次/次
1	Journal of Mathematical Analysis and Applications	169
2	Journal of Differential Equations	137
3	Applied Mathematics and Computation	109
4	Journal of Computational Physics	92
5	Computers & Mathematics with Applications	78
6	Neurocomputing	73
7	Journal of Computational and Applied Mathematics	72
8	Automatica	71
9	European Journal of Operational Research	68
10	Journal of Functional Analysis	66

第 4 章　物理学领域高被引分析

4.1　领域论文概况

2014—2018 年，物理学领域的 64 种期刊上共发表学术论文 62682 篇，由来自 5566 所机构的 49135 位学者作为第一作者发表。上述论文中，有 29296 篇获得过引用，整体被引率为 46.7%，总被引频次为 88729 次，篇均被引 1.42 次；其中，高被引论文有 592 篇，高被引论文篇均被引 17.56 次（表 4-1）。另外，2019 年本领域共发表论文 11222 篇，其中有 563 篇在当年获得过引用，总共被引 671 次。

表 4-1　物理学领域论文分布情况

年份	论文数量/篇	总被引频次/次	被引率/%	高被引论文数量/篇	高被引论文被引频次/次
2014	13909	28942	56.5	131	3342
2015	12974	24532	55.9	131	2826
2016	12105	17474	49.8	111	1967
2017	11755	12962	44.3	117	1605
2018	11939	4819	24.6	102	653
合计	62682	88729	46.7	592	10393

4.2　高被引论文分析

在物理学领域，2014—2018 年发表的总被引频次 Top 10 论文（表 4-2）的平均被引频次为 70.2 次，是全部 592 篇高被引论文篇均被引频次的 4.00 倍。从论文分布来看，刊载高被引论文数量居前 3 位的期刊分别是《光学学报》（150 篇）、《中国激光》（90 篇）和《振动与冲击》（84 篇），其中，《光学学报》和《振动与冲击》分别刊载了高被引论文 Top 10 中的 2 篇；发表高被引论文数量居前 3 位的学者分别是南京航空航天大学的吴一全（3 篇）、石家庄铁道大学的马增强（2 篇）和湖南大学的邓露（2 篇）；产出高被引论文数量居前 3 位的机构分别是中国科学院长春光学精密机械与物理研究所（25 篇）、同济大学（15 篇）和清华大学（15 篇）。

表 4-2　物理学领域高被引论文 Top 10

序号	论文题名	第一作者	期刊名称	发表年份	被引频次/次	
					总频次	2019 年
1	大功率半导体激光器研究进展	王立军	发光学报	2015	85	17
2	骨科个体化治疗与3D打印技术	王燎	医用生物力学	2014	82	17
3	连续帧间差分与背景差分相融合的运动目标检测方法	屈晶晶	光子学报	2014	74	19
4	SPOC：结合高校教学的融合创新	郑奇	物理与工程	2014	74	6

续表

序号	论文题名	第一作者	期刊名称	发表年份	被引频次/次	
					总频次	2019 年
5	结构光三维成像技术	苏显渝	中国激光	2014	71	15
6	基于深度学习的高分辨率遥感影像分类研究	刘大伟	光学学报	2016	67	28
7	目标跟踪技术综述	高文	中国光学	2014	64	17
8	基于峭度准则 EEMD 及改进形态滤波方法的轴承故障诊断	吴小涛	振动与冲击	2015	63	16
9	基于变分模态分解和 Teager 能量算子的滚动轴承故障特征提取	马增强	振动与冲击	2016	61	26
10	基于机器视觉的自然环境下作物行识别与导航线提取	孟庆宽	光学学报	2014	61	8

4.3　研究主题关联分析

在物理学领域，592 篇高被引论文共被引用了 10393 次。通过分析施引文献关键词的词频及关键词之间的共现关系，获得物理学领域的热点主题和主题关联，如图 4-1 所示。由图可知：“图像处理”“滚动轴承”“机器视觉”“故障诊断”“激光技术”等关键词的文档词频较高，是物理学领域的研究热点；本领域主要形成 3 个研究主题簇，分别以“图像处理”“机器视觉”“卷积神经网络”“深度学习”为核心，以“故障诊断”“滚动轴承”“变分模态分解”为核心，以“激光技术”“数值仿真”“力学性能”“显微组织”为核心。

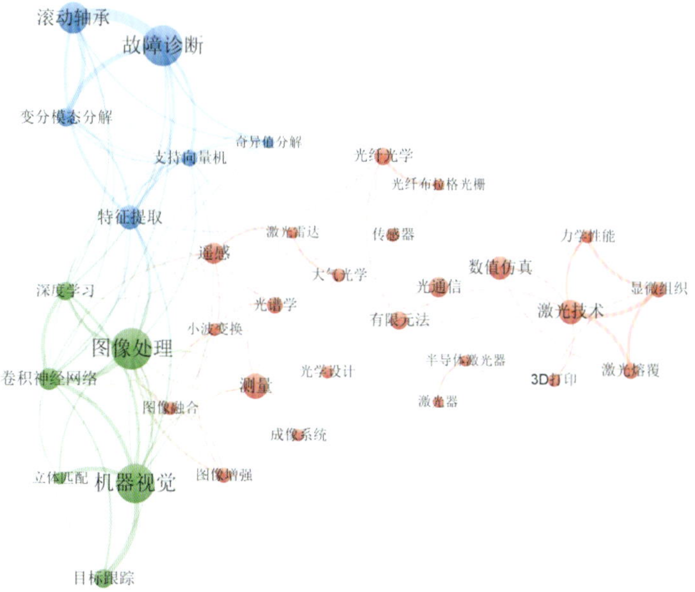

图 4-1　物理学领域热点论文主题关联

4.4　高影响力期刊分析

在物理学领域，5 年影响因子 Top 10 期刊见表 4-3，总被引频次最高的期刊是《振动与冲击》（12187 次），5 年影响因子最高的期刊是《力学进展》。

表 4-3　物理学领域高被引期刊基本指标

序号	期刊名称	5 年载文量/篇	总被引频次/次	5 年影响因子	高被引论文数量/篇	h 指数
1	力学进展	63	263	1.270	4	9
2	力学学报	671	2307	1.259	36	14
3	振动与冲击	4534	12187	0.983	84	20
4	中国光学	701	2376	0.917	40	19
5	爆炸与冲击	721	1626	0.888	10	12
6	医用生物力学	484	1347	0.876	10	12
7	光学学报	3153	11046	0.876	150	23
8	振动工程学报	660	1617	0.870	6	12
9	中国激光	2554	9255	0.790	90	23
10	声学学报	546	1076	0.681	3	9

4.5　高被引作者分析

2014—2018 年论文总被引频次 Top 10 的作者见表 4-4。其中，发文总被引频次居前 3 位的作者分别是中国科学院长春光学精密机械与物理研究所的王立军（121 次）、西安理工大学的柯熙政（110 次）和华北电力大学保定校区的唐贵基（103 次）。5 年发文量居前 3 位的作者分别是中国科学院物理研究所的曹则贤（52 篇）、中国科学院物理研究所的罗会仟（41 篇）和长春理工大学的付秀华（25 篇）。

表 4-4　物理学领域高被引作者 Top 10

序号	作者	作者单位	发文量/篇	总被引频次/次	篇均被引频次/次	被引率/%	h 指数
1	王立军	中国科学院长春光学精密机械与物理研究所	2	121	60.50	100.0	2
2	柯熙政	西安理工大学	22	110	5.00	90.9	6
3	唐贵基	华北电力大学保定校区	9	103	11.44	100.0	7
4	吴一全	南京航空航天大学	9	103	11.44	100.0	5
5	马增强	石家庄铁道大学	4	86	21.50	100.0	3
6	王燎	上海交通大学医学院附属第九人民医院	1	82	82.00	100.0	1

续表

序号	作者	作者单位	发文量/篇	总被引频次/次	篇均被引频次/次	被引率/%	h 指数
7	郑奇	清华大学出版社	1	74	74.00	100.0	1
8	屈晶晶	陕西师范大学	1	74	74.00	100.0	1
9	解则晓	中国海洋大学	7	73	10.43	100.0	6
10	高文	中国科学院长春光学精密机械与物理研究所	3	73	24.33	100.0	3

4.6　高被引机构分析

物理学领域总被引频次 Top 20 高等院校和总被引频次 Top 10 科研院所的发文和被引情况分别见表 4-5 和表 4-6。

表 4-5　物理学领域高被引高等院校 Top 20

序号	第一作者单位	发文量/篇	总被引频次/次	篇均被引频次/次	序号	第一作者单位	发文量/篇	总被引频次/次	篇均被引频次/次
1	天津大学	625	1443	2.31	11	长春理工大学	451	1000	2.22
2	清华大学	935	1416	1.51	12	国防科技大学	595	927	1.56
3	同济大学	634	1364	2.15	13	南京航空航天大学	430	918	2.13
4	西北工业大学	739	1312	1.78	14	重庆大学	413	901	2.18
5	大连理工大学	677	1240	1.83	15	华南理工大学	324	868	2.68
6	北京工业大学	532	1172	2.20	16	西南交通大学	484	862	1.78
7	北京航空航天大学	620	1140	1.84	17	燕山大学	347	847	2.44
8	南京理工大学	522	1123	2.15	18	浙江大学	494	842	1.70
9	上海交通大学	653	1044	1.60	19	西安理工大学	319	811	2.54
10	北京理工大学	566	1024	1.81	20	湖南大学	292	799	2.74

表 4-6　物理学领域高被引科研院所 Top 10

序号	第一作者单位	发文量/篇	总被引频次/次	篇均被引频次/次	序号	第一作者单位	发文量/篇	总被引频次/次	篇均被引频次/次
1	中国科学院长春光学精密机械与物理研究所	736	2949	4.01	3	中国科学院上海光学精密机械研究所	415	1006	2.42
2	中国科学院安徽光学精密机械研究所	345	1077	3.12	4	中国工程物理研究院	945	864	0.91

续表

序号	第一作者单位	发文量/篇	总被引频次/次	篇均被引频次/次	序号	第一作者单位	发文量/篇	总被引频次/次	篇均被引频次/次
5	西北核技术研究所	463	543	1.17	8	中国科学院力学研究所	222	355	1.60
6	中国科学院声学研究所	271	511	1.89	9	北京应用物理与计算数学研究所	304	280	0.92
7	中国科学院西安光学精密机械研究所	236	464	1.97	10	中国科学院光电技术研究所	106	263	2.48

4.7　高被引国外期刊

物理学领域 2019 年被引频次 Top 10 的国外期刊见表 4-7，排名居前 3 位的国外期刊分别是 *Physical Review Letters*、*Physical Review B* 和 *Physical Review A*。

表 4-7　物理学领域高被引国外期刊 Top 10

序号	期刊名称	2019 年被引频次/次
1	Physical Review Letters	2223
2	Physical Review B	1143
3	Physical Review A	1141
4	Optics Express	1124
5	Applied Physics Letters	907
6	Optics Letters	896
7	Nano Letters	738
8	Science	729
9	Physical Review D	688
10	Nat Communications	669

第 5 章　化学领域高被引分析

5.1　领域论文概况

2014—2018 年，化学领域的 44 种期刊上共发表学术论文 47361 篇，由来自 4481 所机构的 38280 位学者作为第一作者发表。上述论文中，有 24034 篇获得过引用，整体被引率为 50.7%，总被引频次为 69304 次，篇均被引 1.46 次；其中，高被引论文有 456 篇，高被引论文篇均被引 17.06 次（表 5-1）。另外，2019 年本领域共发表论文 8690 篇，其中有 480 篇在当年获得过引用，总共被引 549 次。

表 5-1　化学领域论文分布情况

年份	论文数量/篇	总被引频次/次	被引率/%	高被引论文数量/篇	高被引论文被引频次/次
2014	10110	22321	59.6	102	2811
2015	9759	18344	58.7	103	2057
2016	9489	14480	55.8	90	1482
2017	9206	9885	48.0	77	907
2018	8797	4274	29.0	84	523
合计	47361	69304	50.7	456	7780

5.2　高被引论文分析

在化学领域，2014—2018 年发表的总被引频次 Top 10 论文（表 5-2）的平均被引频次为 63.1 次，是全部 456 篇高被引论文篇均被引频次的 3.70 倍。从论文分布来看，刊载高被引论文数量居前 3 位的期刊分别是《光谱学与光谱分析》（65 篇）、《分析测试学报》（50 篇）和《分析化学》（50 篇），其中，《分析化学》、《色谱》和《化学学报》分别刊载了高被引论文 Top 10 中的 2 篇；发表高被引论文数量居前 3 位的学者分别是华东交通大学的刘燕德（4 篇）、山东大学的张树永（3 篇）和中国广州分析测试中心的罗辉泰（3 篇）；产出高被引论文数量居前 3 位的机构分别是浙江大学（7 篇）、清华大学（6 篇）和中国食品药品检定研究院（5 篇）。

表 5-2　化学领域高被引论文 Top 10

序号	论文题名	第一作者	期刊名称	发表年份	被引频次/次	
					总频次	2019 年
1	近五年我国近红外光谱分析技术研究与应用进展	褚小立	光谱学与光谱分析	2014	97	21
2	QuEChERS-高效液相色谱-串联质谱法同时测定水果中 21 种植物生长调节剂的残留量	黄何何	色谱	2014	85	12

续表

序号	论文题名	第一作者	期刊名称	发表年份	被引频次/次	
					总频次	2019 年
3	拉曼光谱在石墨烯结构表征中的应用	吴娟霞	化学学报	2014	78	14
4	石墨烯/碳纳米管复合材料的制备及应用进展	赵冬梅	化学学报	2014	74	19
5	分级净化结合气相色谱-质谱联用法测定豆芽中 10 种植物生长调节剂	吴平谷	分析化学	2014	55	10
6	氮化碳聚合物半导体光催化	张金水	化学进展	2014	54	15
7	我国催化裂化工艺技术进展	许友好	中国科学（化学）	2014	53	8
8	五味子治疗大鼠糖尿病肾病作用机制的血清代谢组学研究	皮子凤	分析化学	2015	48	12
9	电感耦合等离子体质谱法（ICP- MS）测定土壤中的重金属元素	乐淑葵	中国无机分析化学	2015	44	13
10	气相色谱-串联质谱法快速筛查测定中药材中 144 种农药残留	程志	色谱	2014	43	9

5.3　研究主题关联分析

在化学领域，456 篇高被引论文共被引用了 7780 次。通过分析施引文献关键词的词频及关键词之间的共现关系，获得化学领域的热点主题和主题关联，如图 5-1 所示。由图可知："农药残留""QuEChERS""高效液相色谱""土""石墨烯"等关键词的文档词频较高，是化学领域的研究热点；本领域主要形成 4 个研究主题簇，分别以"农药残留""固相萃取"为核心，以"检测""食品"为核心，以"土""重金属"为核心，以"石墨烯""光催化"为核心。

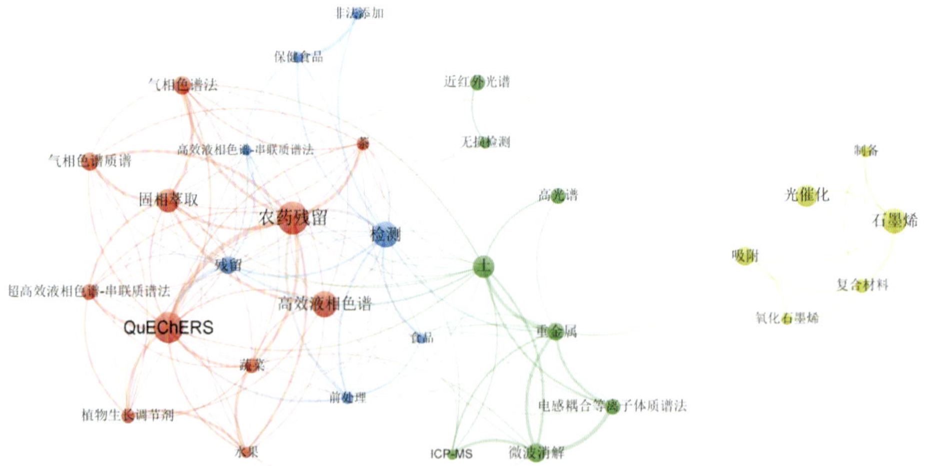

图 5-1　化学领域热点论文主题关联

5.4　高影响力期刊分析

在化学领域，5 年影响因子 Top 10 期刊见表 5-3，总被引频次最高的期刊是《光谱学与光谱分析》（8111 次），5 年影响因子最高的期刊是《色谱》。

表 5-3　化学领域高被引期刊基本指标

序号	期刊名称	5 年载文量/篇	总被引频次/次	5 年影响因子	高被引论文数量/篇	h 指数
1	色谱	1079	3758	1.073	45	20
2	中国无机分析化学	423	1486	1.050	22	13
3	分析测试学报	1307	3971	0.855	50	18
4	质谱学报	400	1080	0.825	9	12
5	大学化学	866	1888	0.777	34	14
6	分析化学	1623	4369	0.745	50	19
7	光谱学与光谱分析	3704	8111	0.689	65	20
8	化学进展	872	1995	0.670	20	15
9	功能高分子学报	335	574	0.654	2	7
10	高分子学报	972	1830	0.581	12	11

5.5　高被引作者分析

2014—2018 年论文总被引频次 Top 10 的作者见表 5-4。其中，发文总被引频次居前 3 位的作者分别是中国石油化工股份有限公司石油化工科学研究院的褚小立（98 次）、厦门出入境检验检疫局的黄何何（85 次）和山东大学的张树永（78 次）。5 年发文量居前 3 位的作者分别是北京大学的刘忠范（33 篇）、北京大学的吴凯（23 篇）和武汉大学的庄林（17 篇）。

表 5-4　化学领域高被引作者 Top 10

序号	作者	作者单位	发文量/篇	总被引频次/次	篇均被引频次/次	被引率/%	h 指数
1	褚小立	中国石油化工股份有限公司石油化工科学研究院	2	98	49.00	100.0	1
2	黄何何	厦门出入境检验检疫局	1	85	85.00	100.0	1
3	张树永	山东大学	9	78	8.67	100.0	5
4	吴娟霞	北京大学	1	78	78.00	100.0	1
5	林涛	云南省农业科学院	12	77	6.42	66.7	4
6	罗辉泰	中国广州分析测试中心	7	77	11.00	100.0	6
7	赵冬梅	东北林业大学	1	74	74.00	100.0	1

续表

序号	作者	作者单位	发文量/篇	总被引频次/次	篇均被引频次/次	被引率/%	h指数
8	刘燕德	华东交通大学	12	71	5.92	100.0	5
9	皮子凤	中国科学院长春应用化学研究所	2	62	31.00	100.0	2
10	张保华	上海交通大学	2	61	30.50	100.0	2

5.6 高被引机构分析

化学领域总被引频次 Top 20 高等院校和总被引频次 Top 10 科研院所的发文和被引情况分别见表 5-5 和表 5-6。

表 5-5 化学领域高被引高等院校 Top 20

序号	第一作者单位	发文量/篇	总被引频次/次	篇均被引频次/次	序号	第一作者单位	发文量/篇	总被引频次/次	篇均被引频次/次
1	浙江大学	507	948	1.87	11	江南大学	309	470	1.52
2	吉林大学	699	810	1.16	12	武汉大学	323	463	1.43
3	四川大学	621	806	1.30	13	太原理工大学	288	462	1.60
4	华东理工大学	651	764	1.17	14	南开大学	386	457	1.18
5	清华大学	361	631	1.75	15	浙江工业大学	308	456	1.48
6	华南理工大学	335	592	1.77	16	河南大学	332	445	1.34
7	北京大学	440	582	1.32	17	北京理工大学	278	424	1.53
8	北京化工大学	361	526	1.46	18	中山大学	244	422	1.73
9	上海交通大学	293	525	1.79	19	昆明理工大学	222	406	1.83
10	天津大学	436	524	1.20	20	厦门大学	373	397	1.06

表 5-6 化学领域高被引科研院所 Top 10

序号	第一作者单位	发文量/篇	总被引频次/次	篇均被引频次/次	序号	第一作者单位	发文量/篇	总被引频次/次	篇均被引频次/次
1	中国科学院长春应用化学研究所	379	497	1.31	4	中国石油化工股份有限公司石油化工科学研究院	24	240	10.00
2	中国科学院大连化学物理研究所	294	469	1.60	5	中国科学院兰州化学物理研究所	121	231	1.91
3	中国科学院化学研究所	390	320	0.82	6	中国科学院安徽光学精密机械研究所	106	214	2.02

续表

序号	第一作者单位	发文量/篇	总被引频次/次	篇均被引频次/次	序号	第一作者单位	发文量/篇	总被引频次/次	篇均被引频次/次
7	中国广州分析测试中心	41	196	4.78	9	云南省农业科学院	30	181	6.03
8	中国检验检疫科学研究院	53	182	3.43	10	江苏出入境检验检疫局	25	178	7.12

5.7　高被引国外期刊

化学领域 2019 年被引频次 Top 10 的国外期刊见表 5-7，排名居前 3 位的国外期刊分别是 *Journal of the American Chemical Society*、*Advanced Materials* 和 *Angewandte Chemie International Edition*。

表 5-7　化学领域高被引国外期刊 Top 10

序号	期刊名称	2019 年被引频次/次
1	Journal of the American Chemical Society	3329
2	Advanced Materials	1993
3	Angewandte Chemie International Edition	1957
4	Organic Letters	1393
5	Chemistry Communications	1368
6	Analytical Chemistry	1278
7	Chemical Society Reviews	1223
8	Chemical Reviews	1214
9	RSC Advances	1097
10	Journal of Materials Chemistry A	1018

第 6 章　天文学、地球科学领域高被引分析

6.1　领域论文概况

2014—2018 年，天文学、地球科学领域的 207 种期刊上共发表学术论文 131369 篇，由来自 11799 所机构的 88917 位学者作为第一作者发表。上述论文中，有 76144 篇获得过引用，整体被引率为 58.0%，总被引频次为 350952 次，篇均被引 2.67 次；其中，高被引论文有 1280 篇，高被引论文篇均被引 38.98 次（表 6-1）。另外，2019 年本领域共发表论文 25008 篇，其中有 2156 篇在当年获得过引用，总共被引 2883 次。

表 6-1　天文学、地球科学领域论文分布情况

年份	论文数量/篇	总被引频次/次	被引率/%	高被引论文数量/篇	高被引论文被引频次/次
2014	27382	115062	66.1	272	17186
2015	26614	97401	66.3	275	14718
2016	26060	69706	63.2	268	8786
2017	25583	48520	56.2	246	6380
2018	25730	20263	37.2	219	2827
合计	131369	350952	58.0	1280	49897

6.2　高被引论文分析

在天文学、地球科学领域，2014—2018 年发表的总被引频次 Top 10 论文（表 6-2）的平均被引频次为 296.5 次，是全部 1280 篇高被引论文篇均被引频次的 7.61 倍。从论文分布来看，刊载高被引论文数量居前 3 位的期刊分别是《经济地理》（182 篇）、《地理学报》（181 篇）和《地理研究》（146 篇），其中，《地理学报》刊载了高被引论文 Top 10 中的 3 篇；发表高被引论文数量居前 3 位的学者分别是中国科学院地理科学与资源研究所的方创琳（12 篇）、中国科学院地理科学与资源研究所的陆大道（7 篇）和北京大学的彭建（6 篇）；产出高被引论文数量居前 3 位的机构分别是中国科学院地理科学与资源研究所（130 篇）、北京大学（44 篇）和中国地质大学（41 篇）。

表 6-2　天文学、地球科学领域高被引论文 Top 10

序号	论文题名	第一作者	期刊名称	发表年份	被引频次/次	
					总频次	2019 年
1	20世纪80年代末以来中国土地利用变化的基本特征与空间格局	刘纪远	地理学报	2014	495	126
2	“一带一路”战略的科学内涵与科学问题	刘卫东	地理科学进展	2015	437	112
3	IPCC第五次评估报告第一工作组报告的亮点结论	秦大河	气候变化研究进展	2014	328	77

续表

序号	论文题名	第一作者	期刊名称	发表年份	被引频次/次	
					总频次	2019 年
4	中国新型城镇化理论与实践问题	姚士谋	地理科学	2014	300	44
5	地理探测器：原理与展望	王劲峰	地理学报	2017	262	171
6	2013年1月中国东部持续性强雾霾天气产生的气象条件分析	张人禾	中国科学(地球科学)	2014	259	38
7	中国与“一带一路”沿线国家贸易格局及其经济贡献	邹嘉龄	地理科学进展	2015	249	44
8	北斗区域卫星导航系统基本导航定位性能初步评估	杨元喜	中国科学(地球科学)	2014	223	36
9	中国新时代城乡融合与乡村振兴	刘彦随	地理学报	2018	207	156
10	新型城镇化背景下的乡村旅游发展——理论反思与困境突破	黄震方	地理研究	2015	205	58

6.3　研究主题关联分析

在天文学、地球科学领域，1280 篇高被引论文共被引用了 49897 次。通过分析施引文献关键词的词频及关键词之间的共现关系，获得天文学、地球科学领域的热点主题和主题关联，如图 6-1 所示。由图可知：“中国”“城市化”“新型城镇化”“空间分布”等关键词的文档词频较高，是天文学、地球科学领域的研究热点；本领域主要形成 4 个研究主题簇，分别以“中国”“土地利用”“气候变化”为核心，以“城市化”“耦合协调度”为核心，以“地理探测器”“时空演变”为核心，以“长江经济带”“空间格局”为核心。

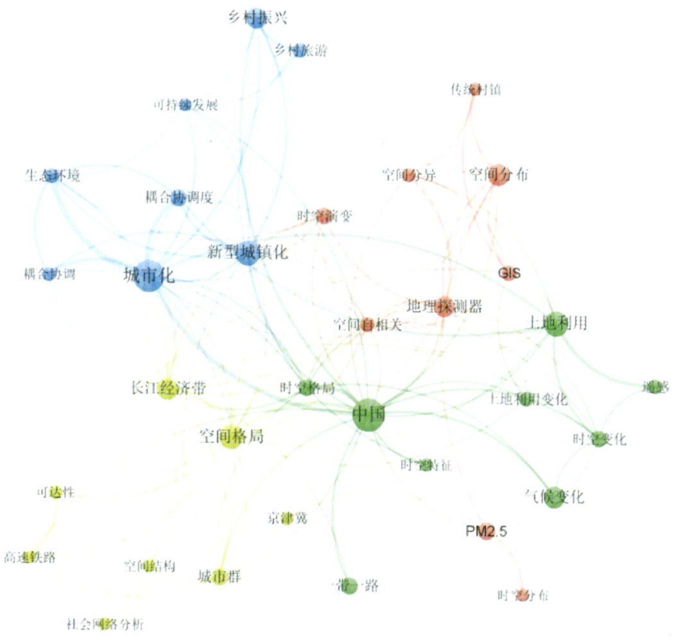

图6-1　天文学、地球科学领域热点论文主题关联

6.4　高影响力期刊分析

在天文学、地球科学领域，5 年影响因子 Top 10 期刊见表 6-3，总被引频次最高的期刊是《经济地理》（18449 次），5 年影响因子最高的期刊是《地理学报》。

表 6-3　天文学、地球科学领域高被引期刊基本指标

序号	期刊名称	5 年载文量/篇	总被引频次/次	5 年影响因子	高被引论文数量/篇	h 指数
1	地理学报	994	14115	5.310	181	51
2	地理研究	1046	12543	4.238	146	42
3	地理科学进展	810	9909	4.212	98	39
4	经济地理	1731	18449	3.560	182	49
5	地理科学	1114	10761	3.377	93	40
6	应用气象学报	374	2460	2.444	10	19
7	气象学报	404	2422	2.106	7	20
8	地学前缘	875	5809	2.021	38	28
9	气象	896	5708	1.991	22	26
10	地质学报	1018	6829	1.958	23	28

6.5　高被引作者分析

2014—2018 年论文总被引频次 Top 10 的作者见表 6-4。其中，发文总被引频次居前 3 位的作者分别是中国科学院地理科学与资源研究所的方创琳（758 次）、中国科学院地理科学与资源研究所的刘纪远（591 次）和中国科学院地理科学与资源研究所的陆大道（552 次）。5 年发文量居前 3 位的作者分别是焦作市国土资源局的张涛（118 篇）、河南省沁阳市国土资源局的崔伍（83 篇）和禹州市国土资源局的张延伟（75 篇）。

表 6-4　天文学、地球科学领域高被引作者 Top 10

序号	作者	作者单位	发文量/篇	总被引频次/次	篇均被引频次/次	被引率/%	h 指数
1	方创琳	中国科学院地理科学与资源研究所	16	758	47.38	93.8	12
2	刘纪远	中国科学院地理科学与资源研究所	4	591	147.75	75.0	3
3	陆大道	中国科学院地理科学与资源研究所	17	552	32.47	76.5	10
4	刘卫东	中国科学院区域可持续发展分析与模拟重点实验室	1	437	437.00	100.0	1

续表

序号	作者	作者单位	发文量/篇	总被引频次/次	篇均被引频次/次	被引率/%	h 指数
5	彭建	北京大学	13	378	29.08	100.0	9
6	刘彦随	中国科学院地理科学与资源研究所	5	329	65.80	100.0	4
7	秦大河	中国气象局	1	328	328.00	100.0	1
8	杨忍	中山大学	12	318	26.50	91.7	8
9	王劲峰	中国科学院地理科学与资源研究所	3	315	105.00	66.7	2
10	姚士谋	中国科学院南京地理与湖泊研究所	2	300	150.00	50.0	1

6.6 高被引机构分析

天文学、地球科学领域总被引频次 Top 20 高等院校和总被引频次 Top 10 科研院所的发文和被引情况分别见表 6-5 和表 6-6。

表 6-5 天文学、地球科学领域高被引高等院校 Top 20

序号	第一作者单位	发文量/篇	总被引频次/次	篇均被引频次/次	序号	第一作者单位	发文量/篇	总被引频次/次	篇均被引频次/次
1	中国地质大学	4514	16454	3.65	11	中国海洋大学	1937	3526	1.82
2	南京信息工程大学	1800	6297	3.50	12	西北大学	958	3500	3.65
3	北京大学	1026	5398	5.26	13	长安大学	931	3092	3.32
4	中国石油大学	1377	5111	3.71	14	华东师范大学	466	2925	6.28
5	南京大学	1192	5090	4.27	15	南京师范大学	391	2746	7.02
6	吉林大学	1688	4573	2.71	16	武汉大学	919	2664	2.90
7	北京师范大学	705	4407	6.25	17	辽宁师范大学	324	1993	6.15
8	成都理工大学	1410	4267	3.03	18	陕西师范大学	338	1745	5.16
9	中山大学	711	4171	5.87	19	中南大学	539	1741	3.23
10	兰州大学	866	3659	4.23	20	东北师范大学	198	1692	8.55

表 6-6 天文学、地球科学领域高被引科研院所 Top 10

序号	第一作者单位	发文量/篇	总被引频次/次	篇均被引频次/次	序号	第一作者单位	发文量/篇	总被引频次/次	篇均被引频次/次
1	中国科学院地理科学与资源研究所	1294	12634	9.76	6	中国科学院大气物理研究所	900	3211	3.57
2	中国科学院地质与地球物理研究所	891	3952	4.44	7	中国气象科学研究院	445	2747	6.17
3	中国科学院寒区旱区环境与工程研究所	628	3433	5.47	8	国家气象信息中心	405	2450	6.05
4	中国地质科学院矿产资源研究所	533	3420	6.42	9	中国科学院南京地理与湖泊研究所	272	2299	8.45
5	中国地质科学院	998	3318	3.32	10	中国科学院新疆生态与地理研究所	451	2129	4.72

6.7 高被引国外期刊

天文学、地球科学领域 2019 年被引频次 Top 10 的国外期刊见表 6-7，排名居前 3 位的国外期刊分别是 *Journal of Asian Earth Sciences*、*Ore Geology Reviews* 和 *Lithos*。

表 6-7 天文学、地球科学领域高被引国外期刊 Top 10

序号	期刊名称	2019 年被引频次/次
1	Journal of Asian Earth Sciences	1434
2	Ore Geology Reviews	1088
3	Lithos	1087
4	Gondwana Research	1082
5	Precambrian Research	835
6	Scientific Reports	808
7	Earth and Planetary Science Letters	769
8	Journal of Climate	704
9	Science of the Total Environment	664
10	Nature	627

第 7 章　生物科学与工程领域高被引分析

7.1　领域论文概况

2014—2018 年，生物科学与工程领域的 98 种期刊上共发表学术论文 73136 篇，由来自 8481 所机构的 60034 位学者作为第一作者发表。上述论文中，有 46023 篇获得过引用，整体被引率为 62.9%，总被引频次为 205652 次，篇均被引 2.81 次；其中，高被引论文有 734 篇，高被引论文篇均被引 33.06 次（表 7-1）。另外，2019 年本领域共发表论文 14806 篇，其中有 1412 篇在当年获得过引用，总共被引 1869 次。

表 7-1　生物科学与工程领域论文分布情况

年份	论文数量/篇	总被引频次/次	被引率/%	高被引论文数量/篇	高被引论文被引频次/次
2014	14395	62214	72.8	148	7898
2015	14749	57267	72.3	145	6962
2016	14666	42826	68.3	140	4443
2017	14708	30636	61.6	142	3228
2018	14618	12709	39.7	159	1734
合计	73136	205652	62.9	734	24265

7.2　高被引论文分析

在生物科学与工程领域，2014—2018 年发表的总被引频次 Top 10 论文（表 7-2）的平均被引频次为 125.5 次，是全部 734 篇高被引论文篇均被引频次的 3.80 倍。从论文分布来看，刊载高被引论文数量居前 3 位的期刊分别是《生态学报》（273 篇）、《应用生态学报》（108 篇）和《生态环境学报》（41 篇），其中，《生态学报》刊载了高被引论文 Top 10 中的 5 篇；发表高被引论文数量居前 3 位的学者分别是西北农林科技大学的姜沛沛（3 篇）、西北师范大学的潘竟虎（3 篇）和国际农业生物技术应用服务组织的 Clive James（3 篇）；产出高被引论文数量居前 3 位的机构分别是中国科学院生态环境研究中心（24 篇）、西北农林科技大学（21 篇）和北京林业大学（17 篇）。

表 7-2　生物科学与工程领域高被引论文 Top 10

序号	论文题名	第一作者	期刊名称	发表年份	被引频次/次	
					总频次	2019 年
1	根系分泌物介导下植物-土壤-微生物互作关系研究进展与展望	吴林坤	植物生态学报	2014	177	45
2	京津冀地区城市化与生态环境交互耦合关系定量测度	王少剑	生态学报	2015	173	48
3	我国肝癌研究的现状与前景	吕桂帅	生命科学	2015	123	39
4	食用菌产业发展历史、现状与趋势	张金霞	菌物学报	2015	120	38

续表

序号	论文题名	第一作者	期刊名称	发表年份	被引频次/次	
					总频次	2019 年
5	有机肥替代部分化肥对长期连作棉田产量、土壤微生物数量及酶活性的影响	陶磊	生态学报	2014	116	30
6	国内生态安全研究知识图谱——基于Citespace 的计量分析	秦晓楠	生态学报	2014	115	32
7	高通量测序和 DGGE 分析土壤微生物群落的技术评价	夏围围	微生物学报	2014	112	20
8	农田重金属污染原位钝化修复研究进展	李剑睿	生态环境学报	2014	108	25
9	26 年长期施肥对土壤微生物量碳、氮及土壤呼吸的影响	臧逸飞	生态学报	2015	107	23
10	不同生育期玉米叶片光合特性及水分利用效率对水分胁迫的响应	于文颖	生态学报	2015	104	28

7.3 研究主题关联分析

在生物科学与工程领域，734 篇高被引论文共被引用了 24265 次。通过分析施引文献关键词的词频及关键词之间的共现关系，获得生物科学与工程领域的热点主题和主题关联，如图 7-1 所示。由图可知：“土”“重金属”“产量”“生态系统服务”“景观格局”等关键词的文档词频较高，是生物科学与工程领域的研究热点；本领域主要形成 2 个研究主题簇，分别以“重金属”“土”“产量”“土壤养分”为核心，以“生态系统服务”“景观格局”“土地利用”“气候变化”为核心。

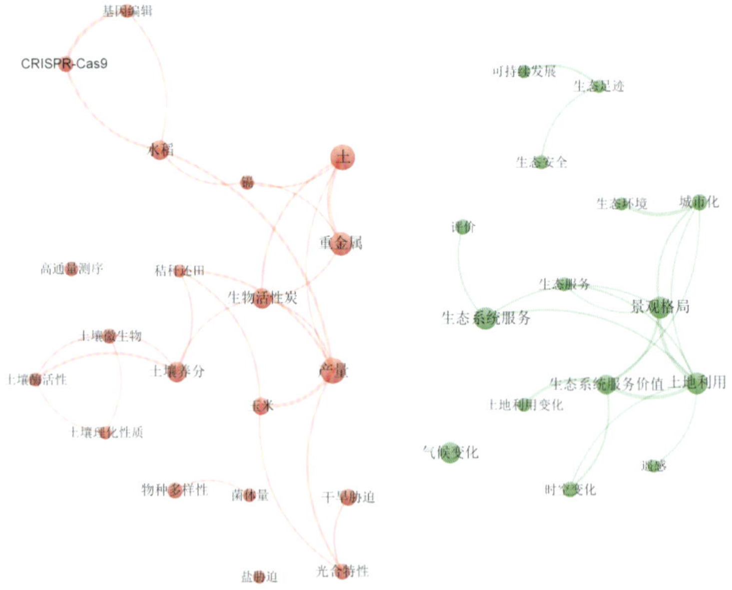

图 7-1 生物科学与工程领域热点论文主题关联

7.4 高影响力期刊分析

在生物科学与工程领域，5 年影响因子 Top 10 期刊见表 7-3，总被引频次最高的期刊是《生态学报》（34846 次），5 年影响因子最高的期刊是《生态学报》。

表 7-3 生物科学与工程领域高被引期刊基本指标

序号	期刊名称	5 年载文量/篇	总被引频次/次	5 年影响因子	高被引论文数量/篇	h 指数
1	生态学报	4302	34846	2.795	273	50
2	应用生态学报	2411	18016	2.466	108	37
3	植物生态学报	637	4681	2.292	19	26
4	生态环境学报	1549	8934	1.964	41	31
5	生物多样性	744	3704	1.765	20	23
6	生态学杂志	2329	10965	1.708	26	26
7	中国微生态学杂志	1892	7669	1.291	27	24
8	植物学报	421	1472	1.242	2	14
9	分子植物（英文版）	843	2466	1.236	19	18
10	微生物学通报	1667	5513	1.099	19	21

7.5 高被引作者分析

2014—2018 年论文总被引频次 Top 10 的作者见表 7-4。其中，发文总被引频次居前 3 位的作者分别是国际农业生物技术应用服务组织的 Clive James（240 次）、西北师范大学的潘竞虎（209 次）和华南农业大学的马兴亮（187 次）。5 年发文量居前 3 位的作者分别是北京中医药大学的马淑然（57 篇）、南加利福尼亚大学医学院的朱钦士（52 篇）和中国科学院植物研究所的王文采（49 篇）。

表 7-4 生物科学与工程领域高被引作者 Top 10

序号	作者	作者单位	发文量/篇	总被引频次/次	篇均被引频次/次	被引率/%	h 指数
1	Clive James	国际农业生物技术应用服务组织	3	240	80.00	100.0	3
2	潘竞虎	西北师范大学	12	209	17.42	100.0	7
3	马兴亮	华南农业大学	3	187	62.33	100.0	3
4	吴林坤	福建农林大学	2	182	91.00	100.0	2
5	王少剑	中国科学院地理科学与资源研究所	1	173	173.00	100.0	1

续表

序号	作者	作者单位	发文量/篇	总被引频次/次	篇均被引频次/次	被引率/%	h 指数
6	杨宁	湖南环境生物职业技术学院	5	166	33.20	100.0	5
7	黄国勤	江西农业大学	6	163	27.17	100.0	6
8	肖正春	南京野生植物综合利用研究院	20	162	8.10	60.0	5
9	张金霞	中国农业科学院农业资源与农业区划研究所	3	150	50.00	100.0	3
10	肖治术	中国科学院动物研究所	9	133	14.78	100.0	6

7.6 高被引机构分析

生物科学与工程领域总被引频次 Top 20 高等院校和总被引频次 Top 10 科研院所的发文和被引情况分别见表 7-5 和表 7-6。

表 7-5 生物科学与工程领域高被引高等院校 Top 20

序号	第一作者单位	发文量/篇	总被引频次/次	篇均被引频次/次	序号	第一作者单位	发文量/篇	总被引频次/次	篇均被引频次/次
1	西北农林科技大学	798	3859	4.84	11	北京师范大学	375	1638	4.37
2	北京林业大学	722	3059	4.24	12	内蒙古农业大学	403	1599	3.97
3	四川农业大学	656	2568	3.91	13	西北师范大学	339	1567	4.62
4	东北林业大学	721	2393	3.32	14	中南林业科技大学	274	1478	5.39
5	南京农业大学	549	1995	3.63	15	华中农业大学	407	1470	3.61
6	华南农业大学	456	1975	4.33	16	北京大学	447	1423	3.18
7	山东农业大学	438	1943	4.44	17	新疆大学	338	1296	3.83
8	西南大学	456	1854	4.07	18	兰州大学	285	1217	4.27
9	浙江大学	512	1697	3.31	19	福建师范大学	291	1206	4.14
10	福建农林大学	551	1661	3.01	20	中国农业大学	358	1193	3.33

表 7-6 生物科学与工程领域高被引科研院所 Top 10

序号	第一作者单位	发文量/篇	总被引频次/次	篇均被引频次/次	序号	第一作者单位	发文量/篇	总被引频次/次	篇均被引频次/次
1	中国科学院生态环境研究中心	363	2791	7.69	2	中国科学院地理科学与资源研究所	335	1782	5.32

续表

序号	第一作者单位	发文量/篇	总被引频次/次	篇均被引频次/次	序号	第一作者单位	发文量/篇	总被引频次/次	篇均被引频次/次
3	中国科学院沈阳应用生态研究所	277	1666	6.01	7	中国农业科学院	271	929	3.43
4	中国科学院植物研究所	399	1404	3.52	8	中国林业科学研究院	187	802	4.29
5	中国科学院亚热带农业生态研究所	104	1009	9.70	9	中国科学院新疆生态与地理研究所	149	782	5.25
6	中国科学院动物研究所	392	932	2.38	10	中国科学院华南植物园	241	757	3.14

7.7　高被引国外期刊

生物科学与工程领域 2019 年被引频次 Top 10 的国外期刊见表 7-7，排名居前 3 位的国外期刊分别是 *PLOS ONE*、*Scientific Reports* 和 *Nature*。

表 7-7　生物科学与工程领域高被引国外期刊 Top 10

序号	期刊名称	2019 年被引频次/次
1	PLOS ONE	2785
2	Scientific Reports	2769
3	Nature	2007
4	Nature Communications	1792
5	Science	1355
6	Cell	1313
7	Proceedings of the National Academy of Sciences	1040
8	Nucleic Acids Research	806
9	Oncotarget	776
10	Science of the Total Environment	745

第 8 章　预防医学、卫生学领域高被引分析

8.1　领域论文概况

2014—2018 年，预防医学、卫生学领域的 125 种期刊上共发表学术论文 261772 篇，由来自 27882 所机构的 184099 位学者作为第一作者发表。上述论文中，有 164051 篇获得过引用，整体被引率为 62.7%，总被引频次为 650465 次，篇均被引 2.48 次；其中，高被引论文有 2546 篇，高被引论文篇均被引 29.80 次（表 8-1）。另外，2019 年本领域共发表论文 56788 篇，其中有 5387 篇在当年获得过引用，总共被引 7130 次。

表 8-1　预防医学、卫生学领域论文分布情况

年份	论文数量/篇	总被引频次/次	被引率/%	高被引论文数量/篇	高被引论文被引频次/次
2014	50596	167417	69.3	513	20650
2015	53970	166367	67.9	557	21305
2016	50234	150708	69.5	527	17524
2017	53830	116154	63.0	515	11720
2018	53142	49819	44.2	434	4670
合计	261772	650465	62.7	2546	75869

8.2　高被引论文分析

在预防医学、卫生学领域，2014—2018 年发表的总被引频次 Top 10 论文（表 8-2）的平均被引频次为 195.8 次，是全部 2546 篇高被引论文篇均被引频次的 6.57 倍。从论文分布来看，刊载高被引论文数量居前 3 位的期刊分别是《中国医院管理》（168 篇）、《中华流行病学杂志》（130 篇）和《中华疾病控制杂志》（115 篇）；发表高被引论文数量居前 3 位的学者分别是华中科技大学同济医学院的方鹏骞（10 篇）、重庆市疾病预防控制中心的丁贤彬（5 篇）和国家卫生计生委统计信息中心的孟群（5 篇）；产出高被引论文数量居前 3 位的机构分别是中国疾病预防控制中心（98 篇）、北京大学（40 篇）和华中科技大学同济医学院（28 篇）。

表 8-2　预防医学、卫生学领域高被引论文 Top 10

序号	论文题名	第一作者	期刊名称	发表年份	被引频次/次	
					总频次	2019 年
1	"医养结合"养老模式的必要性、困境与对策	黄佳豪	中国卫生政策研究	2014	259	66
2	2型糖尿病报告发病率研究进展	汪会琴	浙江预防医学	2016	249	95
3	2012年中国居民健康素养监测数据统计分析方法	聂雪琼	中国健康教育	2014	228	58

续表

序号	论文题名	第一作者	期刊名称	发表年份	被引频次/次	
					总频次	2019 年
4	论深化医改进程中分级诊疗体系的完善	吕键	中国医院管理	2014	225	32
5	我国学校艾滋病防控形势及策略	吴尊友	中国学校卫生	2015	181	63
6	2008—2011年中国大陆手足口病流行特征分析	胡跃华	中华疾病控制杂志	2014	179	34
7	我国登革热疫情防控与媒介伊蚊的综合治理	孟凤霞	中国媒介生物学及控制杂志	2015	174	33
8	第五次国家卫生服务调查结果之二——卫生服务需要、需求和利用	徐玲	中国卫生信息管理杂志	2014	156	18
9	《中国居民营养与慢性病状况报告（2015）》解读	顾景范	营养学报	2016	154	72
10	二维超声联合四维超声对不同孕周胎儿畸形诊断的价值分析	王海玉	中国计划生育学杂志	2015	153	23

8.3　研究主题关联分析

在预防医学、卫生学领域，2546 篇高被引论文共被引用了 75869 次。通过分析施引文献关键词的词频及关键词之间的共现关系，获得预防医学、卫生学领域的热点主题和主题关联，如图 8-1 所示。由图可知：“分级诊疗”“公立医院”“健康教育”“手足口病”“生活质量”“高血压”等关键词的文档词频较高，是预防医学、卫生学领域的研究热点；本领域主要形成 3 个研究主题簇，分别以“分级诊疗”“公立医院”为核心，以“健康教育”“流行特征”为核心，以“生活质量”“高血压”“糖尿病”“冠心病”为核心。

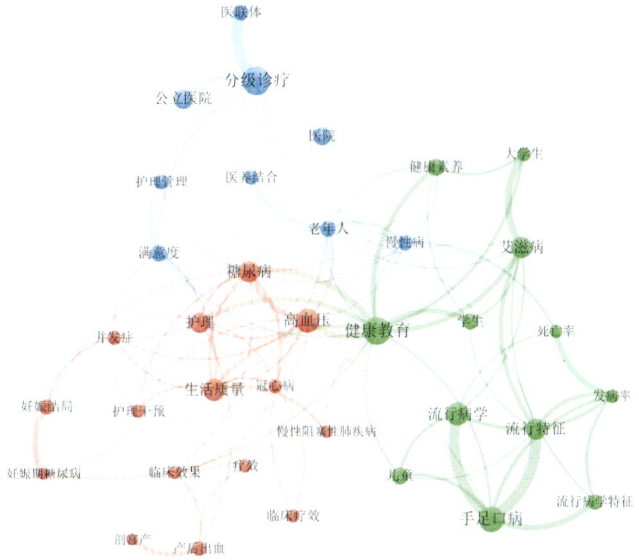

图 8-1　预防医学、卫生学领域热点论文主题关联

8.4 高影响力期刊分析

在预防医学、卫生学领域，5 年影响因子 Top 10 期刊见表 8-3，总被引频次最高的期刊是《中国卫生产业》（38871 次），5 年影响因子最高的期刊是《中国医院管理》。

表 8-3 预防医学、卫生学领域高被引期刊基本指标

序号	期刊名称	5 年载文量/篇	总被引频次/次	5 年影响因子	高被引论文数量/篇	h 指数
1	中国医院管理	1899	14455	2.450	168	35
2	中华流行病学杂志	1691	12045	2.206	130	40
3	中华疾病控制杂志	1673	11682	2.069	115	36
4	中国健康教育	1600	9642	2.048	82	32
5	中国计划生育学杂志	1359	8911	2.025	93	34
6	中国慢性病预防与控制	1425	7171	1.794	44	24
7	中国卫生政策研究	915	4893	1.750	41	26
8	中华生殖与避孕杂志	975	4516	1.652	32	24
9	中国卫生事业管理	1430	7782	1.610	50	28
10	中华预防医学杂志	1385	7438	1.581	69	30

8.5 高被引作者分析

2014—2018 年论文总被引频次 Top 10 的作者见表 8-4。其中，发文总被引频次居前 3 位的作者分别是华中科技大学同济医学院的方鹏骞（516 次）、重庆市疾病预防控制中心的丁贤彬（453 次）和中国健康教育中心的聂雪琼（363 次）。5 年发文量居前 3 位的作者分别是绵阳市疾病预防控制中心的王毅（59 篇）、华中科技大学同济医学院附属同济医院的郑大喜（55 篇）和重庆市疾病预防控制中心的丁贤彬（50 篇）。

表 8-4 预防医学、卫生学领域高被引作者 Top 10

序号	作者	作者单位	发文量/篇	总被引频次/次	篇均被引频次/次	被引率/%	h 指数
1	方鹏骞	华中科技大学同济医学院	34	516	15.18	91.2	13
2	丁贤彬	重庆市疾病预防控制中心	50	453	9.06	98.0	13
3	聂雪琼	中国健康教育中心	7	363	51.86	100.0	6
4	郑大喜	华中科技大学同济医学院附属同济医院	55	341	6.20	90.9	9
5	王毅	绵阳市疾病预防控制中心	59	318	5.39	91.5	10
6	黄佳豪	安徽建筑大学	2	283	141.50	100.0	2

续表

序号	作者	作者单位	发文量/篇	总被引频次/次	篇均被引频次/次	被引率/%	h 指数
7	雷正龙	国家卫生和计划生育委员会疾病预防控制局	5	271	54.20	100.0	5
8	吴尊友	中国疾病预防控制中心性病艾滋病预防控制中心	3	262	87.33	100.0	3
9	汪会琴	宁波大学医学院	2	253	126.50	100.0	2
10	吕键	煤炭总医院	2	249	124.50	100.0	2

8.6　高被引机构分析

预防医学、卫生学领域总被引频次 Top 20 医院和总被引频次 Top 10 高等院校/科研院所的发文和被引情况分别见表 8-5 和表 8-6。

表 8-5　预防医学、卫生学领域高被引医院 Top 20

序号	第一作者单位	发文量/篇	总被引频次/次	篇均被引频次/次	序号	第一作者单位	发文量/篇	总被引频次/次	篇均被引频次/次
1	中国人民解放军总医院	602	2128	3.53	11	安徽医科大学第一附属医院	237	1196	5.05
2	首都医科大学附属北京朝阳医院	454	1924	4.24	12	中国医学科学院肿瘤医院	198	1182	5.97
3	华中科技大学同济医学院附属同济医院	399	1751	4.39	13	第二军医大学附属长海医院	330	1179	3.57
4	北京协和医院	487	1707	3.51	14	武汉大学人民医院	384	1143	2.98
5	首都医科大学宣武医院	433	1675	3.87	15	首都医科大学附属北京妇产医院	324	1124	3.47
6	西安交通大学第一附属医院	440	1575	3.58	16	南京医科大学第一附属医院	330	1093	3.31
7	北京大学第三医院	384	1506	3.92	17	四川大学华西医院	300	1077	3.59
8	湖南省儿童医院	284	1366	4.81	18	中国医科大学附属盛京医院	356	1027	2.88
9	郑州大学附属洛阳中心医院	526	1252	2.38	19	第四军医大学西京医院	310	991	3.20
10	新疆医科大学第一附属医院	498	1242	2.49	20	郑州大学第一附属医院	291	973	3.34

表 8-6 预防医学、卫生学领域高被引高等院校/科研院所 Top 10

序号	第一作者单位	发文量/篇	总被引频次/次	篇均被引频次/次	序号	第一作者单位	发文量/篇	总被引频次/次	篇均被引频次/次
1	中国疾病预防控制中心	1677	9033	5.39	6	哈尔滨医科大学	892	3110	3.49
2	北京大学	1310	5015	3.83	7	浙江省疾病预防控制中心	541	2856	5.28
3	安徽医科大学	861	3612	4.20	8	南京医科大学	770	2725	3.54
4	复旦大学	1014	3496	3.45	9	江苏省疾病预防控制中心	605	2725	4.50
5	华中科技大学同济医学院	689	3262	4.73	10	山东大学	637	2516	3.95

8.7 高被引国外期刊

预防医学、卫生学领域 2019 年被引频次 Top 10 的国外期刊见表 8-7，排名居前 3 位的国外期刊分别是 *PLOS ONE*、*The Lancet* 和 *Scientific Reports*。

表 8-7 预防医学、卫生学领域高被引国外期刊 Top 10

序号	期刊名称	2019 年被引频次/次
1	PLOS ONE	2016
2	The Lancet	893
3	Scientific Reports	753
4	Fertility and Sterility	483
5	Oncotarget	398
6	Human Reproduction	371
7	New England Journal of Medicine	317
8	BMC Public Health	315
9	BMJ Open	312
10	BMC Infectious Diseases	278

第 9 章　中医药领域高被引分析

9.1　领域论文概况

2014—2018 年，中医药领域的 123 种期刊上共发表学术论文 354321 篇，由来自 25992 所机构的 231986 位学者作为第一作者发表。上述论文中，有 253718 篇获得过引用，整体被引率为 71.6%，总被引频次为 1057107 次，篇均被引 2.98 次；其中，高被引论文有 3441 篇，高被引论文篇均被引 30.07 次（表 9-1）。另外，2019 年本领域共发表论文 62420 篇，其中有 6786 篇在当年获得过引用，总共被引 8856 次。

表 9-1　中医药领域论文分布情况

年份	论文数量/篇	总被引频次/次	被引率/%	高被引论文数量/篇	高被引论文被引频次/次
2014	79140	292701	76.8	787	30074
2015	74084	276160	78.4	765	27389
2016	70041	245631	77.8	693	24147
2017	67512	178410	73.2	660	16087
2018	63544	64205	48.6	536	5770
合计	354321	1057107	71.6	3441	103467

9.2　高被引论文分析

在中医药领域，2014—2018 年发表的总被引频次 Top 10 论文（表 9-2）的平均被引频次为 187.9 次，是全部 3441 篇高被引论文篇均被引频次的 6.25 倍。从论文分布来看，刊载高被引论文数量居前 3 位的期刊分别是《现代中西医结合杂志》（493 篇）、《中国中药杂志》（206 篇）和《中草药》（190 篇），其中，《中草药》刊载了高被引论文 Top 10 中的 3 篇；发表高被引论文数量居前 3 位的学者分别是天津药物研究院的张铁军（6 篇）、广州中医药大学第二临床医学院的潘建科（4 篇）和中国中医科学院望京医院的赵勇（4 篇）；产出高被引论文数量居前 3 位的机构分别是北京中医药大学（74 篇）、天津中医药大学（65 篇）和南京中医药大学（63 篇）。

表 9-2　中医药领域高被引论文 Top 10

序号	论文题名	第一作者	期刊名称	发表年份	被引频次/次	
					总频次	2019 年
1	赤芍的化学成分和药理作用研究进展	陆小华	中草药	2015	274	79
2	中药质量标志物（Q-Marker）：中药产品质量控制的新概念	刘昌孝	中草药	2016	229	103
3	黄芩的化学成分与药理作用研究进展	郑勇凤	中成药	2016	228	94

续表

序号	论文题名	第一作者	期刊名称	发表年份	被引频次/次	
					总频次	2019 年
4	优化急诊护理流程在急性心肌梗死患者抢救中的应用价值	赵静	现代中西医结合杂志	2016	186	82
5	白芍的药理作用及现代研究进展	张利	中医临床研究	2014	185	40
6	三七中皂苷成分及其药理作用的研究进展	王莹	中草药	2015	166	39
7	中医传承辅助平台应用评述	唐仕欢	中华中医药杂志	2015	160	60
8	治疗类风湿性关节炎常用药物的研究进展	池里群	中国中药杂志	2014	159	30
9	腹腔镜胆囊切除术与小切口胆囊切除术治疗胆囊炎、胆结石的疗效比较	李志祥	现代中西医结合杂志	2015	146	34
10	中药注射剂的不良反应研究进展	谭乐俊	中国中药杂志	2014	146	28

9.3　研究主题关联分析

在中医药领域，3441 篇高被引论文共被引用了 103467 次。通过分析施引文献关键词的词频及关键词之间的共现关系，获得中医药领域的热点主题和主题关联，如图 9-1 所示。由图可知："临床疗效""针灸""冠心病""生活质量"等关键词的文档词频较高，是中医药领域的研究热点；本领域主要形成 2 个研究主题簇，分别以"临床疗效""针灸""中药""腰椎间盘突出症"为核心，以"生活质量""冠心病""糖尿病"为核心。

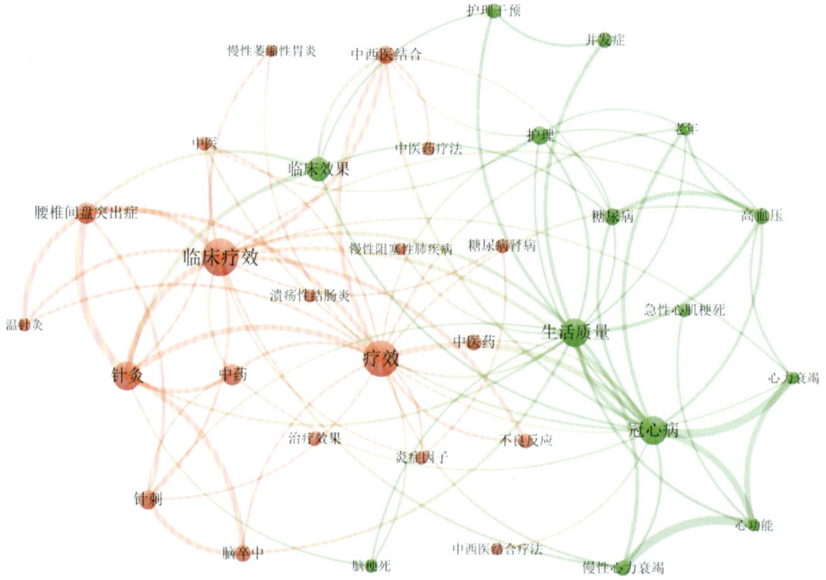

图 9-1　中医药领域热点论文主题关联

9.4　高影响力期刊分析

在中医药领域，5 年影响因子 Top 10 期刊见表 9-3，总被引频次最高的期刊是《现代中西医结合杂志》（54334 次），5 年影响因子最高的期刊是《针刺研究》。

表 9-3　中医药领域高被引期刊基本指标

序号	期刊名称	5 年载文量/篇	总被引频次/次	5 年影响因子	高被引论文数量/篇	h 指数
1	针刺研究	600	4072	2.673	41	25
2	中草药	3669	23363	2.243	190	38
3	现代中西医结合杂志	7602	54334	2.217	493	53
4	中国针灸	1988	12235	2.141	114	33
5	中医杂志	2884	18247	2.130	132	39
6	中国中药杂志	4062	26190	2.072	206	41
7	中国骨伤	1344	8209	1.847	51	27
8	针灸临床杂志	1716	8593	1.814	32	23
9	世界中医药	3440	14391	1.678	76	29
10	中国中西医结合杂志	1658	8505	1.677	51	27

9.5　高被引作者分析

2014—2018 年论文总被引频次 Top 10 的作者见表 9-4。其中，发文总被引频次居前 3 位的作者分别是北京中医药大学的吴嘉瑞（380 次）、天津药物研究院的刘昌孝（317 次）和上海中医药大学附属曙光医院的蒋健（310 次）。5 年发文量居前 3 位的作者分别是上海中医药大学附属曙光医院的蒋健（50 篇）、青岛大学医学院附属烟台毓璜顶医院的邹勇（46 篇）和黑龙江中医药大学的姜德友（45 篇）。

表 9-4　中医药领域高被引作者 Top 10

序号	作者	作者单位	发文量/篇	总被引频次/次	篇均被引频次/次	被引率/%	h 指数
1	吴嘉瑞	北京中医药大学	41	380	9.27	97.6	10
2	刘昌孝	天津药物研究院	4	317	79.25	100.0	4
3	蒋健	上海中医药大学附属曙光医院	50	310	6.20	76.0	9
4	张利	山东省东平县中医院	2	277	138.50	100.0	2
5	陆小华	成都中医药大学	1	274	274.00	100.0	1
6	张铁军	天津药物研究院	10	238	23.80	100.0	7

续表

序号	作者	作者单位	发文量/篇	总被引频次/次	篇均被引频次/次	被引率/%	h 指数
7	郑勇凤	成都中医药大学	2	229	114.50	100.0	1
8	李竹英	黑龙江中医药大学附属第一医院	29	227	7.83	86.2	9
9	周萍	重庆医科大学	14	225	16.07	92.9	9
10	陈士林	中国中医科学院中药研究所	5	213	42.60	100.0	4

9.6 高被引机构分析

中医药领域总被引频次 Top 20 医院和总被引频次 Top 10 高等院校/科研院所的发文和被引情况分别见表 9-5 和表 9-6。

表 9-5 中医药领域高被引医院 Top 20

序号	第一作者单位	发文量/篇	总被引频次/次	篇均被引频次/次	序号	第一作者单位	发文量/篇	总被引频次/次	篇均被引频次/次
1	中国中医科学院广安门医院	1946	8211	4.22	11	中国中医科学院西苑医院	958	3391	3.54
2	上海中医药大学附属曙光医院	1428	5769	4.04	12	广西中医药大学第一附属医院	1074	3379	3.15
3	上海中医药大学附属龙华医院	1305	5064	3.88	13	广州中医药大学第一附属医院	1088	3376	3.10
4	北京中医药大学东直门医院	1481	4992	3.37	14	北京中医药大学东方医院	800	3154	3.94
5	天津中医药大学第一附属医院	1115	4595	4.12	15	河南中医学院第一附属医院	827	3012	3.64
6	辽宁中医药大学附属医院	1154	4562	3.95	16	南京中医药大学第一临床医学院	677	2968	4.38
7	黑龙江中医药大学附属第一医院	964	4083	4.24	17	中国中医科学院望京医院	598	2956	4.94
8	首都医科大学附属北京中医医院	1123	4034	3.59	18	甘肃省中医院	851	2955	3.47
9	广东省中医院	1250	3920	3.14	19	安徽中医药大学第一附属医院	739	2881	3.90
10	上海中医药大学附属岳阳中西医结合医院	890	3450	3.88	20	湖南中医药大学第一附属医院	896	2879	3.21

表 9-6　中医药领域高被引高等院校/科研院所 Top 10

序号	第一作者单位	发文量/篇	总被引频次/次	篇均被引频次/次	序号	第一作者单位	发文量/篇	总被引频次/次	篇均被引频次/次
1	北京中医药大学	6157	21087	3.42	6	湖南中医药大学	3795	11683	3.08
2	南京中医药大学	4780	18231	3.81	7	辽宁中医药大学	3884	11284	2.91
3	天津中医药大学	5637	16081	2.85	8	黑龙江中医药大学	2721	9653	3.55
4	成都中医药大学	5086	14904	2.93	9	广州中医药大学	3073	8836	2.88
5	山东中医药大学	5927	14335	2.42	10	江西中医药大学	3127	8393	2.68

9.7　高被引国外期刊

中医药领域 2019 年被引频次 Top 10 的国外期刊见表 9-7，排名居前 3 位的国外期刊分别是 *PLOS ONE*、*Scientific Reports* 和 *Oncotarget*。

表 9-7　中医药领域高被引国外期刊 Top 10

序号	期刊名称	2019 年被引频次/次
1	PLOS ONE	1739
2	Scientific Reports	1193
3	Oncotarget	742
4	Journal of Ethnopharmacology	718
5	Molecules	548
6	Evidence-based Complementary and Alternative Medicine	509
7	International Journal of Molecular Sciences	483
8	Molecular Medicine Reports	352
9	Medicine	328
10	New England Journal of Medicine	316

第 10 章　基础医学领域高被引分析

10.1　领域论文概况

2014—2018 年，基础医学领域的 68 种期刊上共发表学术论文 87233 篇，由来自 13537 所机构的 72381 位学者作为第一作者发表。上述论文中，有 53549 篇获得过引用，整体被引率为 61.4%，总被引频次为 179272 次，篇均被引 2.06 次；其中，高被引论文有 845 篇，高被引论文篇均被引 24.39 次（表 10-1）。另外，2019 年本领域共发表论文 16968 篇，其中有 1723 篇在当年获得过引用，总共被引 2292 次。

表 10-1　基础医学领域论文分布情况

年份	论文数量/篇	总被引频次/次	被引率/%	高被引论文数量/篇	高被引论文被引频次/次
2014	15988	41095	65.2	156	5999
2015	19799	47786	65.4	196	5536
2016	18469	45020	67.7	198	4957
2017	16167	30714	63.6	154	2779
2018	16810	14657	44.0	141	1340
合计	87233	179272	61.4	845	20611

10.2　高被引论文分析

在基础医学领域，2014—2018 年发表的总被引频次 Top 10 论文（表 10-2）的平均被引频次为 131.4 次，是全部 845 篇高被引论文篇均被引频次的 5.39 倍。从论文分布来看，刊载高被引论文数量居前 3 位的期刊分别是《中国组织工程研究》（231 篇）、《医疗装备》（96 篇）和《数理医药学杂志》（78 篇），其中，《中国疫苗和免疫》刊载了高被引论文 Top 10 中的 6 篇；发表高被引论文数量居前 3 位的学者分别是中国医学科学院阜外医院的孙兴国（5 篇）、第四军医大学唐都医院的张勇萍（5 篇）和中国疾病预防控制中心寄生虫病预防控制所的张丽（4 篇）；产出高被引论文数量居前 3 位的机构分别是中国疾病预防控制中心（27 篇）、新疆医科大学第一附属医院（12 篇）和中国疾病预防控制中心免疫规划中心（9 篇）。

表 10-2　基础医学领域高被引论文 Top 10

序号	论文题名	第一作者	期刊名称	发表年份	被引频次/次	
					总频次	2019 年
1	中国 2012 年疑似预防接种异常反应监测数据分析	武文娣	中国疫苗和免疫	2014	225	22
2	中国 2012—2013 年麻疹流行病学特征与消除麻疹进展	马超	中国疫苗和免疫	2014	196	24
3	中国 2014 年疑似预防接种异常反应信息管理系统监测数据分析	叶家楷	中国疫苗和免疫	2016	130	36

续表

序号	论文题名	第一作者	期刊名称	发表年份	被引频次/次	
					总频次	2019 年
4	中国中老年人骨质疏松症患病率的Meta 分析	韩亚军	中国组织工程研究	2014	122	25
5	优质护理在妊高症产妇产后出血护理中的应用特点	张丽	中国组织工程研究	2014	114	9
6	中国消除麻疹的关键技术问题:专家解读共识	苏琪茹	中国疫苗和免疫	2014	108	16
7	2014 年全国疟疾疫情分析	张丽	中国寄生虫学与寄生虫病杂志	2015	108	6
8	中国 2013 年疑似预防接种异常反应信息管理系统数据分析	叶家楷	中国疫苗和免疫	2015	105	20
9	中国 2010—2012 年流行性腮腺炎流行病学特征分析	胡咏梅	中国疫苗和免疫	2014	104	11
10	2013 年全国疟疾疫情分析	张丽	中国寄生虫学与寄生虫病杂志	2014	102	7

10.3 研究主题关联分析

在基础医学领域，845 篇高被引论文共被引用了 20611 次。通过分析施引文献关键词的词频及关键词之间的共现关系，获得基础医学领域的热点主题和主题关联，如图 10-1 所示。由图可知：“临床疗效”“疗效”“临床效果”“疑似预防接种异常反应”“生活质量”“麻疹”等关键词的文档词频较高，是基础医学领域的研究热点；本领域主要形成 3 个研究主题簇，分别以“临床疗效”“股骨颈骨折”为核心，以“生活质量”“护理干预”为核心，以“麻疹”“疟疾”“流行病学特征麻疹”“疑似预防接种异常反应”为核心。

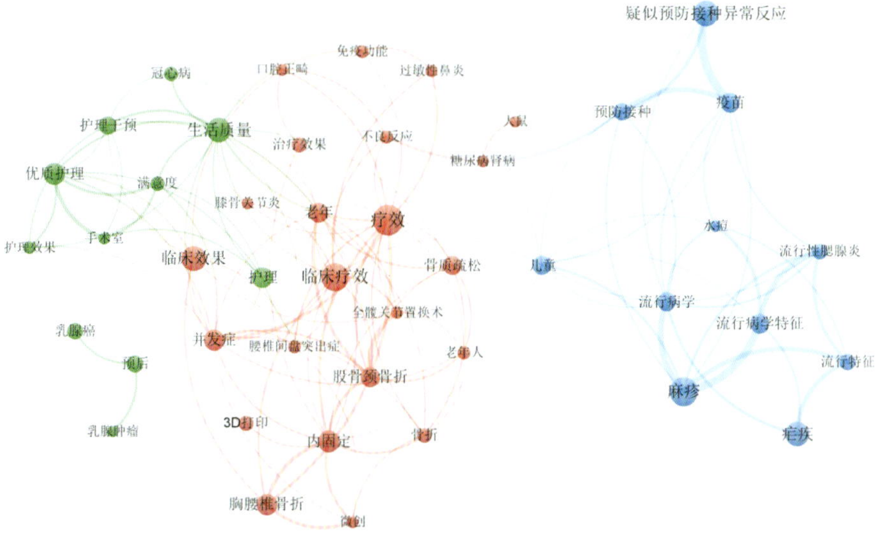

图 10-1 基础医学领域热点论文主题关联

10.4 高影响力期刊分析

在基础医学领域，5 年影响因子 Top 10 期刊见表 10-3，总被引频次最高的期刊是《中国组织工程研究》（26249 次），5 年影响因子最高的期刊是《中国疫苗和免疫》。

表 10-3 基础医学领域高被引期刊基本指标

序号	期刊名称	5 年载文量/篇	总被引频次/次	5 年影响因子	高被引论文数量/篇	h 指数
1	中国疫苗和免疫	760	4097	1.391	43	24
2	中国免疫学杂志	2072	6882	1.148	57	23
3	中国寄生虫学与寄生虫病杂志	673	2624	1.120	25	19
4	中国组织工程研究	6439	26249	1.109	231	36
5	系统医学	3575	5713	0.920	26	14
6	数理医药学杂志	4265	11693	0.896	78	21
7	世界睡眠医学杂志	928	1450	0.871	12	11
8	中国应用生理学杂志	703	1992	0.852	11	16
9	中华病理学杂志	1378	3757	0.840	23	17
10	微循环学杂志	434	1102	0.772	3	12

10.5 高被引作者分析

2014—2018 年论文总被引频次 Top 10 的作者见表 10-4。其中，发文总被引频次居前 3 位的作者分别是中国疾病预防控制中心寄生虫病预防控制所的张丽（314 次）、中国疾病预防控制中心免疫规划中心的武文娣（253 次）和中国疾病预防控制中心免疫规划中心的马超（247 次）。5 年发文量居前 3 位的作者分别是中国中医科学院广安门医院的刘艳骄（35 篇）、绍兴市人民医院的魏建国（17 篇）和第四军医大学唐都医院的涂艳阳（17 篇）。

表 10-4 基础医学领域高被引作者 Top 10

序号	作者	作者单位	发文量/篇	总被引频次/次	篇均被引频次/次	被引率/%	h 指数
1	张丽	中国疾病预防控制中心寄生虫病预防控制所	4	314	78.50	100.0	4
2	武文娣	中国疾病预防控制中心免疫规划中心	3	253	84.33	100.0	3
3	马超	中国疾病预防控制中心免疫规划中心	4	247	61.75	100.0	4
4	叶家楷	中国疾病预防控制中心	2	203	101.50	100.0	2
5	孙兴国	中国医学科学院阜外医院	12	146	12.17	91.7	6

续表

序号	作者	作者单位	发文量/篇	总被引频次/次	篇均被引频次/次	被引率/%	h 指数
6	张勇萍	第四军医大学唐都医院	12	143	11.92	100.0	7
7	韩亚军	新疆医科大学第二附属医院	2	129	64.50	100.0	2
8	杨文涛	复旦大学附属肿瘤医院	3	126	42.00	100.0	3
9	张丽	吉林大学白求恩第一医院	1	114	114.00	100.0	1
10	苏琪茹	中国疾病预防控制中心免疫规划中心	2	113	56.50	100.0	2

10.6　高被引机构分析

基础医学领域总被引频次 Top 20 医院和总被引频次 Top 10 高等院校/科研院所的发文和被引情况分别见表 10-5 和表 10-6。

表 10-5　基础医学领域高被引医院 Top 20

序号	第一作者单位	发文量/篇	总被引频次/次	篇均被引频次/次	序号	第一作者单位	发文量/篇	总被引频次/次	篇均被引频次/次
1	新疆医科大学第一附属医院	317	1287	4.06	11	中山大学附属第一医院	160	441	2.76
2	吉林大学白求恩第一医院	330	1213	3.68	12	湖南省儿童医院	164	433	2.64
3	北京协和医院	363	1100	3.03	13	中国医科大学附属盛京医院	230	420	1.83
4	重庆医科大学附属第一医院	292	665	2.28	14	新疆医科大学第二附属医院	72	414	5.75
5	武汉大学人民医院	265	593	2.24	15	郑州大学第一附属医院	211	404	1.91
6	佛山市第一人民医院	310	582	1.88	16	第四军医大学西京医院	176	389	2.21
7	南阳市中心医院	184	495	2.69	17	无锡市人民医院	220	365	1.66
8	苏州大学附属第一医院	329	474	1.44	18	中国医科大学附属第一医院	229	349	1.52
9	中国人民解放军总医院	188	459	2.44	19	广西医科大学第一附属医院	138	346	2.51
10	第四军医大学唐都医院	179	442	2.47	20	青岛大学附属医院	113	346	3.06

表 10-6　基础医学领域高被引高等院校/科研院所 Top 10

序号	第一作者单位	发文量/篇	总被引频次/次	篇均被引频次/次	序号	第一作者单位	发文量/篇	总被引频次/次	篇均被引频次/次
1	中国疾病预防控制中心	309	1651	5.34	6	上海理工大学	352	560	1.59
2	中国疾病预防控制中心免疫规划中心	33	966	29.27	7	中国医学科学院北京协和医学院	206	529	2.57
3	南方医科大学	349	852	2.44	8	山西医科大学	274	522	1.91
4	中国疾病预防控制中心寄生虫病预防控制所	118	711	6.03	9	中国人民解放军空军军医大学	328	509	1.55
5	重庆医科大学	283	633	2.24	10	首都医科大学	279	477	1.71

10.7　高被引国外期刊

基础医学领域 2019 年被引频次 Top 10 的国外期刊见表 10-7，排名居前 3 位的国外期刊分别是 *PLOS ONE*、*Oncotarget* 和 *Scientific Reports*。

表 10-7　基础医学领域高被引国外期刊 Top 10

序号	期刊名称	2019 年被引频次/次
1	PLOS ONE	1779
2	Oncotarget	1311
3	Scientific Reports	1263
4	Nature	559
5	International Journal of Molecular Sciences	457
6	Biochemical and Biophysical Research Communications	406
7	Cell	381
8	Vaccine	338
9	New England Journal of Medicine	325
10	Cellular Physiology and Biochemistry	295

第 11 章　临床医学领域高被引分析

11.1　领域论文概况

2014—2018 年，临床医学领域的 273 种期刊上共发表学术论文 1099097 篇，由来自 57311 所机构的 734173 位学者作为第一作者发表。上述论文中，有 701966 篇获得过引用，整体被引率为 63.9%，总被引频次为 2884982 次，篇均被引 2.62 次；其中，高被引论文有 10902 篇，高被引论文篇均被引 32.02 次（表 11-1）。另外，2019 年本领域共发表论文 178927 篇，其中有 19608 篇在当年获得过引用，总共被引 26671 次。

表 11-1　临床医学领域论文分布情况

年份	论文数量/篇	总被引频次/次	被引率/%	高被引论文数量/篇	高被引论文被引频次/次
2014	234405	706910	66.3	2299	91067
2015	240625	737021	68.0	2510	93726
2016	220837	727432	70.9	2219	87179
2017	209038	526630	66.6	2080	57701
2018	194192	186989	44.9	1794	19388
合计	1099097	2884982	63.9	10902	349061

11.2　高被引论文分析

在临床医学领域，2014—2018 年发表的总被引频次 Top 10 论文（表 11-2）的平均被引频次为 267.7 次，是全部 10902 篇高被引论文篇均被引频次的 8.36 倍。从论文分布来看，刊载高被引论文数量居前 3 位的期刊分别是《实用临床医药杂志》（776 篇）、《中国全科医学》（423 篇）和《重庆医学》（380 篇），其中，《重庆医学》刊载了高被引论文 Top 10 中的 3 篇；发表高被引论文数量居前 3 位的学者分别是国家卫生计生委卫生发展研究中心的秦江梅（4 篇）、中国人民解放军南京军区南京总医院的蒋琪霞（3 篇）和邯郸市中心医院的董洋（3 篇）；产出高被引论文数量居前 3 位的机构分别是四川大学华西医院（75 篇）、中国医科大学附属第一医院（50 篇）和中国医科大学附属盛京医院（48 篇）。

表 11-2　临床医学领域高被引论文 Top 10

序号	论文题名	第一作者	期刊名称	发表年份	被引频次/次	
					总频次	2019 年
1	匹兹堡睡眠质量指数的信度及效度分析	路桃影	重庆医学	2014	544	164
2	手术室细节护理在确保手术室护理安全中的应用效果研究	关柏秋	实用临床医药杂志	2014	264	33
3	不均匀沉降在膝关节退变及内翻过程中机制的研究	张英泽	河北医科大学学报	2014	262	44

续表

序号	论文题名	第一作者	期刊名称	发表年份	被引频次/次	
					总频次	2019 年
4	多样性护理方式在糖尿病合并冠心病患者护理中的应用效果观察	王咏梅	实用临床医药杂志	2015	261	45
5	腹腔镜子宫肌瘤剔除术与传统开腹手术治疗子宫肌瘤的临床疗效比较	王瑞敏	重庆医学	2014	259	27
6	动脉粥样硬化发病的炎症机制的研究进展	刘俊田	西安交通大学学报（医学版）	2015	244	51
7	个性化综合饮食护理干预对 2 型糖尿病患者的临床效果研究	徐灵莉	重庆医学	2015	227	43
8	曲美他嗪联合美托洛尔治疗冠心病心力衰竭对血浆 BNP 影响及疗效观察	李平	海南医学院学报	2016	213	61
9	综合护理干预对冠心病患者生活质量的影响观察	陆新芬	中国医药导报	2014	204	24
10	140 例剖宫产后疤痕子宫再次妊娠分娩方式的临床分析	金敏丽	中华全科医学	2014	199	38

11.3　研究主题关联分析

在临床医学领域，10902 篇高被引论文共被引用了 349061 次。通过分析施引文献关键词的词频及关键词之间的共现关系，获得临床医学领域的热点主题和主题关联，如图 11-1 所示。由图可知：“生活质量”“并发症”“临床效果”“冠心病”等关键词的文档词频较高，是临床医学领域的研究热点；本领域主要形成 2 个研究主题簇，分别以“生活质量”“并发症”“优质护理”为核心，以“临床效果”“糖尿病”“冠心病”为核心。

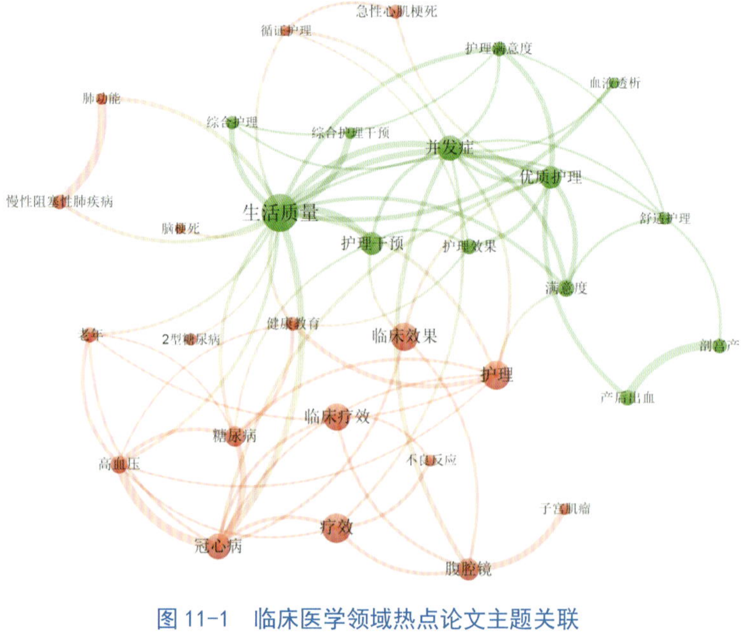

图 11-1　临床医学领域热点论文主题关联

11.4　高影响力期刊分析

在临床医学领域，5 年影响因子 Top 10 期刊见表 11-3，总被引频次最高的期刊是《中国医药指南》（111015 次），5 年影响因子最高的期刊是《实用临床医药杂志》。

表 11-3　临床医学领域高被引期刊基本指标

序号	期刊名称	5 年载文量/篇	总被引频次/次	5 年影响因子	高被引论文数量/篇	h 指数
1	实用临床医药杂志	8087	72110	3.119	776	63
2	中华全科医学	3580	29156	2.539	280	48
3	海南医学院学报	3483	24708	2.277	186	40
4	河北医学	3732	26078	2.174	219	46
5	中国全科医学	6153	40499	2.086	423	53
6	中华危重病急救医学	1474	10595	2.033	95	36
7	中国疼痛医学杂志	1294	7098	1.875	48	29
8	中国临床医生杂志	2517	14349	1.861	96	32
9	中国医药导报	8217	47051	1.782	379	55
10	重庆医学	9076	51187	1.766	380	54

11.5　高被引作者分析

2014—2018 年论文总被引频次 Top 10 的作者见表 11-4。其中，发文总被引频次居前 3 位的作者分别是广州中医药大学第二附属医院的路桃影（544 次）、东风公司花果医院的王咏梅（310 次）和吉化总医院的关柏秋（298 次）。5 年发文量居前 3 位的作者分别是中华医学会的游苏宁（101 篇）、首都医科大学附属北京朝阳医院的那开宪（82 篇）和渭南职业技术学院医学院的吕选民（81 篇）。

表 11-4　临床医学领域高被引作者 Top 10

序号	作者	作者单位	发文量/篇	总被引频次/次	篇均被引频次/次	被引率/%	h 指数
1	路桃影	广州中医药大学第二附属医院	1	544	544.00	100.0	1
2	王咏梅	东风公司花果医院	3	310	103.33	66.7	2
3	关柏秋	吉化总医院	2	298	149.00	100.0	2
4	陈伟	河北医科大学第三医院	8	273	34.13	87.5	4
5	张英泽	河北医科大学第三医院	4	266	66.50	75.0	2
6	王瑞敏	邢台市人民医院	1	259	259.00	100.0	1

续表

序号	作者	作者单位	发文量/篇	总被引频次/次	篇均被引频次/次	被引率/%	h 指数
7	刘俊田	西安交通大学医学部	1	244	244.00	100.0	1
8	陆新芬	湖州市中心医院	2	240	120.00	100.0	2
9	徐灵莉	重庆市肿瘤研究所	1	227	227.00	100.0	1
10	金敏丽	临海市第一人民医院	2	226	113.00	100.0	2

11.6 高被引机构分析

临床医学领域总被引频次 Top 20 医院和总被引频次 Top 10 高等院校/科研院所的发文和被引情况分别见表 11-5 和表 11-6。

表 11-5 临床医学领域高被引医院 Top 20

序号	第一作者单位	发文量/篇	总被引频次/次	篇均被引频次/次	序号	第一作者单位	发文量/篇	总被引频次/次	篇均被引频次/次
1	四川大学华西医院	3899	14243	3.65	11	北京协和医院	2173	6673	3.07
2	新疆医科大学第一附属医院	2750	8602	3.13	12	四川省医学科学院·四川省人民医院	2059	6078	2.95
3	武汉大学人民医院	2332	8179	3.51	13	中国医科大学附属第一医院	1279	5928	4.63
4	安徽医科大学第一附属医院	2218	7889	3.56	14	内蒙古医科大学附属医院	1469	5847	3.98
5	郑州大学第一附属医院	2823	7403	2.62	15	哈尔滨医科大学附属第一医院	1403	5582	3.98
6	中国人民解放军总医院	1785	7394	4.14	16	南京医科大学第一附属医院	2169	5574	2.57
7	广西医科大学第一附属医院	2249	6846	3.04	17	首都医科大学附属北京友谊医院	1469	5554	3.78
8	重庆医科大学附属第一医院	2379	6824	2.87	18	延安大学附属医院	1274	5467	4.29
9	蚌埠医学院第一附属医院	1620	6771	4.18	19	南通大学附属医院	2096	5208	2.48
10	中国医科大学附属盛京医院	1486	6700	4.51	20	南方医科大学南方医院	1158	4944	4.27

表 11-6　临床医学领域高被引高等院校/科研院所 Top 10

序号	第一作者单位	发文量/篇	总被引频次/次	篇均被引频次/次	序号	第一作者单位	发文量/篇	总被引频次/次	篇均被引频次/次
1	山西医科大学	1720	3734	2.17	6	重庆医科大学	863	2641	3.06
2	宁夏医科大学	1302	3394	2.61	7	新疆医科大学	1261	2596	2.06
3	天津医科大学	933	2923	3.13	8	潍坊医学院	1185	2479	2.09
4	安徽医科大学	892	2866	3.21	9	广州市妇女儿童医疗中心	725	2438	3.36
5	南方医科大学	770	2850	3.70	10	遵义医学院	1088	2353	2.16

11.7　高被引国外期刊

临床医学领域 2019 年被引频次 Top 10 的国外期刊见表 11-7，排名居前 3 位的国外期刊分别是 *PLOS ONE*、*Oncotarget* 和 *Scientific Reports*。

表 11-7　临床医学领域高被引国外期刊 Top 10

序号	期刊名称	2019 年被引频次/次
1	PLOS ONE	8437
2	Oncotarget	5766
3	Scientific Reports	4411
4	New England Journal of Medicine	2536
5	The Lancet	2509
6	Medicine	2379
7	International Journal of Molecular Sciences	1566
8	Biochemical and Biophysical Research Communications	1323
9	Circulation	1322
10	Nature	1261

第 12 章　护理学领域高被引分析

12.1　领域论文概况

2014—2018 年，护理学领域的 76 种期刊上共发表学术论文 488199 篇，由来自 39950 所机构的 337037 位学者作为第一作者发表。上述论文中，有 191090 篇获得过引用，整体被引率为 39.1%，总被引频次为 791303 次，篇均被引 1.62 次；其中，高被引论文有 4515 篇，高被引论文篇均被引 29.90 次（表 12-1）。另外，2019 年本领域共发表论文 115745 篇，其中有 7671 篇在当年获得过引用，总共被引 9519 次。

表 12-1　护理学领域论文分布情况

年份	论文数量/篇	总被引频次/次	被引率/%	高被引论文数量/篇	高被引论文被引频次/次
2014	59660	185327	51.3	602	31888
2015	66889	177357	49.0	654	30293
2016	103319	201636	45.5	993	35420
2017	131463	164399	38.6	1216	27635
2018	126868	62584	23.6	1050	9752
合计	488199	791303	39.1	4515	134988

12.2　高被引论文分析

在护理学领域，2014—2018 年发表的总被引频次 Top 10 论文（表 12-2）的平均被引频次为 214.0 次，是全部 4515 篇高被引论文篇均被引频次的 7.16 倍。从论文分布来看，刊载高被引论文数量居前 3 位的期刊分别是《中华护理杂志》（561 篇）、《护理研究》（385 篇）和《护理实践与研究》（372 篇），其中，《中华护理杂志》刊载了高被引论文 Top 10 中的 6 篇；发表高被引论文数量居前 3 位的学者分别是同济大学附属第十人民医院的吴茜（5 篇）、中国人民解放军南京军区南京总医院的蒋琪霞（4 篇）和长沙市中心医院的席明霞（4 篇）；产出高被引论文数量居前 3 位的机构分别是华中科技大学同济医学院附属同济医院（51 篇）、华中科技大学同济医学院附属协和医院（43 篇）和北京协和医院（41 篇）。

表 12-2　护理学领域高被引论文 Top 10

序号	论文题名	第一作者	期刊名称	发表年份	被引频次/次	
					总频次	2019 年
1	2 型糖尿病患者自我管理行为及血糖控制现状的研究	嵇加佳	中华护理杂志	2014	328	72
2	运用微信对强直性脊柱炎出院患者行延续护理的效果	胡竹芳	中华护理杂志	2015	261	47
3	品管圈在护理质量管理中的应用现状	赵庆华	护理学杂志	2014	225	26

续表

序号	论文题名	第一作者	期刊名称	发表年份	被引频次/次	
					总频次	2019 年
4	同伴教育在糖尿病健康教育中的应用现状	牛林艳	中华护理杂志	2014	207	35
5	肿瘤化疗患者 PICC 置管的并发症原因分析及护理对策	曹晓欣	护士进修杂志	2014	198	20
6	护理人文关怀标准的研究进展	刘义兰	中华护理杂志	2014	196	40
7	正念减压疗法对乳腺癌患者知觉压力及焦虑抑郁水平的影响	张佳媛	中华护理杂志	2015	188	64
8	疼痛护理质量指标的建立及在骨科病房的应用	黄天雯	中华护理杂志	2015	186	36
9	知信行理论模式在护理工作中的应用现状与展望	李维瑜	护理学杂志	2015	176	58
10	规范化管理糖尿病护理小组提高专科护理质量的体会	徐勤容	护士进修杂志	2014	175	19

12.3　研究主题关联分析

在护理学领域，4515 篇高被引论文共被引用了 134988 次。通过分析施引文献关键词的词频及关键词之间的共现关系，获得护理学领域的热点主题和主题关联，如图 12-1 所示。由图可知：“生活质量”“护理”“并发症”“健康教育”等关键词的文档词频较高，是护理学领域的研究热点；本领域主要形成 3 个研究主题簇，分别以“生活质量”“延续性护理”为核心，以“护理”“满意度”为核心，以“并发症”“焦虑”“抑郁”为核心。

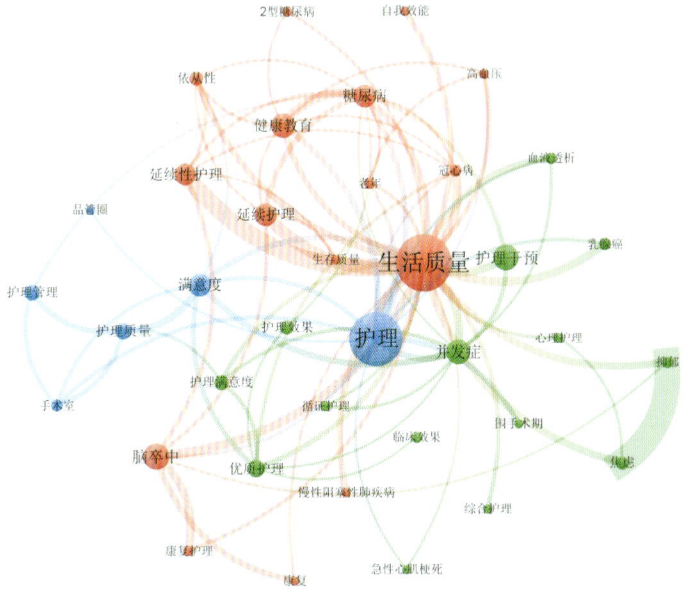

图 12-1　护理学领域热点论文主题关联

12.4　高影响力期刊分析

在护理学领域，5 年影响因子 Top 10 期刊见表 12-3，总被引频次最高的期刊是《护理研究》（51884 次），5 年影响因子最高的期刊是《中华护理杂志》。

表 12-3　护理学领域高被引期刊基本指标

序号	期刊名称	5 年载文量/篇	总被引频次/次	5 年影响因子	高被引论文数量/篇	h 指数
1	中华护理杂志	1831	35811	6.576	561	73
2	护理管理杂志	1670	15340	3.050	128	39
3	中国护理管理	2458	21460	2.987	218	45
4	护理学杂志	4409	36649	2.836	316	48
5	中国康复医学杂志	1630	13057	2.764	105	36
6	护士进修杂志	4696	36046	2.292	368	58
7	护理实践与研究	7225	38345	2.150	372	38
8	解放军护理杂志	2739	17540	2.139	119	36
9	护理学报	3018	19299	2.115	151	35
10	护理研究	8743	51884	1.935	385	44

12.5　高被引作者分析

2014—2018 年论文总被引频次 Top 10 的作者见表 12-4。其中，发文总被引频次居前 3 位的作者分别是中山大学附属第一医院的黄天雯（354 次）、南京中医药大学的嵇加佳（328 次）和中国人民解放军南京军区南京总医院的蒋琪霞（315 次）。5 年发文量居前 3 位的作者分别是中国农业大学的范志红（162 篇）、武警黑龙江总队医院的张正旭（104 篇）和武汉大学同仁医院的万睿（102 篇）。

表 12-4　护理学领域高被引作者 Top 10

序号	作者	作者单位	发文量/篇	总被引频次/次	篇均被引频次/次	被引率/%	h 指数
1	黄天雯	中山大学附属第一医院	15	354	23.60	93.3	8
2	嵇加佳	南京中医药大学	1	328	328.00	100.0	1
3	蒋琪霞	中国人民解放军南京军区南京总医院	29	315	10.86	96.6	10
4	刘义兰	华中科技大学同济医学院附属协和医院	7	301	43.00	100.0	6
5	胡竹芳	江西省人民医院	6	295	49.17	83.3	3
6	吴茜	同济大学附属第十人民医院	8	278	34.75	87.5	6

续表

序号	作者	作者单位	发文量/篇	总被引频次/次	篇均被引频次/次	被引率/%	h 指数
7	徐园	北京协和医院	10	276	27.60	100.0	8
8	常红	首都医科大学宣武医院	12	254	21.17	100.0	7
9	赵庆华	重庆医科大学附属第一医院	2	233	116.50	100.0	2
10	李伦兰	安徽医科大学第一附属医院	8	224	28.00	87.5	6

12.6　高被引机构分析

护理学领域总被引频次 Top 20 医院和总被引频次 Top 10 高等院校/科研院所的发文和被引情况分别见表 12-5 和表 12-6。

表 12-5　护理学领域高被引医院 Top 20

序号	第一作者单位	发文量/篇	总被引频次/次	篇均被引频次/次	序号	第一作者单位	发文量/篇	总被引频次/次	篇均被引频次/次
1	华中科技大学同济医学院附属同济医院	2144	7046	3.29	11	郑州大学第一附属医院	514	2398	4.67
2	华中科技大学同济医学院附属协和医院	1675	5928	3.54	12	广西医科大学第一附属医院	543	2298	4.23
3	四川大学华西医院	919	5214	5.67	13	哈尔滨医科大学附属第二医院	281	2272	8.09
4	北京协和医院	1189	4642	3.90	14	第二军医大学附属长海医院	527	2218	4.21
5	哈尔滨医科大学附属第一医院	408	3246	7.96	15	江苏省中医院	823	2128	2.59
6	中国人民解放军总医院	807	3184	3.95	16	西安交通大学第一附属医院	802	2105	2.62
7	南京大学医学院附属鼓楼医院	513	3023	5.89	17	河南省人民医院	603	2076	3.44
8	中山大学附属第一医院	840	2679	3.19	18	重庆医科大学附属第一医院	433	2063	4.76
9	南京医科大学第一附属医院	659	2607	3.96	19	四川省医学科学院•四川省人民医院	672	2002	2.98
10	天津医科大学肿瘤医院	406	2450	6.03	20	南通大学附属医院	669	1991	2.98

表 12-6　护理学领域高被引高等院校/科研院所 Top 10

序号	第一作者单位	发文量/篇	总被引频次/次	篇均被引频次/次	序号	第一作者单位	发文量/篇	总被引频次/次	篇均被引频次/次
1	南京中医药大学	499	3358	6.73	6	北京大学	329	2010	6.11
2	复旦大学	438	3092	7.06	7	福建中医药大学	434	1980	4.56
3	天津中医药大学	607	2912	4.80	8	中南大学	343	1902	5.55
4	中国医学科学院北京协和医学院	395	2862	7.25	9	郑州大学	432	1793	4.15
5	首都医科大学	387	2428	6.27	10	山西医科大学	693	1709	2.47

12.7　高被引国外期刊

护理学领域 2019 年被引频次 Top 10 的国外期刊见表 12-7，排名居前 3 位的国外期刊分别是 *PLOS ONE*、*BMJ Open* 和 *International Journal of Nursing Studies*。

表 12-7　护理学领域高被引国外期刊 Top 10

序号	期刊名称	2019 年被引频次/次
1	PLOS ONE	929
2	BMJ Open	336
3	International Journal of Nursing Studies	303
4	Journal of Clinical Nursing	296
5	Cochrane Database of Systematic Reviews	270
6	Supportive Care in Cancer	269
7	Nurse Education Today	267
8	Medicine	256
9	Journal of Advanced Nursing	217
10	Critical Care Medicine	210

第 13 章　内科学领域高被引分析

13.1　领域论文概况

2014—2018 年，内科学领域的 97 种期刊上共发表学术论文 150354 篇，由来自 13025 所机构的 110790 位学者作为第一作者发表。上述论文中，有 102194 篇获得过引用，整体被引率为 68.0%，总被引频次为 575340 次，篇均被引 3.83 次；其中，高被引论文有 1481 篇，高被引论文篇均被引 63.73 次（表 13-1）。另外，2019 年本领域共发表论文 29844 篇，其中有 2723 篇在当年获得过引用，总共被引 4053 次。

表 13-1　内科学领域论文分布情况

年份	论文数量/篇	总被引频次/次	被引率/%	高被引论文数量/篇	高被引论文被引频次/次
2014	30565	157884	74.1	315	30581
2015	31630	147473	74.4	305	22501
2016	30062	143015	75.3	310	22362
2017	28787	92723	69.9	304	12673
2018	29310	34245	45.2	247	6263
合计	150354	575340	68.0	1481	94380

13.2　高被引论文分析

在内科学领域，2014—2018 年发表的总被引频次 Top 10 论文（表 13-2）的平均被引频次为 522.0 次，是全部 1481 篇高被引论文篇均被引频次的 8.19 倍。从论文分布来看，刊载高被引论文数量居前 3 位的期刊分别是《中国老年学杂志》（229 篇）、《中华医院感染学杂志》（212 篇）和《中华老年心脑血管病杂志》（54 篇），其中，《中国感染与化疗杂志》刊载了高被引论文 Top 10 中的 4 篇；发表高被引论文数量居前 3 位的学者分别是复旦大学附属华山医院的胡付品（7 篇）、北京大学第一医院的李六亿（4 篇）和中国医学科学院肿瘤医院的王锡山（3 篇）；产出高被引论文数量居前 3 位的机构分别是中国医学科学院阜外医院（24 篇）、北京协和医院（18 篇）和中国人民解放军总医院（18 篇）。

表 13-2　内科学领域高被引论文 Top 10

序号	论文题名	第一作者	期刊名称	发表年份	被引频次/次	
					总频次	2019 年
1	《中国心血管病报告 2015》概要	陈伟伟	中国循环杂志	2016	731	137
2	2014 年 CHINET 中国细菌耐药性监测	胡付品	中国感染与化疗杂志	2015	658	95
3	2013 年中国 CHINET 细菌耐药性监测	胡付品	中国感染与化疗杂志	2014	619	55

续表

序号	论文题名	第一作者	期刊名称	发表年份	被引频次/次	
					总频次	2019 年
4	《中国心血管病报告 2014》概要	陈伟伟	中国循环杂志	2015	569	75
5	中国人骨质疏松症诊断标准专家共识（第三稿 • 2014 版）	张智海	中国骨质疏松杂志	2014	559	129
6	中国心血管病报告 2013 概要	陈伟伟	中国循环杂志	2014	521	57
7	多重耐药菌医院感染预防与控制中国专家共识	黄勋	中国感染控制杂志	2015	484	134
8	2016 年中国 CHINET 细菌耐药性监测	胡付品	中国感染与化疗杂志	2017	409	238
9	中国胃癌发病率及死亡率研究进展	邹文斌	中国实用内科杂志	2014	355	66
10	2015 年 CHINET 细菌耐药性监测	胡付品	中国感染与化疗杂志	2016	315	91

13.3　研究主题关联分析

在内科学领域，1481 篇高被引论文共被引用了 94380 次。通过分析施引文献关键词的词频及关键词之间的共现关系，获得内科学领域的热点主题和主题关联，如图 13-1 所示。由图可知："2 型糖尿病""冠心病""疗效""慢性阻塞性肺疾病"等关键词的文档词频较高，是内科学领域的研究热点；本领域主要形成 4 个研究主题簇，分别以"糖尿病""高血压""老年"为核心，以"冠心病""心力衰竭"为核心，以"慢性阻塞性肺疾病""疗效"为核心，以"耐药性""医院感染"为核心。

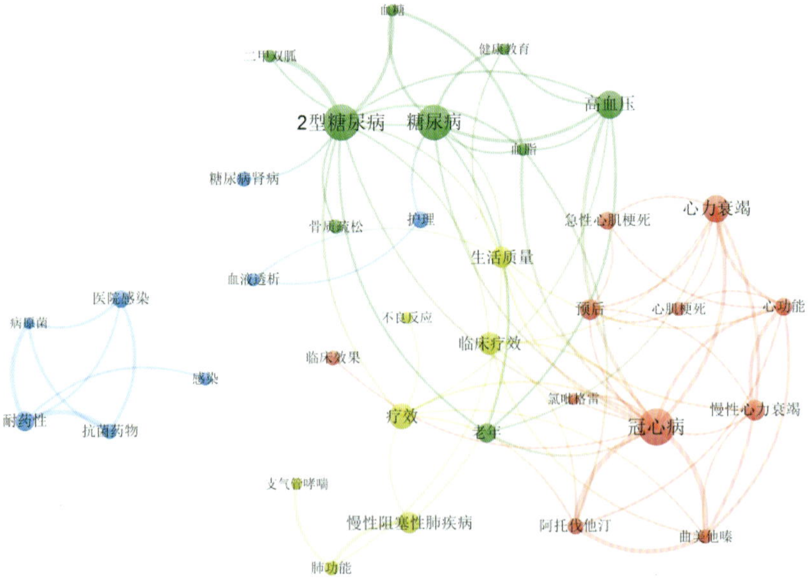

图 13-1　内科学领域热点论文主题关联

13.4　高影响力期刊分析

在内科学领域，5 年影响因子 Top 10 期刊见表 13-3，总被引频次最高的期刊是《中国老年学杂志》（77174 次），5 年影响因子最高的期刊是《中华心血管病杂志》。

表 13-3　内科学领域高被引期刊基本指标

序号	期刊名称	5 年载文量/篇	总被引频次/次	5 年影响因子	高被引论文数量/篇	h 指数
1	中华心血管病杂志	1287	13103	3.166	50	38
2	现代消化及介入诊疗	1442	9726	2.714	40	35
3	中国感染与化疗杂志	807	6582	2.513	23	27
4	中国感染控制杂志	1278	9065	2.425	35	27
5	肠外与肠内营养	538	3906	2.383	10	25
6	中华医院感染学杂志	8919	66296	2.274	212	52
7	中华结核和呼吸杂志	1423	9211	2.266	41	35
8	中华糖尿病杂志	1112	7528	2.206	19	24
9	中国糖尿病杂志	1371	9698	2.104	32	32
10	中国骨质疏松杂志	1696	10215	2.096	39	29

13.5　高被引作者分析

2014—2018 年论文总被引频次 Top 10 的作者见表 13-4。其中，发文总被引频次居前 3 位的作者分别是复旦大学附属华山医院的胡付品（2334 次）、中国医学科学院阜外医院的陈伟伟（1390 次）和中国医科大学航空总医院的张智海（729 次）。5 年发文量居前 3 位的作者分别是北京大学人民医院的胡大一（95 篇）、济南医院的王建华（85 篇）和首都医科大学附属北京儿童医院的张琪（57 篇）。

表 13-4　内科学领域高被引作者 Top 10

序号	作者	作者单位	发文量/篇	总被引频次/次	篇均被引频次/次	被引率/%	h 指数
1	胡付品	复旦大学附属华山医院	11	2334	212.18	100.0	8
2	陈伟伟	中国医学科学院阜外医院	9	1390	154.44	77.8	5
3	张智海	中国医科大学航空总医院	3	729	243.00	100.0	3
4	陈伟伟	国家心血管病中心	4	597	149.25	100.0	2
5	黄勋	中南大学湘雅医院	1	484	484.00	100.0	1
6	邹文斌	第二军医大学附属长海医院	5	405	81.00	100.0	3
7	李六亿	北京大学第一医院	12	307	25.58	100.0	9

续表

序号	作者	作者单位	发文量/篇	总被引频次/次	篇均被引频次/次	被引率/%	h 指数
8	母义明	中国人民解放军总医院	12	304	25.33	75.0	7
9	徐瑜	上海交通大学医学院附属瑞金医院	2	271	135.50	50.0	1
10	张健	中国医学科学院阜外医院	10	261	26.10	100.0	7

13.6 高被引机构分析

内科学领域总被引频次 Top 20 医院和总被引频次 Top 10 高等院校/科研院所的发文和被引情况分别见表 13-5 和表 13-6。

表 13-5 内科学领域高被引医院 Top 20

序号	第一作者单位	发文量/篇	总被引频次/次	篇均被引频次/次	序号	第一作者单位	发文量/篇	总被引频次/次	篇均被引频次/次
1	中国医学科学院阜外医院	2720	7583	2.79	11	南阳市中心医院	430	2713	6.31
2	中国人民解放军总医院	1318	5815	4.41	12	四川大学华西医院	667	2675	4.01
3	首都医科大学附属北京安贞医院	1402	5105	3.64	13	郑州大学第一附属医院	667	2604	3.90
4	北京协和医院	1310	4853	3.70	14	武汉大学人民医院	791	2434	3.08
5	吉林大学白求恩第一医院	1108	4514	4.07	15	新疆医科大学第一附属医院	572	2412	4.22
6	复旦大学附属华山医院	379	3877	10.23	16	中南大学湘雅医院	277	2347	8.47
7	北京大学人民医院	961	3762	3.91	17	北京医院	549	2308	4.20
8	北京大学第一医院	757	3669	4.85	18	南京医科大学第一附属医院	697	2211	3.17
9	上海交通大学医学院附属瑞金医院	868	3265	3.76	19	北京大学第三医院	535	1955	3.65
10	第二军医大学附属长海医院	680	2792	4.11	20	复旦大学附属中山医院	524	1880	3.59

表 13-6　内科学领域高被引高等院校/科研院所 Top 10

序号	第一作者单位	发文量/篇	总被引频次/次	篇均被引频次/次	序号	第一作者单位	发文量/篇	总被引频次/次	篇均被引频次/次
1	中华医学会糖尿病学分会	26	2329	89.58	6	天津医科大学	154	627	4.07
2	中国医学科学院北京协和医学院	305	1326	4.35	7	天津中医药大学	139	607	4.37
3	福建中医药大学	182	956	5.25	8	河北联合大学	82	597	7.28
4	国家心血管病中心	22	660	30.00	9	吉林大学	117	592	5.06
5	中国疾病预防控制中心结核病预防控制中心	51	631	12.37	10	山西医科大学	197	575	2.92

13.7　高被引国外期刊

内科学领域 2019 年被引频次 Top 10 的国外期刊见表 13-7，排名居前 3 位的国外期刊分别是 *PLOS ONE*、*New England Journal of Medicine* 和 *Oncotarget*。

表 13-7　内科学领域高被引国外期刊 Top 10

序号	期刊名称	2019 年被引频次/次
1	PLOS ONE	3164
2	New England Journal of Medicine	1792
3	Oncotarget	1475
4	Journal of Hepatology	1265
5	Hepatology	1182
6	Circulation	1111
7	European Heart Journal	1082
8	International Journal of Cardiology	1037
9	Scientific Reports	983
10	Journal of the America College of Cardiology	965

第 14 章　外科学领域高被引分析

14.1　领域论文概况

2014—2018 年，外科学领域的 106 种期刊上共发表学术论文 128751 篇，由来自 11240 所机构的 88762 位学者作为第一作者发表。上述论文中，有 86411 篇获得过引用，整体被引率为 67.1%，总被引频次为 418489 次，篇均被引 3.25 次；其中，高被引论文有 1308 篇，高被引论文篇均被引 39.58 次（表 14-1）。另外，2019 年本领域共发表论文 24014 篇，其中有 2374 篇在当年获得过引用，总共被引 2980 次。

表 14-1　外科学领域论文分布情况

年份	论文数量/篇	总被引频次/次	被引率/%	高被引论文数量/篇	高被引论文被引频次/次
2014	29914	115457	70.7	302	14131
2015	27281	110039	73.1	280	14244
2016	24648	101559	74.2	255	12863
2017	23324	67743	70.3	226	7488
2018	23584	23691	45.0	245	3043
合计	128751	418489	67.1	1308	51769

14.2　高被引论文分析

在外科学领域，2014—2018 年发表的总被引频次 Top 10 论文（表 14-2）的平均被引频次为 170.9 次，是全部 1308 篇高被引论文篇均被引频次的 4.32 倍。从论文分布来看，刊载高被引论文数量居前 3 位的期刊分别是《中国微创外科杂志》（99 篇）、《临床麻醉学杂志》（94 篇）和《中国内镜杂志》（88 篇），其中，《中国微创外科杂志》和《中华骨与关节外科杂志》分别刊载了高被引论文 Top 10 中的 2 篇；发表高被引论文数量居前 3 位的学者分别是中南大学湘雅医院的唐举玉（4 篇）、广州医科大学附属第一医院的曾国华（3 篇）和上海交通大学医学院附属仁济医院的王坚（3 篇）；产出高被引论文数量居前 3 位的机构分别是四川大学华西医院（24 篇）、北京大学第三医院（19 篇）和中南大学湘雅医院（18 篇）。

表 14-2　外科学领域高被引论文 Top 10

序号	论文题名	第一作者	期刊名称	发表年份	被引频次/次	
					总频次	2019 年
1	盐酸羟考酮的药理学和临床应用	徐建国	临床麻醉学杂志	2014	345	62
2	中国髋、膝关节置换术加速康复——围术期管理策略专家共识	周宗科	中华骨与关节外科杂志	2016	210	83
3	中国骨质疏松性骨折诊疗指南（骨质疏松性骨折诊断及治疗原则）	邱贵兴	中华骨与关节外科杂志	2015	183	58

续表

序号	论文题名	第一作者	期刊名称	发表年份	被引频次/次	
					总频次	2019 年
4	心房颤动：目前的认识和治疗建议—2015	黄从新	中国心脏起搏与心电生理杂志	2015	171	57
5	NRS 疼痛数字评价量表 numerical rating scale	严广斌	中华关节外科杂志（电子版）	2014	165	59
6	颈椎病流行病学及发病机理研究进展	柯尊华	颈腰痛杂志	2014	154	34
7	中国前列腺癌的流行病学概述和启示	叶定伟	中华外科杂志	2015	140	42
8	腹腔镜下全腹膜外腹股沟疝修补术与经正中线切口腹膜前腹股沟疝修补术的比较研究	王桐生	中国微创外科杂志	2016	115	45
9	经皮椎体成形术和经皮椎体后凸成形术治疗老年骨质疏松椎体压缩性骨折的疗效观察	董继胜	中国矫形外科杂志	2015	114	30
10	腹腔镜胆囊切除术治疗急性结石性胆囊炎合并糖尿病 59 例	侯湘德	中国微创外科杂志	2016	112	36

14.3　研究主题关联分析

在外科学领域，1308 篇高被引论文共被引用了 51769 次。通过分析施引文献关键词的词频及关键词之间的共现关系，获得外科学领域的热点主题和主题关联，如图 14-1 所示。由图可知：“腹腔镜”“临床疗效”“并发症”“加速康复外科”等关键词的文档词频较高，是外科学领域的研究热点；本领域主要形成 2 个研究主题簇，分别以“腹腔镜”“临床疗效”“并发症”为核心，以“加速康复外科”“右美托咪定”为核心。

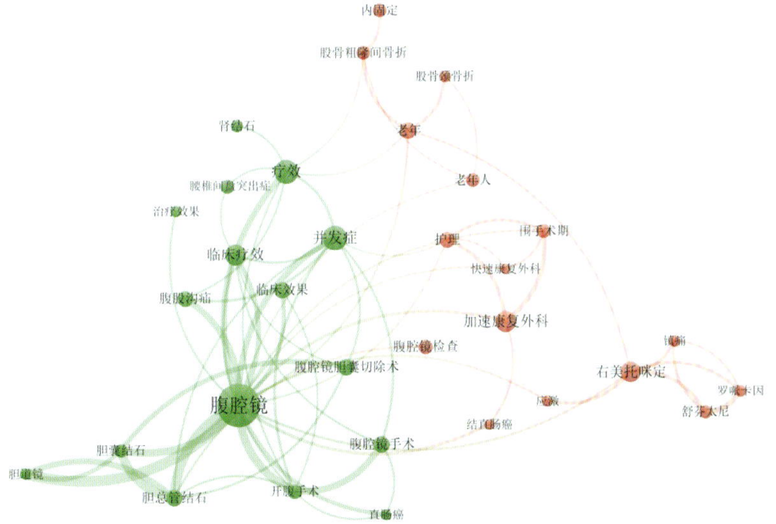

图 14-1　外科学领域热点论文主题关联

14.4 高影响力期刊分析

在外科学领域，5 年影响因子 Top 10 期刊见表 14-3，总被引频次最高的期刊是《中国伤残医学》（24428 次），5 年影响因子最高的期刊是《中华消化外科杂志》。

表 14-3 外科学领域高被引期刊基本指标

序号	期刊名称	5 年载文量/篇	总被引频次/次	5 年影响因子	高被引论文数量/篇	h 指数
1	中华消化外科杂志	1268	9757	2.412	67	34
2	中国微创外科杂志	1731	13702	2.407	99	42
3	中国内镜杂志	1649	11729	2.363	88	36
4	中华骨科杂志	1129	7657	2.176	35	31
5	临床麻醉学杂志	1924	13565	2.010	94	42
6	中华外科杂志	1217	7669	1.993	45	31
7	中国普通外科杂志	1677	10979	1.879	63	34
8	中国实用外科杂志	1968	11772	1.754	66	36
9	中国矫形外科杂志	2616	14176	1.714	65	37
10	中国骨与关节损伤杂志	2732	14621	1.703	60	33

14.5 高被引作者分析

2014—2018 年论文总被引频次 Top 10 的作者见表 14-4。其中，发文总被引频次居前 3 位的作者分别是中国人民解放军南京军区南京总医院的徐建国（351 次）、广州医科大学附属第一医院的曾国华（297 次）和四川大学华西医院的周宗科（292 次）。5 年发文量居前 3 位的作者分别是北京大学人民医院的郭继鸿（55 篇）、中国人民解放军总医院的王建中（42 篇）和中国人民解放军总医院的刘荣（32 篇）。

表 14-4 外科学领域高被引作者 Top 10

序号	作者	作者单位	发文量/篇	总被引频次/次	篇均被引频次/次	被引率/%	h 指数
1	徐建国	中国人民解放军南京军区南京总医院	6	351	58.50	33.3	2
2	曾国华	广州医科大学附属第一医院	8	297	37.13	100.0	7
3	周宗科	四川大学华西医院	3	292	97.33	100.0	3
4	田文	中国人民解放军总医院	25	276	11.04	92.0	9
5	郑民华	上海交通大学医学院附属瑞金医院	30	263	8.77	96.7	10
6	方驰华	南方医科大学珠江医院	24	263	10.96	95.8	10

续表

序号	作者	作者单位	发文量/篇	总被引频次/次	篇均被引频次/次	被引率/%	h 指数
7	池畔	福建医科大学附属协和医院	21	258	12.29	100.0	10
8	邱贵兴	北京协和医院	5	246	49.20	60.0	3
9	张宏其	中南大学湘雅医院	24	242	10.08	100.0	8
10	唐举玉	中南大学湘雅医院	14	240	17.14	78.6	8

14.6　高被引机构分析

外科学领域总被引频次 Top 20 医院和总被引频次 Top 10 高等院校/科研院所的发文和被引情况分别见表 14-5 和表 14-6。

表 14-5　外科学领域高被引医院 Top 20

序号	第一作者单位	发文量/篇	总被引频次/次	篇均被引频次/次	序号	第一作者单位	发文量/篇	总被引频次/次	篇均被引频次/次
1	四川大学华西医院	1212	5370	4.43	11	第二军医大学附属长海医院	675	2427	3.60
2	中国人民解放军总医院	1143	4059	3.55	12	北京大学人民医院	689	2423	3.52
3	北京大学第三医院	683	3771	5.52	13	中南大学湘雅医院	418	2362	5.65
4	上海交通大学医学院附属瑞金医院	722	2961	4.10	14	陆军军医大学西南医院	565	2290	4.05
5	郑州大学第一附属医院	1162	2924	2.52	15	上海交通大学附属第六人民医院	563	2139	3.80
6	北京协和医院	690	2701	3.91	16	复旦大学附属中山医院	594	2111	3.55
7	北京积水潭医院	627	2648	4.22	17	首都医科大学附属北京朝阳医院	499	1997	4.00
8	中国人民解放军南京军区南京总医院	519	2562	4.94	18	第四军医大学西京医院	694	1992	2.87
9	武汉大学人民医院	752	2540	3.38	19	南京大学医学院附属鼓楼医院	581	1943	3.34
10	华中科技大学同济医学院附属同济医院	749	2456	3.28	20	新疆医科大学第一附属医院	502	1926	3.84

表 14-6 外科学领域高被引高等院校/科研院所 Top 10

序号	第一作者单位	发文量/篇	总被引频次/次	篇均被引频次/次	序号	第一作者单位	发文量/篇	总被引频次/次	篇均被引频次/次
1	山西医科大学	141	537	3.81	6	中华医学会	28	369	13.18
2	天津医科大学	159	529	3.33	7	徐州医学院	133	360	2.71
3	扬州大学临床医学院	128	501	3.91	8	中国医学科学院北京协和医学院	99	335	3.38
4	潍坊医学院	138	478	3.46	9	南方医科大学	97	314	3.24
5	第三军医大学大坪医院&野战外科研究所	178	434	2.44	10	暨南大学第二临床医学院	72	306	4.25

14.7 高被引国外期刊

外科学领域 2019 年被引频次 Top 10 的国外期刊见表 14-7，排名居前 3 位的国外期刊分别是 *PLOS ONE*、*Oncotarget* 和 *Surgical Endoscopy*。

表 14-7 外科学领域高被引国外期刊 Top 10

序号	期刊名称	2019 年被引频次/次
1	PLOS ONE	1407
2	Oncotarget	1042
3	Surgical Endoscopy	959
4	Annals of Surgery	879
5	Injury	723
6	European Urology	683
7	Plastic and Reconstructive Surgery	670
8	Medicine	587
9	European Spine Journal	571
10	Journal of Arthroplasty	561

第 15 章　妇产科学、儿科学领域高被引分析

15.1　领域论文概况

2014—2018 年，妇产科学、儿科学领域的 35 种期刊上共发表学术论文 80800 篇，由来自 12148 所机构的 61868 位学者作为第一作者发表。上述论文中，有 46140 篇获得过引用，整体被引率为 57.1%，总被引频次为 252483 次，篇均被引 3.12 次；其中，高被引论文有 782 篇，高被引论文篇均被引 49.03 次（表 15-1）。另外，2019 年本领域共发表论文 19934 篇，其中有 1368 篇在当年获得过引用，总共被引 1757 次。

表 15-1　妇产科学、儿科学领域论文分布情况

年份	论文数量/篇	总被引频次/次	被引率/%	高被引论文数量/篇	高被引论文被引频次/次
2014	11273	63638	73.1	110	10518
2015	16313	67718	65.4	159	10626
2016	16998	62946	64.2	171	9403
2017	18198	43638	55.6	186	5710
2018	18018	14543	34.4	156	2087
合计	80800	252483	57.1	782	38344

15.2　高被引论文分析

在妇产科学、儿科学领域，2014—2018 年发表的总被引频次 Top 10 论文（表 15-2）的平均被引频次为 223.2 次，是全部 782 篇高被引论文篇均被引频次的 4.55 倍。从论文分布来看，刊载高被引论文数量居前 3 位的期刊分别是《中国妇幼保健》（302 篇）、《实用妇产科杂志》（79 篇）和《中华妇产科杂志》（74 篇），其中，《中华妇产科杂志》刊载了高被引论文 Top 10 中的 3 篇；发表高被引论文数量居前 3 位的学者分别是四川大学华西第二医院的刘兴会（4 篇）、首都医科大学附属北京儿童医院的申昆玲（4 篇）和北京协和医院的郎景和（4 篇）；产出高被引论文数量居前 3 位的机构分别是首都医科大学附属北京妇产医院（19 篇）、北京大学第一医院（16 篇）和北京协和医院（16 篇）。

表 15-2　妇产科学、儿科学领域高被引论文 Top 10

序号	论文题名	第一作者	期刊名称	发表年份	被引频次/次	
					总频次	2019 年
1	脑性瘫痪的定义、诊断标准及临床分型	李晓捷	中华实用儿科临床杂志	2014	354	78
2	全国剖宫产率及剖宫产指征构成比调查的多中心研究	侯磊	中华妇产科杂志	2014	340	71
3	产后出血原因及相关危险因素 135 例临床分析	张方芳	实用妇产科杂志	2014	279	42

续表

序号	论文题名	第一作者	期刊名称	发表年份	被引频次/次	
					总频次	2019 年
4	新产程标准及处理的专家共识（2014）	时春艳	中华妇产科杂志	2014	248	55
5	剖宫产术后瘢痕子宫再次妊娠分娩方式的研究进展	陆宣平	实用妇产科杂志	2014	224	27
6	宫颈癌的流行病学现状和预防	乔友林	中华妇幼临床医学杂志（电子版）	2015	198	70
7	糖皮质激素雾化吸入疗法在儿科应用的专家共识（2014 年修订版）	申昆玲	临床儿科杂志	2014	156	22
8	产后盆底康复锻炼对女性盆底功能障碍性疾病的预防作用	孙智晶	中华妇产科杂志	2015	147	47
9	我国宫颈癌流行病学特征和高危因素分析	刘慧强	中国妇幼保健	2016	144	70
10	儿童肺功能检测及评估专家共识	张皓	临床儿科杂志	2014	142	28

15.3　研究主题关联分析

在妇产科学、儿科学领域，782 篇高被引论文共被引用了 38344 次。通过分析施引文献关键词的词频及关键词之间的共现关系，获得妇产科学、儿科学领域的热点主题和主题关联，如图 15-1 所示。由图可知：“妊娠结局”“剖宫产”“产后出血”“儿童”等关键词的文档词频较高，是妇产科学、儿科学领域的研究热点；本领域主要形成 3 个研究主题簇，分别以“妊娠结局”“剖宫产”为核心，以“子宫内膜异位症”“腹腔镜”为核心，以“儿童”“布地奈德”为核心。

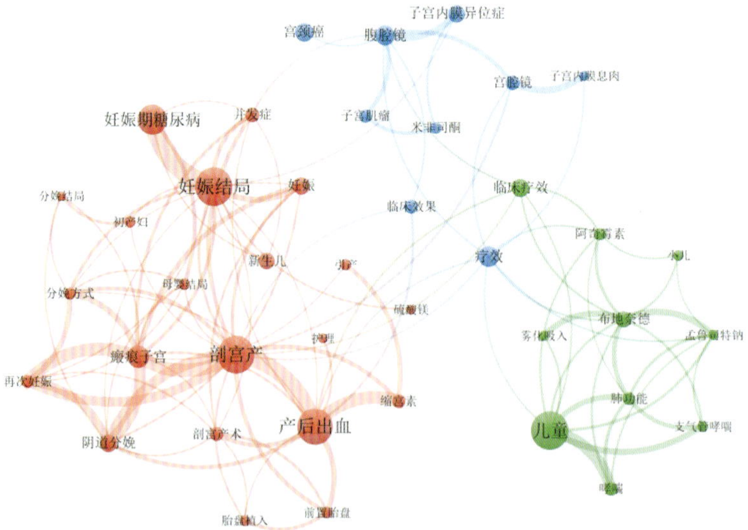

图 15-1　妇产科学、儿科学领域热点论文主题关联

15.4　高影响力期刊分析

在妇产科学、儿科学领域，5 年影响因子 Top 10 期刊见表 15-3，总被引频次最高的期刊是《中国妇幼保健》（69225 次），5 年影响因子最高的期刊是《中华妇产科杂志》。

表 15-3　妇产科学、儿科学领域高被引期刊基本指标

序号	期刊名称	5 年载文量/篇	总被引频次/次	5 年影响因子	高被引论文数量/篇	h 指数
1	中华妇产科杂志	1238	12917	3.337	74	47
2	中华儿科杂志	1258	8724	2.353	53	38
3	实用妇产科杂志	1631	12731	2.311	79	44
4	中国实用妇科与产科杂志	1561	10491	2.295	49	33
5	中国妇幼保健	11084	69225	2.113	302	53
6	中国计划生育和妇产科	1263	6038	1.873	24	25
7	中国当代儿科杂志	1348	7653	1.799	26	30
8	中国妇幼健康研究	2494	11028	1.571	23	26
9	国际妇产科学杂志	932	4190	1.549	12	24
10	现代妇产科进展	1473	6689	1.544	25	30

15.5　高被引作者分析

2014—2018 年论文总被引频次 Top 10 的作者见表 15-4。其中，发文总被引频次居前 3 位的作者分别是《中国脑性瘫痪康复治疗指南》编写委员会的李晓捷（354 次）、首都医科大学附属北京妇产医院的侯磊（340 次）和首都医科大学附属北京儿童医院的申昆玲（338 次）。5 年发文量居前 3 位的作者分别是北京大学第三医院的杨孜（20 篇）、南方医科大学南方医院的陈春林（20 篇）和中国医科大学附属盛京医院的刘春峰（20 篇）。

表 15-4　妇产科学、儿科学领域高被引作者 Top 10

序号	作者	作者单位	发文量/篇	总被引频次/次	篇均被引频次/次	被引率/%	h 指数
1	李晓捷	《中国脑性瘫痪康复治疗指南》编写委员会	1	354	354.00	100.0	1
2	侯磊	首都医科大学附属北京妇产医院	1	340	340.00	100.0	1
3	申昆玲	首都医科大学附属北京儿童医院	8	338	42.25	100.0	6
4	时春艳	北京大学第一医院	6	325	54.17	83.3	5
5	刘兴会	四川大学华西第二医院	9	308	34.22	100.0	6

续表

序号	作者	作者单位	发文量/篇	总被引频次/次	篇均被引频次/次	被引率/%	h 指数
6	周晖	中山大学孙逸仙纪念医院	9	301	33.44	100.0	7
7	张方芳	攀枝花市妇幼保健院	1	279	279.00	100.0	1
8	杨孜	北京大学第三医院	20	253	12.65	90.0	7
9	陆宣平	苏州大学附属第一医院	2	225	112.50	100.0	1
10	孙智晶	北京协和医院	5	212	42.40	80.0	3

15.6 高被引机构分析

妇产科学、儿科学领域总被引频次 Top 20 医院和总被引频次 Top 10 高等院校/科研院所的发文和被引情况分别见表 15-5 和表 15-6。

表 15-5 妇产科学、儿科学领域高被引医院 Top 20

序号	第一作者单位	发文量/篇	总被引频次/次	篇均被引频次/次	序号	第一作者单位	发文量/篇	总被引频次/次	篇均被引频次/次
1	北京大学第一医院	833	4305	5.17	11	郑州大学第一附属医院	387	1470	3.80
2	四川大学华西第二医院	796	3882	4.88	12	吉林大学白求恩第一医院	311	1399	4.50
3	中国医科大学附属盛京医院	923	3725	4.04	13	复旦大学附属妇产科医院	263	1392	5.29
4	重庆医科大学附属儿童医院	867	3022	3.49	14	郑州大学第三附属医院	296	1357	4.58
5	首都医科大学附属北京儿童医院	857	2964	3.46	15	北京大学人民医院	345	1326	3.84
6	首都医科大学附属北京妇产医院	376	2810	7.47	16	广东省妇幼保健院	325	1309	4.03
7	北京协和医院	402	2532	6.30	17	上海交通大学医学院附属上海儿童医学中心	342	1306	3.82
8	复旦大学附属儿科医院	687	2384	3.47	18	上海交通大学医学院附属新华医院	327	1260	3.85
9	北京大学第三医院	367	1588	4.33	19	成都市妇女儿童中心医院	282	1256	4.45
10	湖南省儿童医院	422	1529	3.62	20	中山大学孙逸仙纪念医院	200	1251	6.25

表 15-6　妇产科学、儿科学领域高被引高等院校/科研院所 Top 10

序号	第一作者单位	发文量/篇	总被引频次/次	篇均被引频次/次	序号	第一作者单位	发文量/篇	总被引频次/次	篇均被引频次/次
1	广州市妇女儿童医疗中心	453	1660	3.66	6	上海交通大学医学院附属国际和平妇幼保健院	97	541	5.58
2	首都儿科研究所	173	812	4.69	7	天津医科大学	88	469	5.33
3	中华医学会妇产科学分会	8	759	94.88	8	广西壮族自治区妇幼保健院	66	430	6.52
4	中国医学科学院北京协和医学院	88	653	7.42	9	北京大学	88	386	4.39
5	武汉市妇女儿童医疗保健中心	86	561	6.52	10	复旦大学	84	353	4.20

15.7　高被引国外期刊

妇产科学、儿科学领域 2019 年被引频次 Top 10 的国外期刊见表 15-7，排名居前 3 位的国外期刊分别是 *PLOS ONE*、*American Journal of Obstetrics and Gynecology* 和 *Oncotarget*。

表 15-7　妇产科学、儿科学领域高被引国外期刊 Top 10

序号	期刊名称	2019 年被引频次/次
1	PLOS ONE	1087
2	American Journal of Obstetrics and Gynecology	392
3	Oncotarget	362
4	Fertility and Sterility	358
5	Pediatrics	344
6	New England Journal of Medicine	328
7	Cochrane Database of Systematic Reviews	324
8	Journal of Minimally Invasive Gynecology	293
9	Obstetrics and Gynecology	292
10	Gynecologic Oncology	288

第 16 章　神经病学、精神病学领域高被引分析

16.1　领域论文概况

2014—2018 年，神经病学、精神病学领域的 40 种期刊上共发表学术论文 42448 篇，由来自 5893 所机构的 31341 位学者作为第一作者发表。上述论文中，有 29203 篇获得过引用，整体被引率为 68.8%，总被引频次为 141346 次，篇均被引 3.33 次；其中，高被引论文有 437 篇，高被引论文篇均被引 47.42 次（表 16-1）。另外，2019 年本领域共发表论文 6677 篇，其中有 577 篇在当年获得过引用，总共被引 730 次。

表 16-1　神经病学、精神病学领域论文分布情况

年份	论文数量/篇	总被引频次/次	被引率/%	高被引论文数量/篇	高被引论文被引频次/次
2014	8786	36683	76.9	91	4064
2015	9404	40379	75.0	94	8707
2016	9268	35432	73.4	88	3968
2017	7900	21973	68.9	76	2784
2018	7090	6879	44.4	88	1198
合计	42448	141346	68.8	437	20721

16.2　高被引论文分析

在神经病学、精神病学领域，2014—2018 年发表的总被引频次 Top 10 论文（表 16-2）的平均被引频次为 130.3 次，是全部 437 篇高被引论文篇均被引频次的 2.75 倍。从论文分布来看，刊载高被引论文数量居前 3 位的期刊分别是《中国实用神经疾病杂志》（70 篇）、《国际精神病学杂志》（48 篇）和《中华神经科杂志》（43 篇），其中，《中华神经科杂志》和《临床神经病学杂志》分别刊载了高被引论文 Top 10 中的 2 篇；发表高被引论文数量居前 3 位的学者分别是北京市神经外科研究所的孙海欣（3 篇）、北京大学第六医院的王勋（2 篇）和锦州市中心医院的葛新（2 篇）；产出高被引论文数量居前 3 位的机构分别是首都医科大学宣武医院（6 篇）、首都医科大学附属北京天坛医院（6 篇）和四川大学华西医院（5 篇）。

表 16-2　神经病学、精神病学领域高被引论文 Top 10

序号	论文题名	第一作者	期刊名称	发表年份	被引频次/次	
					总频次	2019 年
1	急性缺血性卒中血管内治疗中国指南2015	高峰	中国卒中杂志	2015	201	50
2	延续性护理在高血压脑出血患者中的实施及对生活能力的影响	张建荣	国际神经病学神经外科学杂志	2015	157	43
3	帕金森病流行现状	刘疏影	中国现代神经疾病杂志	2016	141	71

续表

序号	论文题名	第一作者	期刊名称	发表年份	被引频次/次	
					总频次	2019 年
4	抗癫痫药物的致畸作用	常琦	中国神经免疫学和神经病学杂志	2016	141	58
5	脑血管病流行病学研究进展	高一鹭	中华神经科杂志	2015	131	37
6	丁苯酞注射液治疗急性脑梗死的多中心、随机、双盲双模拟、对照 III 期临床试验	朱以诚	中华神经科杂志	2014	129	21
7	丹参注射液与依达拉奉联合治疗急性脑梗死的临床疗效观察	魏林节	临床神经病学杂志	2014	116	9
8	急性脑血栓早期康复护理干预对降低脑血栓患者致残率的影响	胡兰芳	中国实用神经疾病杂志	2016	98	33
9	神经内镜与开颅手术治疗高血压脑出血的疗效比较	张福征	中华神经外科杂志	2015	97	18
10	瑞舒伐他汀与阿托伐他汀对急性脑梗死患者血脂、血清超敏 C 反应蛋白及颈动脉粥样硬化斑块作用的比较	谢坚	临床神经病学杂志	2015	92	17

16.3 研究主题关联分析

在神经病学、精神病学领域，437 篇高被引论文共被引用了 20721 次。通过分析施引文献关键词的词频及关键词之间的共现关系，获得神经病学、精神病学领域的热点主题和主题关联，如图 16-1 所示。由图可知：“脑梗死”“急性脑梗死”“高血压脑出血”“脑卒中”“生活质量”等关键词的文档词频较高，是神经病学、精神病学领域的研究热点；本领域主要形成 3 个研究主题簇，分别以“脑梗死”“神经功能”“丁苯酞”为核心，以“脑卒中”“帕金森病”“认知功能”为核心，以“高血压脑出血”“预后”为核心。

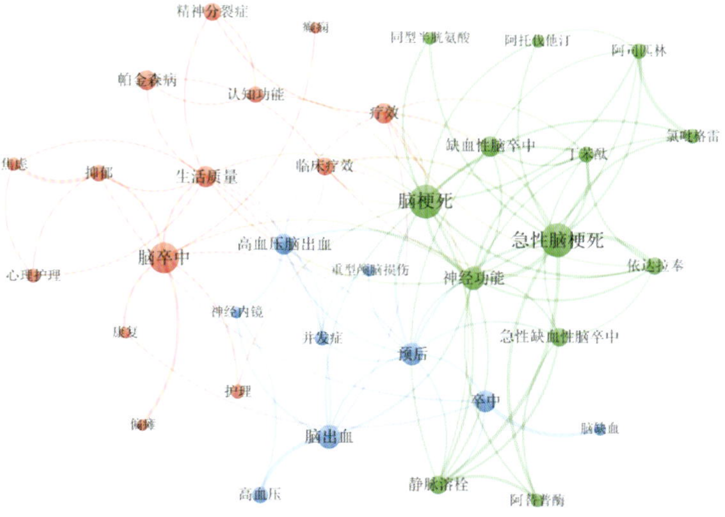

图 16-1 神经病学、精神病学领域热点论文主题关联

16.4　高影响力期刊分析

在神经病学、精神病学领域，5 年影响因子 Top 10 期刊见表 16-3，总被引频次最高的期刊是《中国实用神经疾病杂志》(34800 次)，5 年影响因子最高的期刊是《中华神经科杂志》。

表 16-3　神经病学、精神病学领域高被引期刊基本指标

序号	期刊名称	5 年载文量/篇	总被引频次/次	5 年影响因子	高被引论文数量/篇	h 指数
1	中华神经科杂志	1276	11047	3.241	43	31
2	国际精神病学杂志	1393	7584	2.149	48	30
3	中国脑血管病杂志	815	3532	1.546	22	22
4	中国神经精神疾病杂志	927	3843	1.314	20	23
5	神经损伤与功能重建	1101	4253	1.296	14	21
6	中华精神科杂志	529	2075	1.289	15	19
7	精神医学杂志	750	2921	1.148	5	21
8	中国卒中杂志	1226	3929	1.125	17	20
9	中华行为医学与脑科学杂志	1433	5914	1.096	15	21
10	国际神经病学神经外科学杂志	789	2599	1.076	4	18

16.5　高被引作者分析

2014—2018 年论文总被引频次 Top 10 的作者见表 16-4。其中，发文总被引频次居前 3 位的作者分别是中国卒中学会的高峰（201 次）、安徽医科大学附属省立医院的常琦（160 次）和南阳市中心医院的张建荣（157 次）。5 年发文量居前 3 位的作者分别是首都医科大学附属北京天坛医院的王拥军（62 篇）、首都医科大学附属北京天坛医院的杨中华（35 篇）和山东省临沂市精神卫生中心的孙振晓（27 篇）。

表 16-4　神经病学、精神病学领域高被引作者 Top 10

序号	作者	作者单位	发文量/篇	总被引频次/次	篇均被引频次/次	被引率/%	h 指数
1	高峰	中国卒中学会	1	201	201.00	100.0	1
2	常琦	安徽医科大学附属省立医院	2	160	80.00	100.0	2
3	张建荣	南阳市中心医院	1	157	157.00	100.0	1
4	魏林节	中国人民解放军第115医院	9	149	16.56	88.9	5
5	刘疏影	首都医科大学宣武医院	2	147	73.50	100.0	2
6	朱以诚	北京协和医院	2	138	69.00	100.0	2
7	孙海欣	北京市神经外科研究所	4	136	34.00	100.0	4

续表

序号	作者	作者单位	发文量/篇	总被引频次/次	篇均被引频次/次	被引率/%	h 指数
8	高一鹭	首都医科大学附属北京天坛医院	1	131	131.00	100.0	1
9	涂雪松	北京脑血管病医院	15	128	8.53	80.0	5
10	胡兰芳	郑州市第九人民医院	3	110	36.67	100.0	3

16.6　高被引机构分析

神经病学、精神病学领域总被引频次 Top 20 医院和总被引频次 Top 10 高等院校/科研院所的发文和被引情况分别见表 16-5 和表 16-6。

表 16-5　神经病学、精神病学领域高被引医院 Top 20

序号	第一作者单位	发文量/篇	总被引频次/次	篇均被引频次/次	序号	第一作者单位	发文量/篇	总被引频次/次	篇均被引频次/次
1	首都医科大学附属北京天坛医院	793	2328	2.94	11	北京协和医院	258	785	3.04
2	首都医科大学宣武医院	555	1899	3.42	12	哈尔滨医科大学附属第一医院	305	709	2.32
3	武汉大学人民医院	370	1234	3.34	13	中国人民解放军总医院	199	621	3.12
4	郑州大学第二附属医院	335	1228	3.67	14	河北医科大学第二医院	256	566	2.21
5	郑州大学第一附属医院	384	1031	2.68	15	河南省人民医院	180	559	3.11
6	第四军医大学西京医院	311	977	3.14	16	安徽医科大学附属省立医院	126	538	4.27
7	南京医科大学附属脑科医院	279	925	3.32	17	第二军医大学附属长海医院	147	534	3.63
8	复旦大学附属华山医院	301	923	3.07	18	驻马店市中心医院	93	527	5.67
9	吉林大学白求恩第一医院	458	800	1.75	19	天津医科大学总医院	157	518	3.30
10	四川大学华西医院	241	797	3.31	20	天津市环湖医院	183	516	2.82

表 16-6　神经病学、精神病学领域高被引高等院校/科研院所 Top 10

序号	第一作者单位	发文量/篇	总被引频次/次	篇均被引频次/次	序号	第一作者单位	发文量/篇	总被引频次/次	篇均被引频次/次
1	上海交通大学医学院附属上海市精神卫生中心	370	1130	3.05	6	中华医学会	14	254	18.14
2	首都医科大学	151	366	2.42	7	安徽医科大学	60	240	4.00
3	山东精神卫生中心	70	307	4.39	8	济宁医学院	66	227	3.44
4	北京大学	52	260	5.00	9	华北理工大学	43	225	5.23
5	天津医科大学	92	256	2.78	10	中国卒中学会	2	203	101.50

16.7　高被引国外期刊

神经病学、精神病学领域 2019 年被引频次 Top 10 的国外期刊见表 16-7，排名居前 3 位的国外期刊分别是 *Stroke*、*PLOS ONE* 和 *Neurology*。

表 16-7　神经病学、精神病学领域高被引国外期刊 Top 10

序号	期刊名称	2019 年被引频次/次
1	Stroke	1202
2	PLOS ONE	1009
3	Neurology	671
4	World Neurosurg	602
5	Journal of Neurosurgery	560
6	Journal of Stroke and Cerebrovascular Diseases	480
7	New England Journal of Medicine	464
8	World Neurosurgery	410
9	Scientific Reports	356
10	Journal of the Neurological Sciences	289

第 17 章　肿瘤学领域高被引分析

17.1　领域论文概况

2014—2018 年，肿瘤学领域的 38 种期刊上共发表学术论文 40039 篇，由来自 5002 所机构的 31487 位学者作为第一作者发表。上述论文中，有 27363 篇获得过引用，整体被引率为 68.3%，总被引频次为 134552 次，篇均被引 3.36 次；其中，高被引论文有 407 篇，高被引论文篇均被引 55.43 次（表 17-1）。另外，2019 年本领域共发表论文 8247 篇，其中有 847 篇在当年获得过引用，总共被引 1307 次。

表 17-1　肿瘤学领域论文分布情况

年份	论文数量/篇	总被引频次/次	被引率/%	高被引论文数量/篇	高被引论文被引频次/次
2014	8106	32825	73.7	83	5049
2015	8034	34778	74.5	80	6344
2016	8195	33541	73.6	87	5705
2017	7973	24283	71.6	79	3663
2018	7731	9125	47.3	78	1799
合计	40039	134552	68.3	407	22560

17.2　高被引论文分析

在肿瘤学领域，2014—2018 年发表的总被引频次 Top 10 论文（表 17-2）的平均被引频次为 579.2 次，是全部 407 篇高被引论文篇均被引频次的 10.45 倍。从论文分布来看，刊载高被引论文数量居前 3 位的期刊分别是《中国肿瘤临床》（50 篇）、《实用癌症杂志》（48 篇）和《中华肿瘤杂志》（39 篇），其中，《中国肿瘤》刊载了高被引论文 Top 10 中的 5 篇；发表高被引论文数量居前 3 位的学者分别是中国医学科学院肿瘤医院的陈万青（17 篇）、中国医学科学院肿瘤医院的石远凯（5 篇）和中国医学科学院肿瘤医院的左婷婷（3 篇）；产出高被引论文数量居前 3 位的机构分别是中国医学科学院肿瘤医院（51 篇）、天津医科大学肿瘤医院（11 篇）和四川大学华西医院（10 篇）。

表 17-2　肿瘤学领域高被引论文 Top 10

序号	论文题名	第一作者	期刊名称	发表年份	被引频次/次	
					总频次	2019 年
1	2012 年中国恶性肿瘤发病和死亡分析	陈万青	中国肿瘤	2016	873	174
2	中国 2010 年恶性肿瘤发病与死亡	陈万青	中国肿瘤	2014	854	78
3	2011 年中国恶性肿瘤发病和死亡分析	陈万青	中国肿瘤	2015	744	74
4	2013 年中国恶性肿瘤发病和死亡分析	陈万青	中国肿瘤	2017	648	211

续表

序号	论文题名	第一作者	期刊名称	发表年份	被引频次/次	
					总频次	2019 年
5	中国女性乳腺癌发病死亡和生存状况	陈万青	中国肿瘤临床	2015	566	183
6	中国原发性肺癌诊疗规范（2015 年版）	支修益	中华肿瘤杂志	2015	529	122
7	中国胃癌流行病学现状	左婷婷	中国肿瘤临床	2017	458	256
8	2014 年中国分地区恶性肿瘤发病和死亡分析	陈万青	中国肿瘤	2018	391	283
9	结直肠癌流行病学趋势	李道娟	肿瘤防治研究	2015	386	104
10	肺癌的流行病学及治疗现状	姚晓军	现代肿瘤医学	2014	343	79

17.3　研究主题关联分析

在肿瘤学领域，407 篇高被引论文共被引用了 22560 次。通过分析施引文献关键词的词频及关键词之间的共现关系，获得肿瘤学领域的热点主题和主题关联，如图 17-1 所示。由图可知：“乳腺癌”“肺癌”“阿帕替尼”“胃癌”“非小细胞肺癌”等关键词的文档词频较高，是肿瘤学领域的研究热点；本领域主要形成 2 个研究主题簇，分别以“化疗”“肺癌”“乳腺癌”“胃癌”“死亡率”“发病率”为核心，以“阿帕替尼”“晚期胃癌”“奥沙利铂”为核心。

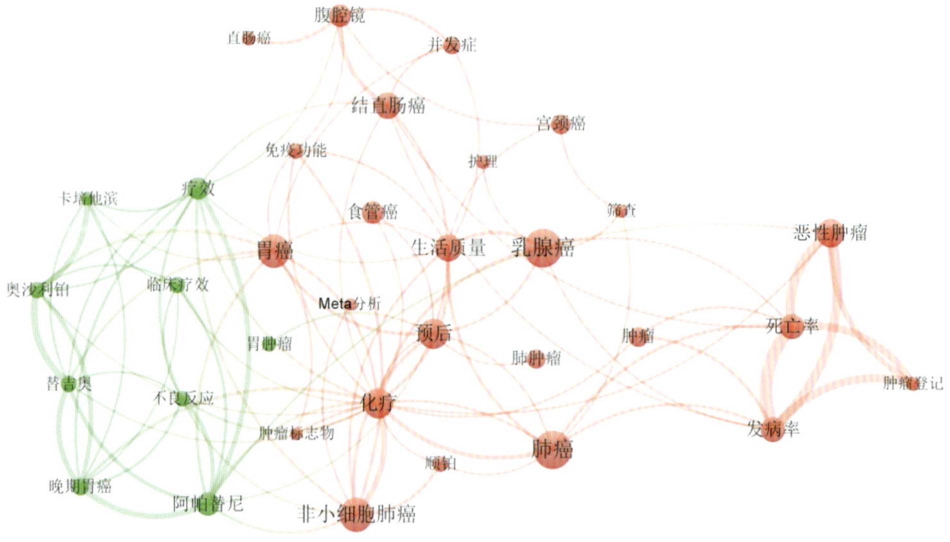

图 17-1　肿瘤学领域热点论文主题关联

17.4　高影响力期刊分析

在肿瘤学领域，5 年影响因子 Top 10 期刊见表 17-3，总被引频次最高的期刊是《现代肿瘤医学》（17183 次），5 年影响因子最高的期刊是《中国肿瘤》。

表 17-3　肿瘤学领域高被引期刊基本指标

序号	期刊名称	5 年载文量/篇	总被引频次/次	5 年影响因子	高被引论文数量/篇	h 指数
1	中国肿瘤	1003	8349	2.357	28	26
2	中国肺癌杂志	834	4922	2.176	36	29
3	中国癌症研究（英文版）	403	2652	1.955	11	17
4	中华肿瘤杂志	1180	6912	1.823	39	31
5	中国肿瘤临床	1667	8952	1.704	50	33
6	中国癌症杂志	856	4345	1.683	27	26
7	实用癌症杂志	3126	14482	1.615	48	30
8	癌症进展	1610	4865	1.356	8	18
9	中国肿瘤临床与康复	2339	9683	1.295	26	27
10	中华肿瘤防治杂志	1933	8123	1.280	24	26

17.5　高被引作者分析

2014—2018 年论文总被引频次 Top 10 的作者见表 17-4。其中，发文总被引频次居前 3 位的作者分别是中国医学科学院肿瘤医院的陈万青（5647 次）、中国医学科学院肿瘤医院的左婷婷（634 次）和首都医科大学宣武医院的支修益（537 次）。5 年发文量居前 3 位的作者分别是兰州军区兰州总医院的张百红（50 篇）、昆山市疾病预防控制中心的胡文斌（27 篇）和河北医科大学第四医院的沈文斌（19 篇）。

表 17-4　肿瘤学领域高被引作者 Top 10

序号	作者	作者单位	发文量/篇	总被引频次/次	篇均被引频次/次	被引率/%	h 指数
1	陈万青	中国医学科学院肿瘤医院	18	5647	313.72	100.0	16
2	左婷婷	中国医学科学院肿瘤医院	3	634	211.33	100.0	3
3	支修益	首都医科大学宣武医院	2	537	268.50	100.0	2
4	石远凯	中国医学科学院肿瘤医院	12	500	41.67	100.0	9
5	李道娟	河北医科大学第四医院	3	427	142.33	100.0	3
6	姚晓军	眉山肿瘤医院	1	343	343.00	100.0	1
7	秦叔逵	中国人民解放军第八一医院	2	251	125.50	100.0	2
8	胡文斌	昆山市疾病预防控制中心	27	215	7.96	96.3	9
9	高婷	中国医学科学院肿瘤医院	1	192	192.00	100.0	1
10	张百红	兰州军区兰州总医院	50	157	3.14	56.0	5

17.6 高被引机构分析

肿瘤学领域总被引频次 Top 20 医院和总被引频次 Top 10 高等院校/科研院所的发文和被引情况分别见表 17-5 和表 17-6。

表 17-5 肿瘤学领域高被引医院 Top 20

序号	第一作者单位	发文量/篇	总被引频次/次	篇均被引频次/次	序号	第一作者单位	发文量/篇	总被引频次/次	篇均被引频次/次
1	中国医学科学院肿瘤医院	943	11839	12.55	11	郑州大学第一附属医院	342	965	2.82
2	天津医科大学肿瘤医院	646	2967	4.59	12	浙江省肿瘤医院	247	959	3.88
3	河北医科大学第四医院	480	2375	4.95	13	四川省肿瘤医院	186	769	4.13
4	复旦大学附属肿瘤医院	373	1556	4.17	14	首都医科大学宣武医院	51	728	14.27
5	哈尔滨医科大学附属肿瘤医院	502	1276	2.54	15	中国医科大学附属第一医院	243	719	2.96
6	中国医科大学附属盛京医院	433	1196	2.76	16	陕西省肿瘤医院	169	684	4.05
7	北京大学肿瘤医院	280	1146	4.09	17	郑州大学附属肿瘤医院	225	660	2.93
8	四川大学华西医院	180	1106	6.14	18	西安交通大学第一附属医院	198	654	3.30
9	广西医科大学附属肿瘤医院	332	1026	3.09	19	中国人民解放军第八一医院	85	621	7.31
10	新疆医科大学附属肿瘤医院	247	992	4.02	20	中国人民解放军总医院	138	609	4.41

表 17-6 肿瘤学领域高被引高等院校/科研院所 Top 10

序号	第一作者单位	发文量/篇	总被引频次/次	篇均被引频次/次	序号	第一作者单位	发文量/篇	总被引频次/次	篇均被引频次/次
1	中山大学肿瘤防治中心	178	588	3.30	4	石河子大学医学院	43	276	6.42
2	山东省医学科学院	71	388	5.46	5	山西医科大学	114	249	2.18
3	济南大学	83	302	3.64	6	南华大学	67	241	3.60

续表

序号	第一作者单位	发文量/篇	总被引频次/次	篇均被引频次/次	序号	第一作者单位	发文量/篇	总被引频次/次	篇均被引频次/次
7	中国抗癌协会癌症康复与姑息治疗专业委员会	2	222	111.00	9	中山大学	93	215	2.31
8	昆山市疾病预防控制中心	29	218	7.52	10	潍坊医学院	62	212	3.42

17.7　高被引国外期刊

肿瘤学领域 2019 年被引频次 Top 10 的国外期刊见表 17-7，排名居前 3 位的国外期刊分别是 *Oncotarget*、*Journal of Clinical Oncology* 和 *PLOS ONE*。

表 17-7　肿瘤学领域高被引国外期刊 Top 10

序号	期刊名称	2019 年被引频次/次
1	Oncotarget	2883
2	Journal of Clinical Oncology	1335
3	PLOS ONE	1201
4	New England Journal of Medicine	783
5	CA: A Cancer Journal for Clinicians	730
6	Annals of Oncology	608
7	BMC Cancer	569
8	Nature	564
9	Clinical Cancer Research	553
10	Journal of Thoracic Oncology	502

第 18 章　皮肤病学与性病学领域高被引分析

18.1　领域论文概况

2014—2018 年，皮肤病学与性病学领域的 10 种期刊上共发表学术论文 13827 篇，由来自 2533 所机构的 8912 位学者作为第一作者发表。上述论文中，有 8038 篇获得过引用，整体被引率为 58.1%，总被引频次为 30666 次，篇均被引 2.22 次；其中，高被引论文有 142 篇，高被引论文篇均被引 33.48 次（表 18-1）。另外，2019 年本领域共发表论文 2564 篇，其中有 164 篇在当年获得过引用，总共被引 207 次。

表 18-1　皮肤病学与性病学领域论文分布情况

年份	论文数量/篇	总被引频次/次	被引率/%	高被引论文数量/篇	高被引论文被引频次/次
2014	2951	9548	69.0	31	1743
2015	2801	7708	65.0	29	1151
2016	2697	6519	62.4	28	775
2017	2623	4850	57.9	27	706
2018	2755	2041	35.6	27	379
合计	13827	30666	58.1	142	4754

18.2　高被引论文分析

在皮肤病学与性病学领域，2014—2018 年发表的总被引频次 Top 10 论文（表 18-2）的平均被引频次为 80.1 次，是全部 142 篇高被引论文篇均被引频次的 2.39 倍。从论文分布来看，刊载高被引论文数量居前 3 位的期刊分别是《中国艾滋病性病》（47 篇）、《中华皮肤科杂志》（34 篇）和《中国中西医结合皮肤性病学杂志》（22 篇），其中，《中国艾滋病性病》刊载了高被引论文 Top 10 中的 4 篇；发表高被引论文数量居前 3 位的学者分别是中国医学科学院皮肤病研究所的岳晓丽（3 篇）、中国医学科学院皮肤病研究所的龚向东（3 篇）和广东省皮肤性病防治中心的陈磊（2 篇）；产出高被引论文数量居前 3 位的机构分别是中国医学科学院皮肤病研究所（6 篇）、复旦大学附属华山医院（4 篇）和中国疾病预防控制中心（4 篇）。

表 18-2　皮肤病学与性病学领域高被引论文 Top 10

序号	论文题名	第一作者	期刊名称	发表年份	被引频次/次	
					总频次	2019 年
1	2000—2013 年中国梅毒流行特征与趋势分析	龚向东	中华皮肤科杂志	2014	291	46
2	中国艾滋病全国疫情数据分析	王丽艳	中国艾滋病性病	2017	121	56
3	痤疮发病机制及治疗目标的新认识	马英	临床皮肤科杂志	2015	65	18

续表

序号	论文题名	第一作者	期刊名称	发表年份	被引频次/次	
					总频次	2019 年
4	CO_2 点阵激光联合胶原贴敷料治疗面部痤疮凹陷性瘢痕的临床观察	薛燕宁	中华皮肤科杂志	2015	60	17
5	广西 2010—2015 年艾滋病流行特征及趋势分析	葛宪民	中国艾滋病性病	2017	50	19
6	枸地氯雷他定片治疗慢性特发性荨麻疹有效性与临床安全性分析	毛越苹	中国皮肤性病学杂志	2014	49	6
7	2013 年北京市新报告 HIV/AIDS 病人中晚发现病例的特征	曾吉	中国艾滋病性病	2015	44	8
8	我国部分地区艾滋病非婚异性性传播病例感染方式构成及特征分析	陈方方	中国艾滋病性病	2015	41	15
9	黄褐斑病因、发病机制及治疗进展	李娟	中国麻风皮肤病杂志	2016	40	15
10	2000—2014 年中国淋病流行特征与趋势分析	龚向东	中华皮肤科杂志	2015	40	12

18.3　研究主题关联分析

在皮肤病学与性病学领域，142 篇高被引论文共被引用了 4754 次。通过分析施引文献关键词的词频及关键词之间的共现关系，获得皮肤病学与性病学领域的热点主题和主题关联，如图 18-1 所示。由图可知："艾滋病""梅毒""疗效""慢性荨麻疹"等关键词的文档词频较高，是皮肤病学与性病学领域的研究热点；本领域主要形成 3 个研究主题簇，分别以"疗效""慢性荨麻疹""白癜风"为核心，以"艾滋病""男男性行为者"为核心，以"梅毒""流行病学""性传播疾病"为核心。

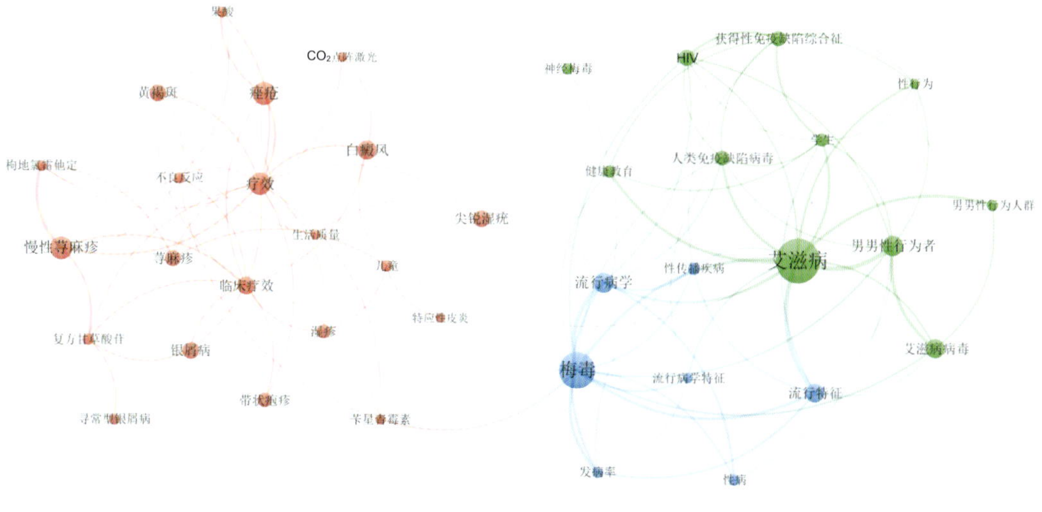

图 18-1　皮肤病学与性病学领域热点论文主题关联

18.4　高影响力期刊分析

在皮肤病学与性病学领域，5 年影响因子 Top 10 期刊见表 18-3，总被引频次最高的期刊是《中国艾滋病性病》（6432 次），5 年影响因子最高的期刊是《中国中西医结合皮肤性病学杂志》。

表 18-3　皮肤病学与性病学领域高被引期刊基本指标

序号	期刊名称	5 年载文量/篇	总被引频次/次	5 年影响因子	高被引论文数量/篇	h 指数
1	中国中西医结合皮肤性病学杂志	927	2795	1.141	22	17
2	中国艾滋病性病	1778	6432	1.137	47	23
3	中华皮肤科杂志	1649	4714	0.829	34	23
4	实用皮肤病学杂志	839	1802	0.669	5	13
5	中国皮肤性病学杂志	2447	4769	0.637	11	17
6	皮肤病与性病	1531	2247	0.620	3	12
7	中国麻风皮肤病杂志	1697	2811	0.567	6	13
8	皮肤性病诊疗学杂志	747	1532	0.566	5	13
9	临床皮肤科杂志	1625	2800	0.466	9	16
10	国际皮肤性病学杂志（英文）	587	764	0.356	0	9

18.5　高被引作者分析

2014—2018 年论文总被引频次 Top 10 的作者见表 18-4。其中，发文总被引频次居前 3 位的作者分别是中国医学科学院皮肤病研究所的龚向东（369 次）、中国疾病预防控制中心的王丽艳（121 次）和复旦大学附属华山医院的马英（82 次）。5 年发文量居前 3 位的作者分别是北京协和医院的吴超（21 篇）、重庆医科大学附属儿童医院的任发亮（19 篇）和重庆市第一人民医院的吕静（15 篇）。

表 18-4　皮肤病学与性病学领域高被引作者 Top 10

序号	作者	作者单位	发文量/篇	总被引频次/次	篇均被引频次/次	被引率/%	h 指数
1	龚向东	中国医学科学院皮肤病研究所	3	369	123.00	100.0	3
2	王丽艳	中国疾病预防控制中心	1	121	121.00	100.0	1
3	马英	复旦大学附属华山医院	2	82	41.00	100.0	2
4	岳晓丽	中国医学科学院皮肤病研究所	5	81	16.20	80.0	3
5	叶兴东	广州市皮肤病防治所	10	64	6.40	90.0	4

续表

序号	作者	作者单位	发文量/篇	总被引频次/次	篇均被引频次/次	被引率/%	h 指数
6	李妍	首都医科大学附属北京友谊医院	5	62	12.40	100.0	4
7	薛燕宁	江苏省中医院	1	60	60.00	100.0	1
8	葛宪民	广西壮族自治区疾病预防控制中心	2	57	28.50	100.0	2
9	孟琴	广西壮族自治区疾病预防控制中心	5	56	11.20	80.0	4
10	徐园园	南京市疾病预防控制中心	5	56	11.20	80.0	3

18.6　高被引机构分析

皮肤病学与性病学领域总被引频次 Top 20 医院和总被引频次 Top 10 高等院校/科研院所的发文和被引情况分别见表 18-5 和表 18-6。

表 18-5　皮肤病学与性病学领域高被引医院 Top 20

序号	第一作者单位	发文量/篇	总被引频次/次	篇均被引频次/次	序号	第一作者单位	发文量/篇	总被引频次/次	篇均被引频次/次
1	昆明医科大学第一附属医院	177	440	2.49	11	南京医科大学第一附属医院	122	213	1.75
2	北京协和医院	199	294	1.48	12	北京大学第三医院	68	210	3.09
3	第四军医大学西京皮肤病医院	134	275	2.05	13	新疆维吾尔自治区人民医院	76	186	2.45
4	复旦大学附属华山医院	74	262	3.54	14	沈阳市第七人民医院	102	146	1.43
5	陆军军医大学西南医院	92	242	2.63	15	昆明医科大学第二附属医院	102	140	1.37
6	天津市中医药研究院附属医院	104	234	2.25	16	北京大学第一医院	60	140	2.33
7	上海市皮肤病医院	97	230	2.37	17	中山大学附属第一医院	41	136	3.32
8	广东省皮肤病医院	93	230	2.47	18	武汉市第一医院	117	134	1.15
9	中国医学科学院皮肤病医院	118	229	1.94	19	北京军区总医院	35	133	3.80
10	四川大学华西医院	146	218	1.49	20	大连市皮肤病医院	71	132	1.86

表 18-6 皮肤病学与性病学领域高被引高等院校/科研院所 Top 10

序号	第一作者单位	发文量/篇	总被引频次/次	篇均被引频次/次	序号	第一作者单位	发文量/篇	总被引频次/次	篇均被引频次/次
1	中国医学科学院皮肤病研究所	325	936	2.88	6	北京市疾病预防控制中心	11	151	13.73
2	中国疾病预防控制中心	92	465	5.05	7	中国疾病预防控制中心性病艾滋病预防控制中心	38	143	3.76
3	广州市皮肤病防治所	151	418	2.77	8	广东省皮肤性病防治中心	15	138	9.20
4	广西壮族自治区疾病预防控制中心	34	207	6.09	9	天津中医药大学	53	137	2.58
5	云南省疾病预防控制中心	70	153	2.19	10	天津市疾病预防控制中心	16	127	7.94

18.7 高被引国外期刊

皮肤病学与性病学领域 2019 年被引频次 Top 10 的国外期刊见表 18-7，排名居前 3 位的国外期刊分别是 *Journal of The American Academy of Dermatology*、*British Journal of Dermatology* 和 *PLOS ONE*。

表 18-7 皮肤病学与性病学领域高被引国外期刊 Top 10

序号	期刊名称	2019 年被引频次/次
1	Journal of The American Academy of Dermatology	289
2	British Journal of Dermatology	227
3	PLOS ONE	213
4	Journal of the European Academy of Dermatology and Venereology	170
5	Journal of Investigative Dermatology	167
6	International Journal of Dermatology	108
7	Journal of Dermatology	105
8	Journal of Allergy and Clinical Immunology	93
9	Acta Dermato-Venereologica	85
10	Anais Brasileiros de Dermatologia	78

第 19 章　五官科学领域高被引分析

19.1　领域论文概况

2014—2018 年，五官科学领域的 53 种期刊上共发表学术论文 49649 篇，由来自 6277 所机构的 34652 位学者作为第一作者发表。上述论文中，有 30289 篇获得过引用，整体被引率为 61.0%，总被引频次为 120205 次，篇均被引 2.42 次；其中，高被引论文有 459 篇，高被引论文篇均被引 30.90 次（表 19-1）。另外，2019 年本领域共发表论文 11820 篇，其中有 585 篇在当年获得过引用，总共被引 741 次。

表 19-1　五官科学领域论文分布情况

年份	论文数量/篇	总被引频次/次	被引率/%	高被引论文数量/篇	高被引论文被引频次/次
2014	9871	32675	70.9	99	4069
2015	10147	32564	70.9	104	4040
2016	10491	28861	65.6	102	3391
2017	8943	19173	63.4	83	2058
2018	10197	6932	34.8	71	623
合计	49649	120205	61.0	459	14181

19.2　高被引论文分析

在五官科学领域，2014—2018 年发表的总被引频次 Top 10 论文（表 19-2）的平均被引频次为 72.2 次，是全部 459 篇高被引论文篇均被引频次的 2.34 倍。从论文分布来看，刊载高被引论文数量居前 3 位的期刊分别是《国际眼科杂志》（66 篇）、《中华耳鼻咽喉头颈外科杂志》（35 篇）和《中华眼科杂志》（29 篇），其中，《中华眼底病杂志》刊载了高被引论文 Top 10 中的 3 篇；发表高被引论文数量居前 3 位的学者分别是首都医科大学附属北京同仁医院的张茉莉（3 篇）、首都医科大学附属北京同仁医院的王成硕（3 篇）和四川省医学科学院 • 四川省人民医院的古庆家（2 篇）；产出高被引论文数量居前 3 位的机构分别是首都医科大学附属北京同仁医院（16 篇）、北京大学口腔医学院（10 篇）和四川大学华西口腔医院（7 篇）。

表 19-2　五官科学领域高被引论文 Top 10

序号	论文题名	第一作者	期刊名称	发表年份	被引频次/次	
					总频次	2019 年
1	玻璃体腔注射康柏西普联合视网膜激光光凝治疗视网膜分支静脉阻塞继发黄斑水肿疗效观察	张菁	中华眼底病杂志	2015	98	20
2	耳内镜下鼓膜置管或穿刺治疗慢性分泌性中耳炎的临床效果对比	徐隽彦	中国耳鼻咽喉头颈外科	2015	88	14

续表

序号	论文题名	第一作者	期刊名称	发表年份	被引频次/次	
					总频次	2019 年
3	变应性鼻炎的发病机制及诊治进展	李华斌	中华耳鼻咽喉头颈外科杂志	2014	79	13
4	耳鸣临床应用指南	贺璐	听力学及言语疾病杂志	2015	77	22
5	根管治疗后牙体修复的治疗方案选择	陈智	华西口腔医学杂志	2015	68	26
6	干眼症的发病机制及治疗现状	张正	中华眼科医学杂志（电子版）	2014	66	15
7	玻璃体腔注射康柏西普治疗渗出型老年性黄斑变性的疗效观察	余岚	中华眼底病杂志	2015	66	10
8	玻璃体腔注射雷珠单抗联合曲安奈德或激光光凝治疗视网膜分支静脉阻塞继发黄斑水肿疗效观察	宋爽	中华眼底病杂志	2015	63	16
9	普拉洛芬联合玻璃酸钠滴眼液对白内障超声乳化术后干眼的干预观察	王金铎	中国实用眼科杂志	2016	59	21
10	抗 VEGF 药物联合激光光凝治疗糖尿病性黄斑水肿观察研究	陈静	中国实用眼科杂志	2014	58	9

19.3　研究主题关联分析

在五官科学领域，459 篇高被引论文共被引用了 14181 次。通过分析施引文献关键词的词频及关键词之间的共现关系，获得五官科学领域的热点主题和主题关联，如图 19-1 所示。由图可知：“糖尿病视网膜病变”“疗效”“变应性鼻炎”“白内障”“雷珠单抗”等关键词的文档词频较高，是五官科学领域的研究热点；本领域主要形成 2 个研究主题簇，分别以“糖尿病视网膜病变”“雷珠单抗”“疗效”“变应性鼻炎”为核心，以“白内障”“青光眼”“干眼症”为核心。

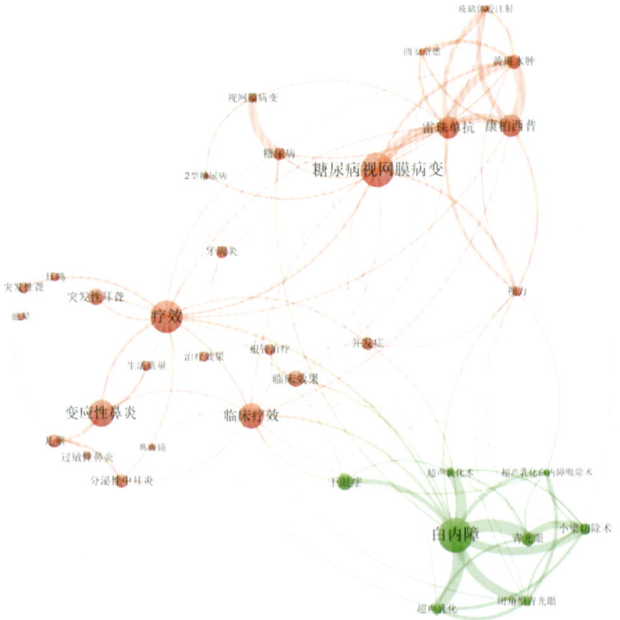

图 19-1　五官科学领域热点论文主题关联

19.4　高影响力期刊分析

在五官科学领域，5 年影响因子 Top 10 期刊见表 19-3，总被引频次最高的期刊是《国际眼科杂志》（11789 次），5 年影响因子最高的期刊是《中华耳鼻咽喉头颈外科杂志》。

表 19-3　五官科学领域高被引期刊基本指标

序号	期刊名称	5 年载文量/篇	总被引频次/次	5 年影响因子	高被引论文数量/篇	h 指数
1	中华耳鼻咽喉头颈外科杂志	1260	6204	1.414	35	25
2	中华耳科学杂志	924	3558	1.260	20	20
3	中华眼科杂志	1217	4672	1.236	29	23
4	国际眼科杂志	3302	11789	1.174	66	25
5	中国实用口腔科杂志	943	3303	1.173	11	17
6	华西口腔医学杂志	752	2614	1.047	17	19
7	上海口腔医学	803	2345	1.029	10	15
8	中国耳鼻咽喉头颈外科	1100	3602	1.008	16	19
9	听力学及言语疾病杂志	921	3023	0.979	14	19
10	中华眼底病杂志	915	3088	0.955	21	21

19.5　高被引作者分析

2014—2018 年论文总被引频次 Top 10 的作者见表 19-4。其中，发文总被引频次居前 3 位的作者分别是四川省医学科学院•四川省人民医院的古庆家（123 次）、首都医科大学附属北京同仁医院的王明婕（107 次）和上海交通大学医学院附属新华医院的李华斌（98 次）。5 年发文量居前 3 位的作者分别是复旦大学附属眼耳鼻喉科医院的田国红（36 篇）、复旦大学附属眼耳鼻喉科医院的王正敏（28 篇）和首都医科大学附属北京同仁医院的梁庆丰（19 篇）。

表 19-4　五官科学领域高被引作者 Top 10

序号	作者	作者单位	发文量/篇	总被引频次/次	篇均被引频次/次	被引率/%	h 指数
1	古庆家	四川省医学科学院•四川省人民医院	13	123	9.46	100.0	7
2	王明婕	首都医科大学附属北京同仁医院	7	107	15.29	71.4	4
3	李华斌	上海交通大学医学院附属新华医院	4	98	24.50	100.0	3
4	张菁	武汉大学中南医院	2	98	49.00	50.0	1
5	李进让	中国人民解放军海军总医院	8	96	12.00	100.0	5
6	贺璐	首都医科大学附属北京友谊医院	2	93	46.50	100.0	2

续表

序号	作者	作者单位	发文量/篇	总被引频次/次	篇均被引频次/次	被引率/%	h 指数
7	张茉莉	首都医科大学附属北京同仁医院	4	92	23.00	100.0	3
8	徐隽彦	绍兴市中心医院	1	88	88.00	100.0	1
9	余岚	武汉大学人民医院	5	85	17.00	80.0	3
10	梁庆丰	首都医科大学附属北京同仁医院	19	83	4.37	89.5	5

19.6　高被引机构分析

五官科学领域总被引频次 Top 20 医院和总被引频次 Top 10 高等院校/科研院所的发文和被引情况分别见表 19-5 和表 19-6。

表 19-5　五官科学领域高被引医院 Top 20

序号	第一作者单位	发文量/篇	总被引频次/次	篇均被引频次/次	序号	第一作者单位	发文量/篇	总被引频次/次	篇均被引频次/次
1	首都医科大学附属北京同仁医院	1238	3346	2.70	11	武汉大学人民医院	280	798	2.85
2	中国人民解放军总医院	632	2141	3.39	12	中山大学光华口腔医学院·附属口腔医院	368	753	2.05
3	上海交通大学医学院附属第九人民医院	852	1991	2.34	13	温州医科大学附属眼视光医院	230	704	3.06
4	四川大学华西口腔医院	561	1720	3.07	14	北京大学人民医院	139	689	4.96
5	北京大学口腔医学院	432	1673	3.87	15	南京大学医学院附属口腔医院	205	672	3.28
6	复旦大学附属眼耳鼻喉科医院	534	1249	2.34	16	中国医科大学附属口腔医院	191	609	3.19
7	第四军医大学口腔医院	412	1164	2.83	17	天津医科大学眼科医院	226	581	2.57
8	郑州大学第一附属医院	434	1081	2.49	18	南京医科大学附属口腔医院	228	579	2.54
9	北京协和医院	280	834	2.98	19	首都医科大学口腔医学院	240	562	2.34
10	中国医科大学口腔医学院	264	816	3.09	20	青岛大学附属医院	242	550	2.27

表 19-6　五官科学领域高被引高等院校/科研院所 Top 10

序号	第一作者单位	发文量/篇	总被引频次/次	篇均被引频次/次	序号	第一作者单位	发文量/篇	总被引频次/次	篇均被引频次/次
1	第四军医大学口腔医学院	171	585	3.42	6	山西医科大学	147	316	2.15
2	武汉大学口腔医学院	180	507	2.82	7	中华医学会眼科学分会	9	272	30.22
3	上海交通大学医学院附属第九人民医院口腔医学院	140	487	3.48	8	上海市口腔病防治院	77	263	3.42
4	中山大学中山眼科中心	148	446	3.01	9	四川大学华西口腔医学院	107	248	2.32
5	南京医科大学	197	429	2.18	10	中山大学	88	224	2.55

19.7　高被引国外期刊

五官科学领域 2019 年被引频次 Top 10 的国外期刊见表 19-7，排名居前 3 位的国外期刊分别是 *PLOS ONE*、*Investigative Ophthalmology & Visual Science* 和 *Ophthalmology*。

表 19-7　五官科学领域高被引国外期刊 Top 10

序号	期刊名称	2019 年被引频次/次
1	PLOS ONE	952
2	Investigative Ophthalmology & Visual Science	683
3	Ophthalmology	630
4	Journal of Endodontics	451
5	Retina	435
6	British Journal of Ophthalmology	369
7	American Journal of Ophthalmology	358
8	Scientific Reports	352
9	Clinical Oral Implants Research	348
10	BMC Ophthalmology	270

第 20 章　特种医学领域高被引分析

20.1　领域论文概况

2014—2018 年，特种医学领域的 57 种期刊上共发表学术论文 84905 篇，由来自 9526 所机构的 62181 位学者作为第一作者发表。上述论文中，有 57548 篇获得过引用，整体被引率为 67.8%，总被引频次为 255959 次，篇均被引 3.01 次；其中，高被引论文有 878 篇，高被引论文篇均被引 29.86 次（表 20-1）。另外，2019 年本领域共发表论文 16048 篇，其中有 1438 篇在当年获得过引用，总共被引 1802 次。

表 20-1　特种医学领域论文分布情况

年份	论文数量/篇	总被引频次/次	被引率/%	高被引论文数量/篇	高被引论文被引频次/次
2014	17865	66263	73.9	179	7150
2015	17625	67230	75.1	169	6459
2016	17149	63692	74.3	176	6536
2017	16235	44141	69.4	175	4484
2018	16031	14633	44.4	179	1589
合计	84905	255959	67.8	878	26218

20.2　高被引论文分析

在特种医学领域，2014—2018 年发表的总被引频次 Top 10 论文（表 20-2）的平均被引频次为 111.9 次，是全部 878 篇高被引论文篇均被引频次的 3.75 倍。从论文分布来看，刊载高被引论文数量居前 3 位的期刊分别是《中国 CT 和 MRI 杂志》（115 篇）、《医学影像学杂志》（75 篇）和《解放军医药杂志》（55 篇），其中，《解放军医学杂志》刊载了高被引论文 Top 10 中的 3 篇；发表高被引论文数量居前 3 位的学者分别是深圳市人民医院的张玉娟（2 篇）、安阳市人民医院的崔保刚（2 篇）和鹤壁煤业集团总医院的宋习忠（2 篇）；产出高被引论文数量居前 3 位的机构分别是中国人民解放军总医院（26 篇）、中国医科大学附属盛京医院（11 篇）和陆军军医大学西南医院（10 篇）。

表 20-2　特种医学领域高被引论文 Top 10

序号	论文题名	第一作者	期刊名称	发表年份	被引频次/次	
					总频次	2019 年
1	经阴道彩色多普勒超声在剖宫产术后子宫瘢痕妊娠诊治的应用	段丽芬	中国临床医学影像杂志	2014	151	17
2	动态心电图检查老年冠心病心肌缺血和心律失常临床价值分析	夏国宏	医学影像学杂志	2016	143	67

续表

序号	论文题名	第一作者	期刊名称	发表年份	被引频次/次	
					总频次	2019 年
3	传统甲状腺切除术与改良小切口甲状腺切除术治疗甲状腺结节的临床疗效比较	高峰	标记免疫分析与临床	2016	126	47
4	2014 年晚期非小细胞肺癌内科治疗进展	宋勇	解放军医学杂志	2015	122	27
5	对比分析 X 线、CT 和 MRI 在早期强直性脊柱炎骶髂关节病变诊断中应用的价值	梁佐堂	中国 CT 和 MRI 杂志	2015	105	15
6	老年股骨粗隆间骨折的手术治疗：应用 DHS 与 PFNA 的疗效比较	屈波	军事医学	2014	103	7
7	咳嗽变异性哮喘的诊断及治疗进展	胡红	解放军医学杂志	2014	98	22
8	国内外移动互联网医疗应用现状及未来发展趋势探讨	汪鹏	中国数字医学	2014	93	14
9	抑郁症治疗研究新进展	瞿伟	第三军医大学学报	2014	91	15
10	2015 年肺癌诊疗指南：共识和争议	陆舜	解放军医学杂志	2016	87	38

20.3 研究主题关联分析

在特种医学领域，878 篇高被引论文共被引用了 26218 次。通过分析施引文献关键词的词频及关键词之间的共现关系，获得特种医学领域的热点主题和主题关联，如图 20-1 所示。由图可知：“磁共振成像”“CT”“诊断价值”“超声检查”等关键词的文档词频较高，是特种医学领域的研究热点；本领域主要形成 3 个研究主题簇，分别以“CT”“磁共振成像”“X 线”为核心，以“生活质量”“疗效”为核心，以“甲状腺结节”“乳腺癌”为核心。

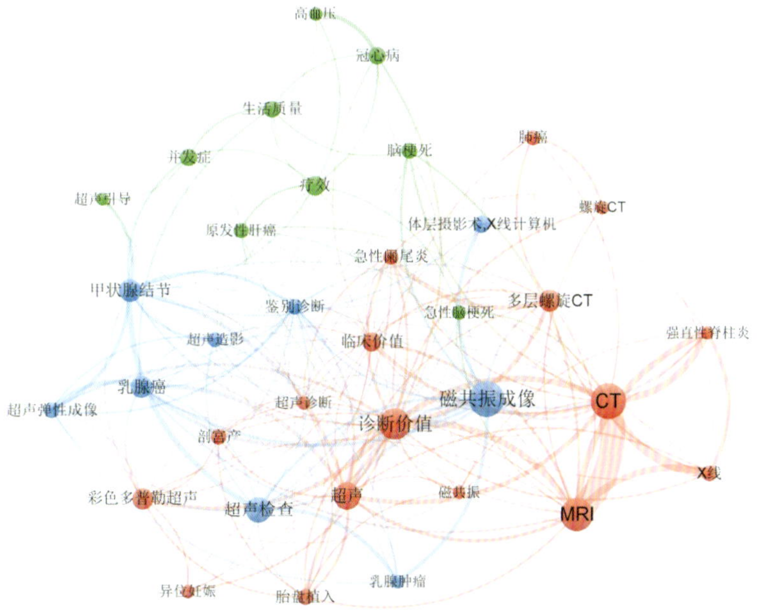

图20-1 特种医学领域热点论文主题关联

20.4 高影响力期刊分析

在特种医学领域，5 年影响因子 Top 10 期刊见表 20-3，总被引频次最高的期刊是《中国 CT 和 MRI 杂志》（15668 次），5 年影响因子最高的期刊是《中国 CT 和 MRI 杂志》。

表 20-3　特种医学领域高被引期刊基本指标

序号	期刊名称	5 年载文量/篇	总被引频次/次	5 年影响因子	高被引论文数量/篇	h 指数
1	中国 CT 和 MRI 杂志	2423	15668	2.229	115	34
2	解放军医药杂志	1821	9949	1.804	55	28
3	解放军医学杂志	1047	5925	1.655	31	26
4	标记免疫分析与临床	1852	7706	1.567	36	26
5	介入放射学杂志	1428	7275	1.487	36	27
6	中华放射学杂志	1383	6655	1.461	44	28
7	中国超声医学杂志	2114	9632	1.392	54	31
8	医学影像学杂志	3566	14894	1.390	75	32
9	中国医学影像学杂志	1306	5711	1.328	21	24
10	中国医学计算机成像杂志	634	2498	1.315	5	17

20.5 高被引作者分析

2014—2018 年论文总被引频次 Top 10 的作者见表 20-4。其中，发文总被引频次居前 3 位的作者分别是北京四季青医院的段丽芬（151 次）、舟山市妇幼保健院的夏国宏（143 次）和仙桃市中医医院的高峰（126 次）。5 年发文量居前 3 位的作者分别是南京医科大学第一附属医院的丁重阳（23 篇）、大连医科大学附属第一医院的田士峰（18 篇）和首都医科大学附属北京儿童医院的孙记航（18 篇）。

表 20-4　特种医学领域高被引作者 Top 10

序号	作者	作者单位	发文量/篇	总被引频次/次	篇均被引频次/次	被引率/%	h 指数
1	段丽芬	北京四季青医院	1	151	151.00	100.0	1
2	夏国宏	舟山市妇幼保健院	1	143	143.00	100.0	1
3	高峰	仙桃市中医医院	1	126	126.00	100.0	1
4	宋勇	南京军区南京总医院南京大学医学院金陵医院	1	122	122.00	100.0	1
5	郝少云	中山大学孙逸仙纪念医院	4	121	30.25	100.0	3
6	胡红	中国人民解放军总医院	2	121	60.50	100.0	2

续表

序号	作者	作者单位	发文量/篇	总被引频次/次	篇均被引频次/次	被引率/%	h 指数
7	刘永	廉江市人民医院	2	115	57.50	100.0	2
8	李胜利	南方医科大学附属深圳妇幼保健院	11	109	9.91	81.8	6
9	汪鹏	陆军军医大学西南医院	2	108	54.00	100.0	2
10	梁佐堂	麻城市人民医院	2	106	53.00	100.0	1

20.6　高被引机构分析

特种医学领域总被引频次 Top 20 医院和总被引频次 Top 10 高等院校/科研院所的发文和被引情况分别见表 20-5 和表 20-6。

表 20-5　特种医学领域高被引医院 Top 20

序号	第一作者单位	发文量/篇	总被引频次/次	篇均被引频次/次	序号	第一作者单位	发文量/篇	总被引频次/次	篇均被引频次/次
1	中国人民解放军总医院	1707	6163	3.61	11	中国人民解放军海军总医院	457	1275	2.79
2	陆军军医大学西南医院	546	2175	3.98	12	成都军区总医院	528	1265	2.40
3	中国医科大学附属盛京医院	493	2059	4.18	13	中国人民解放军南京军区南京总医院	330	1214	3.68
4	郑州大学第一附属医院	794	2038	2.57	14	兰州军区兰州总医院	603	1181	1.96
5	第二军医大学附属长海医院	692	2030	2.93	15	武警总医院	493	1151	2.33
6	空军总医院	539	1447	2.68	16	沈阳军区总医院	243	1127	4.64
7	第二军医大学长征医院	372	1405	3.78	17	第三军医大学大坪医院&野战外科研究所	239	1126	4.71
8	重庆医科大学附属第一医院	427	1373	3.22	18	中国医科大学附属第一医院	330	1083	3.28
9	华中科技大学同济医学院附属同济医院	349	1358	3.89	19	北京大学第三医院	266	1070	4.02
10	陆军军医大学新桥医院	400	1350	3.38	20	青岛大学附属医院	291	1066	3.66

表 20-6　特种医学领域高被引高等院校/科研院所 Top 10

序号	第一作者单位	发文量/篇	总被引频次/次	篇均被引频次/次	序号	第一作者单位	发文量/篇	总被引频次/次	篇均被引频次/次
1	中国人民解放军陆军军医大学	455	1414	3.11	6	宁夏医科大学	77	382	4.96
2	重庆医科大学	336	1009	3.00	7	中国人民解放军军事医学科学院	246	374	1.52
3	中国人民解放军海军军医大学	359	703	1.96	8	广州市妇女儿童医疗中心	97	370	3.81
4	南方医科大学	145	485	3.34	9	中国人民解放军医学院	91	349	3.84
5	第三军医大学大坪医院&野战外科研究所	86	413	4.80	10	中国人民解放军空军军医大学	197	330	1.68

20.7　高被引国外期刊

特种医学领域 2019 年被引频次 Top 10 的国外期刊见表 20-7，排名居前 3 位的国外期刊分别是 *PLOS ONE*、*Radiology* 和 *European Radiology*。

表 20-7　特种医学领域高被引国外期刊 Top 10

序号	期刊名称	2019 年被引频次/次
1	PLOS ONE	1139
2	Radiology	920
3	European Radiology	830
4	Scientific Reports	638
5	Oncotarget	623
6	European Journal of Radiology	444
7	Journal of Magnetic Resonance Imaging	331
8	Medicine	301
9	New England Journal of Medicine	282
10	Stroke	250

第 21 章 药学领域高被引分析

21.1 领域论文概况

2014—2018 年，药学领域的 71 种期刊上共发表学术论文 176267 篇，由来自 19713 所机构的 131583 位学者作为第一作者发表。上述论文中，有 124075 篇获得过引用，整体被引率为 70.4%，总被引频次为 524764 次，篇均被引 2.98 次；其中，高被引论文有 1802 篇，高被引论文篇均被引 31.75 次（表 21-1）。另外，2019 年本领域共发表论文 32278 篇，其中有 4037 篇在当年获得过引用，总共被引 5578 次。

表 21-1 药学领域论文分布情况

年份	论文数量/篇	总被引频次/次	被引率/%	高被引论文数量/篇	高被引论文被引频次/次
2014	38453	126868	73.4	395	15186
2015	37600	133865	76.1	371	14229
2016	35263	134084	76.7	336	14451
2017	33297	94094	72.5	346	9564
2018	31654	35853	50.8	354	3782
合计	176267	524764	70.4	1802	57212

21.2 高被引论文分析

在药学领域，2014—2018 年发表的总被引频次 Top 10 论文（表 21-2）的平均被引频次为 174.6 次，是全部 1802 篇高被引论文篇均被引频次的 5.50 倍。从论文分布来看，刊载高被引论文数量居前 3 位的期刊分别是《中国临床药理学杂志》（239 篇）、《中国药房》（219 篇）和《中国现代药物应用》（172 篇），其中，《中国临床药理学杂志》刊载了高被引论文 Top 10 中的 3 篇；发表高被引论文数量居前 3 位的学者分别是上海美优制药有限公司的张明发（11 篇）、北京大学第一医院的李耘（3 篇）和首都医科大学附属北京世纪坛医院的金锐（3 篇）；产出高被引论文数量居前 3 位的机构分别是中国食品药品检定研究院（13 篇）、四川省医学科学院·四川省人民医院（12 篇）和北京大学第一医院（12 篇）。

表 21-2 药学领域高被引论文 Top 10

序号	论文题名	第一作者	期刊名称	发表年份	被引频次/次	
					总频次	2019 年
1	丹参的药理作用研究新进展	马丙祥	中国药房	2014	252	45
2	曲美他嗪联合阿托伐他汀钙治疗冠心病心绞痛伴血脂异常的临床研究	陈慧敏	中国临床药理学杂志	2016	208	84
3	美托洛尔联合曲美他嗪治疗冠心病心力衰竭的临床疗效观察	孙小军	中国医院用药评价与分析	2015	208	44

续表

序号	论文题名	第一作者	期刊名称	发表年份	被引频次/次	
					总频次	2019 年
4	红霉素与阿奇霉素治疗小儿肺炎支原体肺炎的临床研究	陈嘉慧	中国临床药理学杂志	2015	204	48
5	超说明书用药专家共识	张镭	药物不良反应杂志	2015	154	37
6	糖尿病肾病发病机制研究进展	林子桐	中国药理学与毒理学杂志	2014	152	26
7	盐酸氨溴索雾化吸入疗法治疗老年慢性支气管炎临床疗效的研究	孙丹	中国临床药理学杂志	2015	150	23
8	阿奇霉素序贯疗法治疗小儿支原体肺炎的疗效和安全性分析	王素霞	中国生化药物杂志	2014	145	25
9	2型糖尿病周围神经病变机制研究进展	杨秀颖	中国药理学通报	2016	138	59
10	中西医结合治疗60例冠心病心绞痛的疗效观察	许继艳	中国生化药物杂志	2014	135	11

21.3　研究主题关联分析

在药学领域，1802 篇高被引论文共被引用了 57212 次。通过分析施引文献关键词的词频及关键词之间的共现关系，获得药学领域的热点主题和主题关联，如图 21-1 所示。由图可知：“临床疗效”“疗效”“冠心病”“糖尿病”“高血压”“阿托伐他汀”“阿奇霉素”“布地奈德”等关键词的文档词频较高，是药学领域的研究热点；本领域主要形成 2 个研究主题簇，分别以“临床疗效”“冠心病”“糖尿病”“高血压”“阿托伐他汀”为核心，以“阿奇霉素”“布地奈德”“不良反应”“米非司酮”“疗效”为核心。

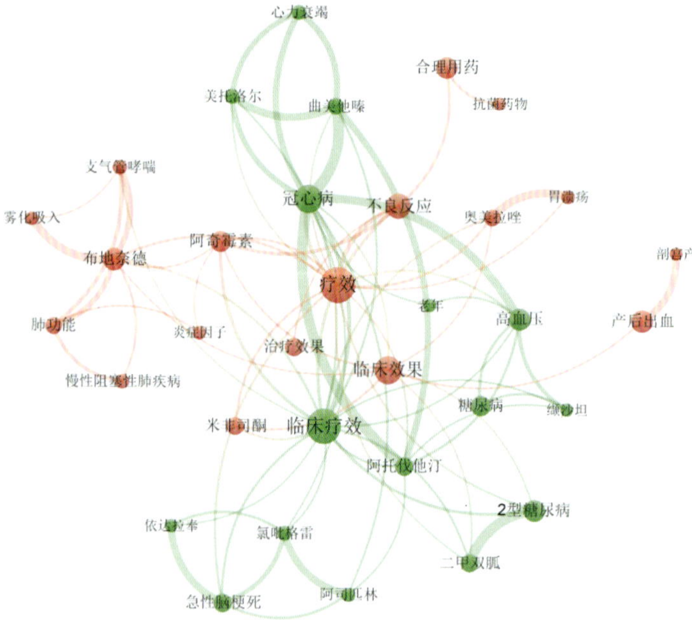

图21-1　药学领域热点论文主题关联

21.4 高影响力期刊分析

在药学领域，5 年影响因子 Top 10 期刊见表 21-3，总被引频次最高的期刊是《中国现代药物应用》（67392 次），5 年影响因子最高的期刊是《中国临床药理学杂志》。

表 21-3 药学领域高被引期刊基本指标

序号	期刊名称	5 年载文量/篇	总被引频次/次	5 年影响因子	高被引论文数量/篇	h 指数
1	中国临床药理学杂志	3322	23046	2.430	239	51
2	现代药物与临床	2436	14285	2.399	106	33
3	药物评价研究	1300	6137	1.984	61	27
4	中国药房	7256	37402	1.785	219	41
5	中国医院药学杂志	3024	14064	1.451	79	34
6	中国生化药物杂志	3651	19029	1.443	97	37
7	中国药理学通报	1848	8822	1.433	40	26
8	中国药物与临床	4827	16756	1.345	81	29
9	中国医院用药评价与分析	2872	11471	1.268	61	29
10	实用药物与临床	2132	9860	1.223	54	30

21.5 高被引作者分析

2014—2018 年论文总被引频次 Top 10 的作者见表 21-4。其中，发文总被引频次居前 3 位的作者分别是上海美优制药有限公司的张明发（660 次）、北京大学第一医院的李耘（321 次）和浙江省中医院的陈慧敏（293 次）。5 年发文量居前 3 位的作者分别是上海美优制药有限公司的张明发（57 篇）、上海中医药大学的李晓锋（54 篇）和第二军医大学附属长海医院的张家庆（51 篇）。

表 21-4 药学领域高被引作者 Top 10

序号	作者	作者单位	发文量/篇	总被引频次/次	篇均被引频次/次	被引率/%	h 指数
1	张明发	上海美优制药有限公司	57	660	11.58	93.0	17
2	李耘	北京大学第一医院	11	321	29.18	81.8	5
3	陈慧敏	浙江省中医院	2	293	146.50	100.0	2
4	马丙祥	河南中医学院第一附属医院	1	252	252.00	100.0	1
5	金锐	首都医科大学附属北京世纪坛医院	17	223	13.12	100.0	9
6	孙小军	文山州人民医院	1	208	208.00	100.0	1

续表

序号	作者	作者单位	发文量/篇	总被引频次/次	篇均被引频次/次	被引率/%	h 指数
7	陈嘉慧	广州市妇女儿童医疗中心	1	204	204.00	100.0	1
8	蒙光义	玉林市第一人民医院	16	192	12.00	93.8	8
9	司继刚	淄博市中心医院	27	170	6.30	88.9	9
10	徐硕	北京医院	25	169	6.76	84.0	6

21.6　高被引机构分析

药学领域总被引频次 Top 20 医院和总被引频次 Top 10 高等院校/科研院所的发文和被引情况分别见表 21-5 和表 21-6。

表 21-5　药学领域高被引医院 Top 20

序号	第一作者单位	发文量/篇	总被引频次/次	篇均被引频次/次	序号	第一作者单位	发文量/篇	总被引频次/次	篇均被引频次/次
1	南阳市中心医院	495	2412	4.87	11	北京医院	262	1025	3.91
2	中国医科大学附属盛京医院	458	2143	4.68	12	山西省肿瘤医院	294	998	3.39
3	中国人民解放军总医院	473	1977	4.18	13	北京大学第三医院	248	996	4.02
4	北京大学第一医院	296	1588	5.36	14	重庆医科大学附属第一医院	169	960	5.68
5	山西省人民医院	467	1550	3.32	15	厦门大学附属第一医院	362	937	2.59
6	南阳医学高等专科学校第一附属医院	347	1522	4.39	16	山西医学科学院山西大医院	287	890	3.10
7	佛山市第一人民医院	478	1376	2.88	17	首都医科大学宣武医院	257	890	3.46
8	福建省立医院	546	1209	2.21	18	四川大学华西医院	253	869	3.43
9	华中科技大学同济医学院附属同济医院	350	1196	3.42	19	丽水市人民医院	108	865	8.01
10	四川省医学科学院·四川省人民医院	226	1099	4.86	20	牡丹江医学院附属红旗医院	314	830	2.64

表 21-6　药学领域高被引高等院校/科研院所 Top 10

序号	第一作者单位	发文量/篇	总被引频次/次	篇均被引频次/次	序号	第一作者单位	发文量/篇	总被引频次/次	篇均被引频次/次
1	中国药科大学	2291	5801	2.53	6	天津中医药大学	388	1561	4.02
2	沈阳药科大学	1535	3095	2.02	7	广东药学院	414	1497	3.62
3	中国食品药品检定研究院	956	2887	3.02	8	北京大学	443	1332	3.01
4	南京中医药大学	496	1939	3.91	9	国家食品药品监督管理总局	421	1323	3.14
5	北京中医药大学	522	1638	3.14	10	中国医学科学院药物研究所	436	1279	2.93

21.7　高被引国外期刊

药学领域 2019 年被引频次 Top 10 的国外期刊见表 21-7，排名居前 3 位的国外期刊分别是 *PLOS ONE*、*Scientific Reports* 和 *Oncotarget*。

表 21-7　药学领域高被引国外期刊 Top 10

序号	期刊名称	2019 年被引频次/次
1	PLOS ONE	1298
2	Scientific Reports	968
3	Oncotarget	855
4	New England Journal of Medicine	590
5	International Journal of Pharmaceutics	380
6	Nature	349
7	International Journal of Molecular Sciences	337
8	Journal of Clinical Oncology	318
9	Molecules	317
10	Journal of Controlled Release	305

第 22 章　农业科学与工程领域高被引分析

22.1　领域论文概况

2014—2018 年，农业科学与工程领域的 193 种期刊上共发表学术论文 491744 篇，由来自 86487 所机构的 315964 位学者作为第一作者发表。上述论文中，有 205155 篇获得过引用，整体被引率为 41.7%，总被引频次为 608630 次，篇均被引 1.24 次；其中，高被引论文有 4601 篇，高被引论文篇均被引 19.99 次（表 22-1）。另外，2019 年本领域共发表论文 93774 篇，其中有 8098 篇在当年获得过引用，总共被引 10725 次。

表 22-1　农业科学与工程领域论文分布情况

年份	论文数量/篇	总被引频次/次	被引率/%	高被引论文数量/篇	高被引论文被引频次/次
2014	94555	167800	48.2	920	27001
2015	95065	157482	48.3	890	23937
2016	100916	128863	43.5	997	19557
2017	101461	101700	40.2	956	14639
2018	99747	52785	29.1	838	6828
合计	491744	608630	41.7	4601	91962

22.2　高被引论文分析

在农业科学与工程领域，2014—2018 年发表的总被引频次 Top 10 论文（表 22-2）的平均被引频次为 163.7 次，是全部 4601 篇高被引论文篇均被引频次的 8.19 倍。从论文分布来看，刊载高被引论文数量居前 3 位的期刊分别是《农业工程学报》（817 篇）、《中国农业科学》（360 篇）和《农业机械学报》（325 篇），其中，《农业工程学报》、《农业机械学报》和《中国农业科学》分别刊载了高被引论文 Top 10 中的 2 篇；发表高被引论文数量居前 3 位的学者分别是东北农业大学的吕金庆（7 篇）、东北农业大学的王金武（7 篇）和湖南省土壤肥料研究所的鲁艳红（7 篇）；产出高被引论文数量居前 3 位的机构分别是中国农业大学（256 篇）、西北农林科技大学（200 篇）和中国农业科学院（108 篇）。

表 22-2　农业科学与工程领域高被引论文 Top 10

序号	论文题名	第一作者	期刊名称	发表年份	被引频次/次	
					总频次	2019 年
1	我国农田氮肥施用现状、问题及趋势	巨晓棠	植物营养与肥料学报	2014	199	60
2	凌河流域水资源现状及保护措施	李学森	水土保持应用技术	2015	199	23
3	中国水稻种植机械化高产农艺研究现状及发展探讨	张洪程	中国农业科学	2014	179	37

续表

序号	论文题名	第一作者	期刊名称	发表年份	被引频次/次	
					总频次	2019 年
4	基于主成分与聚类分析的苹果加工品质评价	公丽艳	农业工程学报	2014	177	37
5	农业物联网研究与应用现状及发展对策研究	葛文杰	农业机械学报	2014	174	29
6	中国水稻高产栽培技术创新与实践	朱德峰	中国农业科学	2015	166	44
7	提高农业机械化水平促进农业可持续发展	罗锡文	农业工程学报	2016	164	40
8	茯苓多种化学成分及药理作用的研究进展	游昕	安徽农业科学	2015	145	41
9	园林工程施工管理中存在的问题及对策	李培仙	现代农业科技	2014	118	4
10	中国农业航空施药技术研究进展与展望	张东彦	农业机械学报	2014	116	29

22.3　研究主题关联分析

在农业科学与工程领域，4601 篇高被引论文共被引用了 91962 次。通过分析施引文献关键词的词频及关键词之间的共现关系，获得农业科学与工程领域的热点主题和主题关联，如图 22-1 所示。由图可知："产量""玉米""水稻""无人机"等关键词的文档词频较高，是农业科学与工程领域的研究热点；本领域主要形成 4 个研究主题簇，分别以"产量""玉米""小麦"为核心，以"水稻""土""生物活性炭"为核心，以"遥感""无人机"为核心，以"农业机械""马铃薯"为核心。

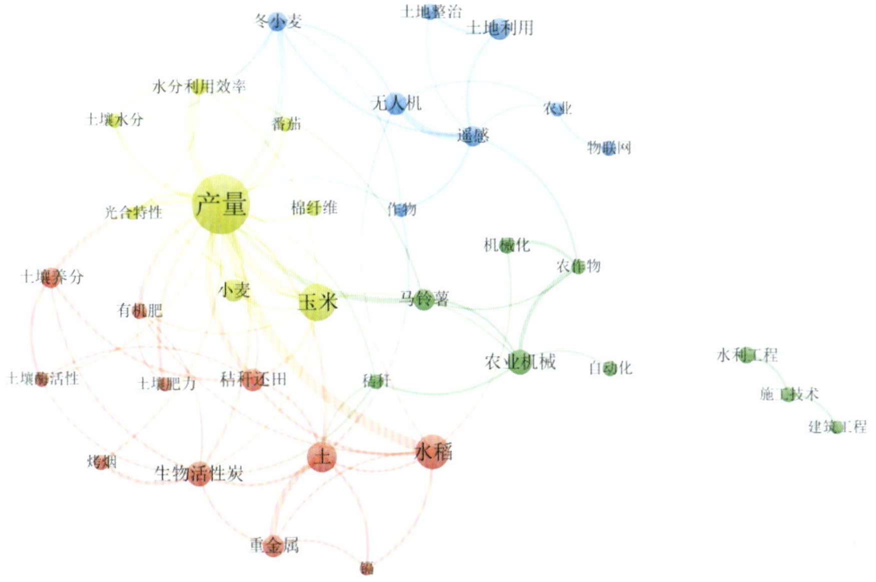

图 22-1　农业科学与工程领域热点论文主题关联

22.4 高影响力期刊分析

在农业科学与工程领域，5 年影响因子 Top 10 期刊见表 22-3，总被引频次最高的期刊是《农业工程学报》（39492 次），5 年影响因子最高的期刊是《植物营养与肥料学报》。

表 22-3 农业科学与工程领域高被引期刊基本指标

序号	期刊名称	5 年载文量/篇	总被引频次/次	5 年影响因子	高被引论文数量/篇	h 指数
1	植物营养与肥料学报	956	8378	3.044	192	33
2	土壤学报	764	6114	2.602	142	27
3	中国土地科学	725	5457	2.513	133	25
4	农业工程学报	5162	39492	2.478	817	47
5	中国农业科学	2261	17117	2.463	360	39
6	中国生态农业学报（中英文）	1063	6075	1.997	112	24
7	农业机械学报	3272	19913	1.824	325	35
8	水土保持学报	1715	8161	1.659	90	22
9	土壤	909	4187	1.604	58	21
10	中国农业气象	481	2273	1.541	23	16

22.5 高被引作者分析

2014—2018 年论文总被引频次 Top 10 的作者见表 22-4。其中，发文总被引频次居前 3 位的作者分别是中国农业大学的巨晓棠（323 次）、东北农业大学的王金武（252 次）和安徽省潜山县林业局的张国庆（241 次）。5 年发文量居前 3 位的作者分别是湖北省十堰农校的陈茂春（143 篇）、重庆市农业信息中心的孙凤青（136 篇）和湖南省沅江市农村工作办公室的曹涤环（111 篇）。

表 22-4 农业科学与工程领域高被引作者 Top 10

序号	作者	作者单位	发文量/篇	总被引频次/次	篇均被引频次/次	被引率/%	h 指数
1	巨晓棠	中国农业大学	4	323	80.75	100.0	4
2	王金武	东北农业大学	21	252	12.00	95.2	9
3	张国庆	安徽省潜山县林业局	5	241	48.20	100.0	5
4	邢英英	西北农林科技大学	3	212	70.67	100.0	3
5	吕金庆	东北农业大学	15	202	13.47	100.0	8
6	李学森	辽宁省凌河保护区管理局	1	199	199.00	100.0	1
7	孙俊	江苏大学	22	187	8.50	90.9	9

续表

序号	作者	作者单位	发文量/篇	总被引频次/次	篇均被引频次/次	被引率/%	h 指数
8	唐秀美	北京农业信息技术研究中心	10	183	18.30	100.0	8
9	张洪程	扬州大学	1	179	179.00	100.0	1
10	公丽艳	沈阳农业大学	1	177	177.00	100.0	1

22.6　高被引机构分析

农业科学与工程领域总被引频次 Top 20 高等院校和总被引频次 Top 10 科研院所的发文和被引情况分别见表 22-5 和表 22-6。

表 22-5　农业科学与工程领域高被引高等院校 Top 20

序号	第一作者单位	发文量/篇	总被引频次/次	篇均被引频次/次	序号	第一作者单位	发文量/篇	总被引频次/次	篇均被引频次/次
1	西北农林科技大学	4034	15241	3.78	11	湖南农业大学	2399	4974	2.07
2	中国农业大学	2891	13776	4.77	12	新疆农业大学	2526	4833	1.91
3	南京农业大学	2824	9125	3.23	13	石河子大学	2465	4822	1.96
4	华南农业大学	1985	6473	3.26	14	河北农业大学	2120	4532	2.14
5	东北农业大学	2232	6431	2.88	15	江苏大学	1135	4465	3.93
6	华中农业大学	1577	5876	3.73	16	吉林农业大学	1690	4297	2.54
7	甘肃农业大学	2151	5676	2.64	17	山西农业大学	1791	3926	2.19
8	沈阳农业大学	1872	5310	2.84	18	北京林业大学	1143	3798	3.32
9	山东农业大学	1783	5121	2.87	19	内蒙古农业大学	1585	3795	2.39
10	河南农业大学	1883	5031	2.67	20	西南大学	1065	3465	3.25

表 22-6　农业科学与工程领域高被引科研院所 Top 10

序号	第一作者单位	发文量/篇	总被引频次/次	篇均被引频次/次	序号	第一作者单位	发文量/篇	总被引频次/次	篇均被引频次/次
1	江苏省农业科学院	1528	4196	2.75	4	中国农业科学院农业资源与农业区划研究所	303	2689	8.87
2	中国农业科学院	1096	4009	3.66	5	福建省农业科学院	1220	2427	1.99
3	山西省农业科学院	1489	2964	1.99	6	中国科学院南京土壤研究所	417	2279	5.47

续表

序号	第一作者单位	发文量/篇	总被引频次/次	篇均被引频次/次	序号	第一作者单位	发文量/篇	总被引频次/次	篇均被引频次/次
7	广西农业科学院	819	2228	2.72	9	山东省农业科学院	899	1856	2.06
8	河南省农业科学院	609	1875	3.08	10	甘肃省农业科学院	757	1842	2.43

22.7　高被引国外期刊

农业科学与工程领域2019年被引频次Top 10的国外期刊见表22-7，排名居前3位的国外期刊分别是*PLOS ONE*、*Scientific Reports*和*Frontiers in Plant Science*。

表22-7　农业科学与工程领域高被引国外期刊Top 10

序号	期刊名称	2019年被引频次/次
1	PLOS ONE	1416
2	Scientific Reports	972
3	Frontiers in Plant Science	761
4	Science of the Total Environment	704
5	Food Chemistry	688
6	Field Crops Research	601
7	Agricultural Water Management	364
8	Bioresource Technology	344
9	Journal of Experimental Botany	335
10	Plant Physiology	335

第 23 章　植物保护学领域高被引分析

23.1　领域论文概况

2014—2018 年，植物保护学领域的 16 种期刊上共发表学术论文 11933 篇，由来自 2234 所机构的 8298 位学者作为第一作者发表。上述论文中，有 7348 篇获得过引用，整体被引率为 61.6%，总被引频次为 24958 次，篇均被引 2.09 次；其中，高被引论文有 121 篇，高被引论文篇均被引 20.87 次（表 23-1）。另外，2019 年本领域共发表论文 2338 篇，其中有 243 篇在当年获得过引用，总共被引 674 次。

表 23-1　植物保护学领域论文分布情况

年份	论文数量/篇	总被引频次/次	被引率/%	高被引论文数量/篇	高被引论文被引频次/次
2014	2474	7488	72.3	27	738
2015	2479	6882	68.9	25	727
2016	2376	5345	65.7	26	529
2017	2277	3561	59.9	23	317
2018	2327	1682	39.8	20	214
合计	11933	24958	61.6	121	2525

23.2　高被引论文分析

在植物保护学领域，2014—2018 年发表的总被引频次 Top 10 论文（表 23-2）的平均被引频次为 54.7 次，是全部 121 篇高被引论文篇均被引频次的 2.62 倍。从论文分布来看，刊载高被引论文数量居前 3 位的期刊分别是《植物保护》（29 篇）、《中国生物防治学报》（26 篇）和《中国植保导刊》（21 篇），其中，《植物保护》和《中国植保导刊》分别刊载了高被引论文 Top 10 中的 3 篇；发表高被引论文数量居前 3 位的学者分别是全国农业技术推广服务中心的杨普云（4 篇）、南京农业大学的陈世国（2 篇）和全国农业技术推广服务中心的刘杰（2 篇）；产出高被引论文数量居前 3 位的机构分别是全国农业技术推广服务中心（14 篇）、中国农业科学院植物保护研究所（9 篇）和中国农业大学（8 篇）。

表 23-2　植物保护学领域高被引论文 Top 10

序号	论文题名	第一作者	期刊名称	发表年份	被引频次/次	
					总频次	2019 年
1	植物源农药研究进展	张兴	中国生物防治学报	2015	105	24
2	中国农药使用现状及对策建议	陈晓明	农药科学与管理	2016	59	17
3	生物农药的发展现状与趋势分析	邱德文	中国生物防治学报	2015	57	20
4	小麦赤霉病的防治技术研究进展	张洁	中国植保导刊	2014	55	4

续表

序号	论文题名	第一作者	期刊名称	发表年份	被引频次/次	
					总频次	2019 年
5	农作物病虫害绿色防控技术集成与应用	杨普云	中国植保导刊	2014	53	15
6	警惕危险性害虫草地贪夜蛾入侵中国	郭井菲	植物保护	2018	48	48
7	我国农业航空植保发展概况与前景分析	郭永旺	中国植保导刊	2014	46	8
8	雾滴大小和覆盖密度与农药防治效果的关系	袁会珠	植物保护	2015	45	13
9	近10年农作物主要病虫害发生危害情况的统计和分析	刘万才	植物保护	2016	40	23
10	发现红火蚁入侵中国10年：发生历史、现状与趋势	陆永跃	植物检疫	2015	39	14

23.3　研究主题关联分析

在植物保护学领域，121 篇高被引论文共被引用了 2525 次。通过分析施引文献关键词的词频及关键词之间的共现关系，获得植物保护学领域的热点主题和主题关联，如图 23-1 所示。由图可知："防治效果""生物防治""杀虫剂"等关键词的文档词频较高，是植物保护学领域的研究热点；本领域主要形成 2 个研究主题簇，分别以"生物防治""防治效果""病虫害""水稻"为核心，以"防效""杀虫剂""稻纵卷叶螟""杀菌剂"为核心。

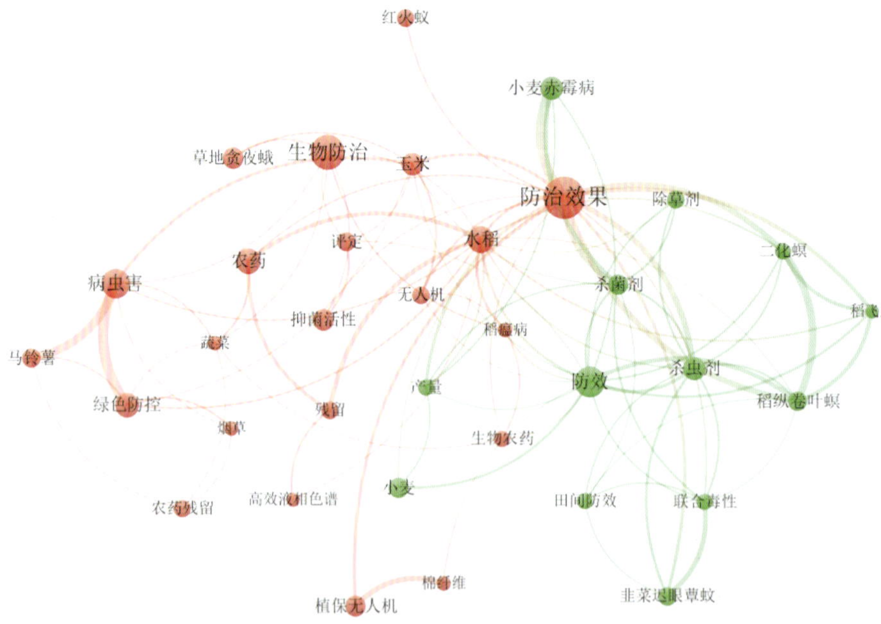

图 23-1　植物保护学领域热点论文主题关联

23.4　高影响力期刊分析

在植物保护学领域，5 年影响因子 Top 10 期刊见表 23-3，总被引频次最高的期刊是《植物保护》（4020 次），5 年影响因子最高的期刊是《中国生物防治学报》。

表 23-3　植物保护学领域高被引期刊基本指标

序号	期刊名称	5 年载文量/篇	总被引频次/次	5 年影响因子	高被引论文数量/篇	h 指数
1	中国生物防治学报	612	2391	1.335	26	18
2	植物保护学报	812	2702	1.232	18	15
3	植物保护	1312	4020	1.033	29	17
4	农药学学报	580	1678	0.871	4	12
5	植物病理学报	520	1141	0.729	5	11
6	中国植保导刊	1314	3060	0.706	21	16
7	环境昆虫学报	914	1826	0.663	2	12
8	农药	1390	2883	0.632	8	14
9	杂草学报	286	624	0.619	1	7
10	现代农药	533	851	0.432	3	10

23.5　高被引作者分析

2014—2018 年论文总被引频次 Top 10 的作者见表 23-4。其中，发文总被引频次居前 3 位的作者分别是西北农林科技大学的张兴（105 次）、全国农业技术推广服务中心的刘万才（101 次）和全国农业技术推广服务中心的杨普云（98 次）。5 年发文量居前 3 位的作者分别是上海市农药研究所的张一宾（32 篇）、上海市农药研究所的叶萱（32 篇）和上海市农药研究所的筱禾（26 篇）。

表 23-4　植物保护学领域高被引作者 Top 10

序号	作者	作者单位	发文量/篇	总被引频次/次	篇均被引频次/次	被引率/%	h 指数
1	张兴	西北农林科技大学	1	105	105.00	100.0	1
2	刘万才	全国农业技术推广服务中心	10	101	10.10	100.0	5
3	杨普云	全国农业技术推广服务中心	8	98	12.25	100.0	5
4	张帅	全国农业技术推广服务中心	10	96	9.60	90.0	7
5	黄冲	全国农业技术推广服务中心	11	89	8.09	90.9	5

续表

序号	作者	作者单位	发文量/篇	总被引频次/次	篇均被引频次/次	被引率/%	h指数
6	顾林玲	江苏省农药研究所股份有限公司	10	75	7.50	100.0	6
7	华乃震	深圳诺普信农化股份有限公司	8	71	8.88	100.0	5
8	邱德文	中国农业科学院植物保护研究所	2	66	33.00	100.0	2
9	戴德江	浙江省农药检定管理所	11	59	5.36	90.9	5
10	陈晓明	中国社会科学院大学	1	59	59.00	100.0	1

23.6　高被引机构分析

植物保护学领域总被引频次 Top 20 高等院校和总被引频次 Top 10 科研院所的发文和被引情况分别见表 23-5 和表 23-6。

表 23-5　植物保护学领域高被引高等院校 Top 20

序号	第一作者单位	发文量/篇	总被引频次/次	篇均被引频次/次	序号	第一作者单位	发文量/篇	总被引频次/次	篇均被引频次/次
1	山东农业大学	165	606	3.67	11	青岛农业大学	94	240	2.55
2	中国农业大学	176	596	3.39	12	贵州大学	113	237	2.10
3	西北农林科技大学	156	528	3.38	13	甘肃农业大学	68	225	3.31
4	华南农业大学	174	477	2.74	14	海南大学	79	217	2.75
5	沈阳农业大学	140	381	2.72	15	浙江大学	89	208	2.34
6	南京农业大学	115	352	3.06	16	广西大学	104	191	1.84
7	河北农业大学	125	346	2.77	17	江西农业大学	103	191	1.85
8	湖南农业大学	102	273	2.68	18	东北农业大学	74	168	2.27
9	吉林农业大学	102	262	2.57	19	山西农业大学	49	154	3.14
10	云南农业大学	105	247	2.35	20	扬州大学	71	149	2.10

表 23-6　植物保护学领域高被引科研院所 Top 10

序号	第一作者单位	发文量/篇	总被引频次/次	篇均被引频次/次	序号	第一作者单位	发文量/篇	总被引频次/次	篇均被引频次/次
1	中国农业科学院植物保护研究所	230	945	4.11	6	农业部农药检定所	213	250	1.17
2	全国农业技术推广服务中心	126	812	6.44	7	江苏省农业科学院	64	246	3.84
3	中国农业科学院	162	413	2.55	8	中国热带农业科学院环境与植物保护研究所	72	229	3.18
4	广东省农业科学院	94	311	3.31	9	河北省农林科学院	70	226	3.23
5	北京市农林科学院	71	290	4.08	10	河南省农业科学院	72	184	2.56

23.7　高被引国外期刊

植物保护学领域 2019 年被引频次 Top 10 的国外期刊见表 23-7，排名居前 3 位的国外期刊分别是 *PLOS ONE*、*Plant Disease* 和 *Pest Management Science*。

表 23-7　植物保护学领域高被引国外期刊 Top 10

序号	期刊名称	2019 年被引频次/次
1	PLOS ONE	214
2	Plant Disease	181
3	Pest Management Science	147
4	Scientific Reports	144
5	Crop Protection	99
6	Journal of Economic Entomology	82
7	Pesticide Biochemistry and Physiology	63
8	Biological Control	57
9	African Entomology	56
10	Journal of Agricultural and Food Chemistry	55

第 24 章　农作物领域高被引分析

24.1　领域论文概况

2014—2018 年，农作物领域的 42 种期刊上共发表学术论文 41440 篇，由来自 7973 所机构的 28709 位学者作为第一作者发表。上述论文中，有 22626 篇获得过引用，整体被引率为 54.6%，总被引频次为 76635 次，篇均被引 1.85 次；其中，高被引论文有 420 篇，高被引论文篇均被引 19.84 次（表 24-1）。另外，2019 年本领域共发表论文 9247 篇，其中有 1006 篇在当年获得过引用，总共被引 1371 次。

表 24-1　农作物领域论文分布情况

年份	论文数量/篇	总被引频次/次	被引率/%	高被引论文数量/篇	高被引论文被引频次/次
2014	8110	22665	62.8	84	2737
2015	8179	19782	60.9	77	2044
2016	8157	15502	57.5	88	1687
2017	8452	12563	54.6	75	1094
2018	8542	6123	38.0	96	770
合计	41440	76635	54.6	420	8332

24.2　高被引论文分析

在农作物领域，2014—2018 年发表的总被引频次 Top 10 论文（表 24-2）的平均被引频次为 69.4 次，是全部 420 篇高被引论文篇均被引频次的 3.50 倍。从论文分布来看，刊载高被引论文数量居前 3 位的期刊分别是《作物学报》（84 篇）、《核农学报》（61 篇）和《植物遗传资源学报》（39 篇），其中，《作物学报》和《作物杂志》分别刊载了高被引论文 Top 10 中的 3 篇；发表高被引论文数量居前 3 位的学者分别是扬州大学的胡群（2 篇）、吉林省农业科学院的方向前（2 篇）和中国农业科学院作物科学研究所的李璐璐（2 篇）；产出高被引论文数量居前 3 位的机构分别是扬州大学（17 篇）、中国农业科学院作物科学研究所（15 篇）和中国农业科学院（14 篇）。

表 24-2　农作物领域高被引论文 Top 10

序号	论文题名	第一作者	期刊名称	发表年份	被引频次/次	
					总频次	2019 年
1	我国油料产业形势分析与发展对策建议	王汉中	中国油料作物学报	2014	83	32
2	黄淮海夏玉米子粒机械收获研究初报	谢瑞芝	作物杂志	2014	82	23
3	种子萌发及其调控的研究进展	徐恒恒	作物学报	2014	76	25
4	黄柏的药理作用及其活性成分提取	陈阳峰	作物研究	2015	74	33

续表

序号	论文题名	第一作者	期刊名称	发表年份	被引频次/次	
					总频次	2019 年
5	特色植物辣木的应用价值及发展前景分析	刘子记	热带作物学报	2014	73	21
6	中国藜麦产业现状	任贵兴	作物杂志	2015	68	30
7	钵苗机插密度对不同类型水稻产量及光合物质生产特性的影响	朱聪聪	作物学报	2014	64	11
8	不同耕作方式对土壤物理性状及玉米产量的影响	孔晓民	玉米科学	2014	60	17
9	重要胡麻栽培品种的抗旱性综合评价及指标筛选	罗俊杰	作物学报	2014	58	19
10	实施密植高产机械化生产实现玉米高产高效协同	李少昆	作物杂志	2016	56	16

24.3 研究主题关联分析

在农作物领域，420 篇高被引论文共被引用了 8332 次。通过分析施引文献关键词的词频及关键词之间的共现关系，获得农作物领域的热点主题和主题关联，如图 24-1 所示。由图可知：“产量”“玉米”“主成分分析”“水稻”等关键词的文档词频较高，是农作物领域的研究热点；本领域主要形成 3 个研究主题簇，分别以“产量”“水分利用效率”为核心，以“水稻”“玉米”“棉纤维”为核心，以“农艺性状”“主成分分析”为核心。

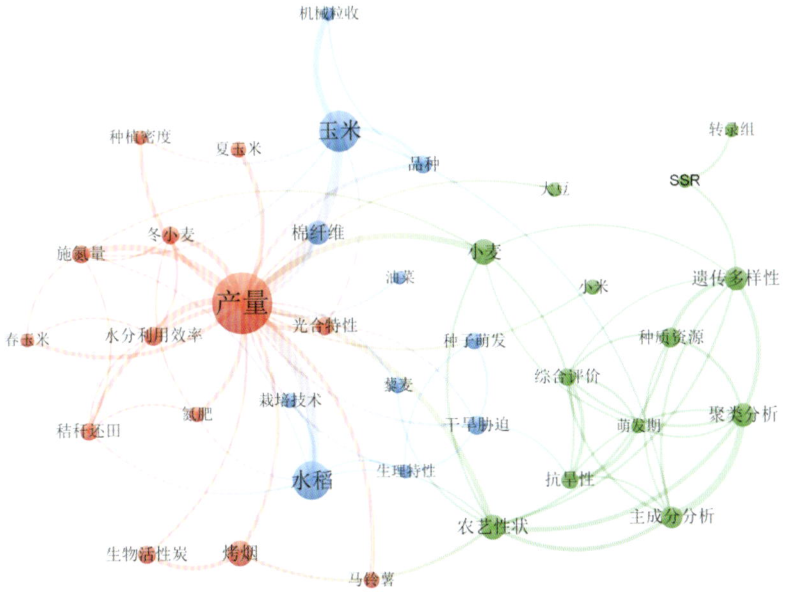

图 24-1 农作物领域热点论文主题关联

24.4 高影响力期刊分析

在农作物领域，5 年影响因子 Top 10 期刊见表 24-3，总被引频次最高的期刊是《核农学报》（7256 次），5 年影响因子最高的期刊是《作物学报》。

表 24-3 农作物领域高被引期刊基本指标

序号	期刊名称	5 年载文量/篇	总被引频次/次	5 年影响因子	高被引论文数量/篇	h 指数
1	作物学报	1113	5911	1.611	84	27
2	植物遗传资源学报	849	3932	1.530	39	20
3	核农学报	1535	7256	1.493	61	20
4	中国水稻科学	401	1638	1.342	18	16
5	茶叶科学	453	1788	1.294	13	17
6	中国烟草科学	571	2291	1.238	18	16
7	作物杂志	968	3325	1.193	19	16
8	中国油料作物学报	629	2161	1.189	10	14
9	棉花学报	377	1385	1.138	9	12
10	中国烟草学报	641	2059	1.061	15	15

24.5 高被引作者分析

2014—2018 年论文总被引频次 Top 10 的作者见表 24-4。其中，发文总被引频次居前 3 位的作者分别是中国农业科学院油料作物研究所的王汉中（83 次）、中国农业科学院作物科学研究所的谢瑞芝（82 次）和中国热带农业科学院热带作物品种资源研究所的刘子记（80 次）。5 年发文量居前 3 位的作者分别是军事医学科学院长春离职干部休养所的郭文场（51 篇）、山东省贵和律师事务所的武合讲（39 篇）和中国农业科学院特产研究所的周淑荣（38 篇）。

表 24-4 农作物领域高被引作者 Top 10

序号	作者	作者单位	发文量/篇	总被引频次/次	篇均被引频次/次	被引率/%	h 指数
1	王汉中	中国农业科学院油料作物研究所	1	83	83.00	100.0	1
2	谢瑞芝	中国农业科学院作物科学研究所	1	82	82.00	100.0	1
3	刘子记	中国热带农业科学院热带作物品种资源研究所	6	80	13.33	66.7	2
4	王兰芬	中国农业科学院作物科学研究所	4	79	19.75	100.0	4

续表

序号	作者	作者单位	发文量/篇	总被引频次/次	篇均被引频次/次	被引率/%	h 指数
5	方向前	吉林省农业科学院	7	77	11.00	85.7	3
6	徐恒恒	中国科学院植物研究所	1	76	76.00	100.0	1
7	罗俊杰	甘肃省农业科学院	2	75	37.50	100.0	2
8	施河丽	湖北省烟草公司恩施州公司	5	74	14.80	100.0	4
9	陈阳峰	湖南农业大学	1	74	74.00	100.0	1
10	喻树迅	中国农业科学院棉花研究所	4	72	18.00	100.0	3

24.6　高被引机构分析

农作物领域总被引频次 Top 20 高等院校和总被引频次 Top 10 科研院所的发文和被引情况分别见表 24-5 和表 24-6。

表 24-5　农作物领域高被引高等院校 Top 20

序号	第一作者单位	发文量/篇	总被引频次/次	篇均被引频次/次	序号	第一作者单位	发文量/篇	总被引频次/次	篇均被引频次/次
1	湖南农业大学	797	2333	2.93	11	沈阳农业大学	257	900	3.50
2	扬州大学	324	1522	4.70	12	甘肃农业大学	177	851	4.81
3	河南农业大学	377	1412	3.75	13	中国农业大学	212	685	3.23
4	东北农业大学	465	1278	2.75	14	华中农业大学	175	651	3.72
5	南京农业大学	392	1264	3.22	15	河北农业大学	224	640	2.86
6	福建农林大学	457	1194	2.61	16	石河子大学	165	589	3.57
7	四川农业大学	297	1160	3.91	17	浙江大学	169	548	3.24
8	西北农林科技大学	368	1152	3.13	18	新疆农业大学	168	532	3.17
9	海南大学	518	988	1.91	19	内蒙古农业大学	203	529	2.61
10	山东农业大学	189	920	4.87	20	云南农业大学	213	510	2.39

表 24-6 农作物领域高被引科研院所 Top 10

序号	第一作者单位	发文量/篇	总被引频次/次	篇均被引频次/次	序号	第一作者单位	发文量/篇	总被引频次/次	篇均被引频次/次
1	中国农业科学院作物科学研究所	268	1371	5.12	6	中国农业科学院油料作物研究所	207	607	2.93
2	中国农业科学院棉花研究所	321	876	2.73	7	中国水稻研究所	180	586	3.26
3	中国农业科学院烟草研究所	199	771	3.87	8	吉林省农业科学院	197	567	2.88
4	中国农业科学院	285	751	2.64	9	中国农业科学院茶叶研究所	101	538	5.33
5	江苏省农业科学院	203	618	3.04	10	广东省农业科学院	190	513	2.70

24.7 高被引国外期刊

农作物领域 2019 年被引频次 Top 10 的国外期刊见表 24-7，排名居前 3 位的国外期刊分别是 *Frontiers in plant science*、*PLOS ONE* 和 *Scientific Reports*。

表 24-7 农作物领域高被引国外期刊 Top 10

序号	期刊名称	2019 年被引频次/次
1	Frontiers in Plant Science	630
2	PLOS ONE	572
3	Scientific Reports	383
4	Journal of Experimental Botany	279
5	Plant Physiology	254
6	Field Crops Research	212
7	BMC Plant Biology	209
8	BMC Genetics	208
9	Food Chemistry	186
10	Theoretical and Applied Genetics	183

第 25 章　园艺学领域高被引分析

25.1　领域论文概况

2014—2018 年，园艺学领域的 36 种期刊上共发表学术论文 68937 篇，由来自 18156 所机构的 47506 位学者作为第一作者发表。上述论文中，有 30643 篇获得过引用，整体被引率为 44.5%，总被引频次为 80351 次，篇均被引 1.17 次；其中，高被引论文有 663 篇，高被引论文篇均被引 16.70 次（表 25-1）。另外，2019 年本领域共发表论文 13154 篇，其中有 1212 篇在当年获得过引用，总共被引 1693 次。

表 25-1　园艺学领域论文分布情况

年份	论文数量/篇	总被引频次/次	被引率/%	高被引论文数量/篇	高被引论文被引频次/次
2014	13475	21720	51.3	134	3209
2015	13634	19692	48.9	127	2802
2016	13888	17359	46.9	145	2490
2017	13871	13722	44.1	127	1558
2018	14069	7858	31.5	130	1011
合计	68937	80351	44.5	663	11070

25.2　高被引论文分析

在园艺学领域，2014—2018 年发表的总被引频次 Top 10 论文（表 25-2）的平均被引频次为 68.4 次，是全部 663 篇高被引论文篇均被引频次的 4.10 倍。从论文分布来看，刊载高被引论文数量居前 3 位的期刊分别是《现代园艺》（304 篇）、《园艺学报》（78 篇）和《果树学报》（72 篇），其中，《现代园艺》刊载了高被引论文 Top 10 中的 5 篇；发表高被引论文数量居前 3 位的学者分别是山东农业大学的陈学森（4 篇）、西北农林科技大学的刘杜玲（2 篇）和河北农业大学的刘孟军（2 篇）；产出高被引论文数量居前 3 位的机构分别是山东农业大学（21 篇）、中国农业科学院郑州果树研究所（16 篇）和南京农业大学（13 篇）。

表 25-2　园艺学领域高被引论文 Top 10

序号	论文题名	第一作者	期刊名称	发表年份	被引频次/次	
					总频次	2019 年
1	城市园林绿化养护管理存在问题及对策	蔡力伟	园艺与种苗	2014	102	10
2	园林施工中节能型技术的应用探析	王宗兴	现代园艺	2014	75	2
3	马铃薯营养综述	曾凡逵	中国马铃薯	2015	74	25
4	刺梨转录组SSR信息分析及其分子标记开发	鄢秀芹	园艺学报	2015	74	18

续表

序号	论文题名	第一作者	期刊名称	发表年份	被引频次/次	
					总频次	2019 年
5	南方红豆杉转录组SSR挖掘及分子标记的研究	李炎林	园艺学报	2014	69	15
6	新世纪中国马铃薯产业发展现状及存在问题	杨帅	中国马铃薯	2014	62	12
7	刍议园林工程中园林施工新工艺的应用	张露	现代园艺	2014	60	0
8	低碳理念在城市园林植物景观设计中的应用探讨	苏志国	现代园艺	2015	58	5
9	园林植物配置在园林绿化中的应用分析	薛强	现代园艺	2016	55	8
10	人性化理念在风景园林设计中的应用	邓梅芬	现代园艺	2015	55	3

25.3　研究主题关联分析

在园艺学领域，663 篇高被引论文共被引用了 11070 次。通过分析施引文献关键词的词频及关键词之间的共现关系，获得园艺学领域的热点主题和主题关联，如图 25-1 所示。由图可知：“园林工程”“园林绿化”“风景园林”“转录组”等关键词的文档词频较高，是园艺学领域的研究热点；本领域主要形成 3 个研究主题簇，分别以“园林工程”“园林绿化”为核心，以“风景园林”“园林景观”“园林设计”为核心，以“转录组”“产量”“果实品质”为核心。

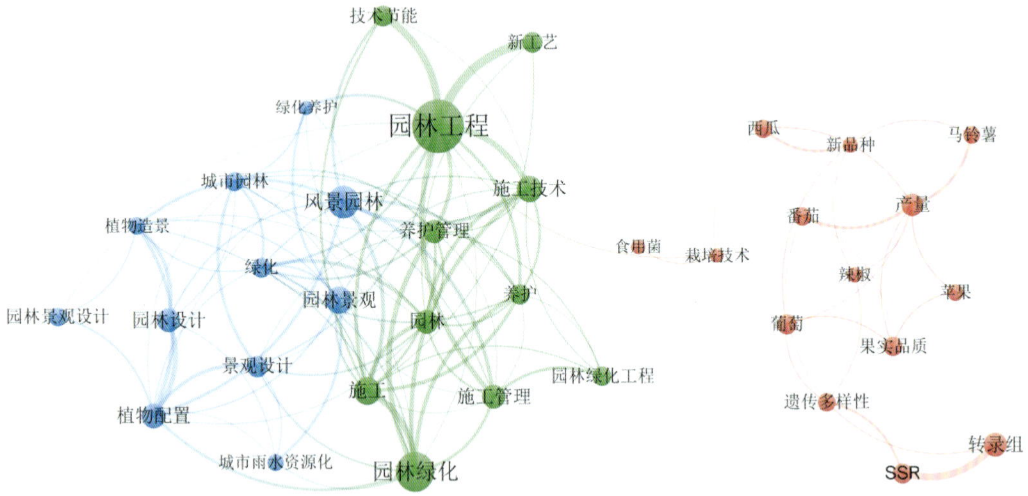

图 25-1　园艺学领域热点论文主题关联

25.4　高影响力期刊分析

在园艺学领域，5 年影响因子 Top 10 期刊见表 25-3，总被引频次最高的期刊是《现代园艺》（23785 次），5 年影响因子最高的期刊是《果树学报》。

表 25-3　园艺学领域高被引期刊基本指标

序号	期刊名称	5 年载文量/篇	总被引频次/次	5 年影响因子	高被引论文数量/篇	h 指数
1	果树学报	984	4071	1.360	72	18
2	园艺学报	1573	5690	1.111	78	21
3	中国马铃薯	450	1150	0.813	9	12
4	食用菌学报	357	760	0.796	6	10
5	花生学报	268	622	0.728	4	9
6	中国食用菌	707	1278	0.706	11	11
7	中国果树	870	1670	0.706	10	11
8	中国瓜菜	1065	1781	0.659	13	11
9	中国南方果树	1364	2473	0.636	9	12
10	北方园艺	6029	10831	0.595	42	17

25.5　高被引作者分析

2014—2018 年论文总被引频次 Top 10 的作者见表 25-4。其中，发文总被引频次居前 3 位的作者分别是甘肃省静宁县林业局的王田利（118 次）、北京市通州区西海子公园管理处的蔡力伟（102 次）和中国农业科学院郑州果树研究所的刘文革（80 次）。5 年发文量居前 3 位的作者分别是甘肃省静宁县林业局的王田利（155 篇）、《长江蔬菜》杂志社的山娜（56 篇）和北京市新发地农产品股份有限公司的张玉玺（51 篇）。

表 25-4　园艺学领域高被引作者 Top 10

序号	作者	作者单位	发文量/篇	总被引频次/次	篇均被引频次/次	被引率/%	h 指数
1	王田利	甘肃省静宁县林业局	155	118	0.76	33.5	5
2	蔡力伟	北京市通州区西海子公园管理处	1	102	102.00	100.0	1
3	刘文革	中国农业科学院郑州果树研究所	6	80	13.33	100.0	4
4	曾凡逵	中国科学院兰州化学物理研究所	3	80	26.67	66.7	2
5	陈学森	山东农业大学	7	75	10.71	100.0	6

续表

序号	作者	作者单位	发文量/篇	总被引频次/次	篇均被引频次/次	被引率/%	h 指数
6	刘孟军	河北农业大学	5	75	15.00	100.0	4
7	王宗兴	天津市环投绿化工程有限公司	1	75	75.00	100.0	1
8	鄢秀芹	贵州大学	1	74	74.00	100.0	1
9	张玉玺	北京市新发地农产品股份有限公司	51	72	1.41	84.3	3
10	杨帅	黑龙江省农业科学院	2	71	35.50	100.0	2

25.6 高被引机构分析

园艺学领域总被引频次 Top 20 高等院校和总被引频次 Top 10 科研院所的发文和被引情况分别见表 25-5 和表 25-6。

表 25-5 园艺学领域高被引高等院校 Top 20

序号	第一作者单位	发文量/篇	总被引频次/次	篇均被引频次/次	序号	第一作者单位	发文量/篇	总被引频次/次	篇均被引频次/次
1	西北农林科技大学	522	1159	2.22	11	福建农林大学	240	429	1.79
2	山东农业大学	302	1136	3.76	12	新疆农业大学	213	425	2.00
3	河北农业大学	531	978	1.84	13	湖南农业大学	193	421	2.18
4	西南大学	293	714	2.44	14	青岛农业大学	184	364	1.98
5	南京农业大学	205	707	3.45	15	沈阳农业大学	201	360	1.79
6	中国农业大学	220	603	2.74	16	贵州大学	99	312	3.15
7	吉林农业大学	261	508	1.95	17	华南农业大学	186	310	1.67
8	宁夏大学	203	451	2.22	18	浙江大学	108	310	2.87
9	华中农业大学	186	442	2.38	19	内蒙古农业大学	179	303	1.69
10	东北农业大学	232	434	1.87	20	河南农业大学	120	294	2.45

表 25-6　园艺学领域高被引科研院所 Top 10

序号	第一作者单位	发文量/篇	总被引频次/次	篇均被引频次/次	序号	第一作者单位	发文量/篇	总被引频次/次	篇均被引频次/次
1	中国农业科学院果树研究所	254	857	3.37	6	山东省果树研究所	296	395	1.33
2	中国农业科学院郑州果树研究所	257	795	3.09	7	山西省农业科学院	242	379	1.57
3	中国农业科学院蔬菜花卉研究所	214	629	2.94	8	广西农业科学院	216	378	1.75
4	福建省农业科学院	311	500	1.61	9	中国农业科学院	138	363	2.63
5	北京市农林科学院	220	486	2.21	10	江苏省农业科学院	152	342	2.25

25.7　高被引国外期刊

园艺学领域 2019 年被引频次 Top 10 的国外期刊见表 25-7，排名居前 3 位的国外期刊分别是 *Frontiers in Plant Science*、*PLOS ONE* 和 *Scientia Horticulturae*。

表 25-7　园艺学领域高被引国外期刊 Top 10

序号	期刊名称	2019 年被引频次/次
1	Frontiers in Plant Science	195
2	PLOS ONE	177
3	Scientia Horticulturae	161
4	Food Chemistry	110
5	Scientific Reports	103
6	Plant Physiology	97
7	Journal of Experimental Botany	88
8	Postharvest Biology and Technology	71
9	BMC Plant Biology	66
10	BMC Genetics	64

第 26 章　林业领域高被引分析

26.1　领域论文概况

2014—2018 年，林业领域的 68 种期刊上共发表学术论文 64499 篇，由来自 12930 所机构的 44327 位学者作为第一作者发表。上述论文中，有 33254 篇获得过引用，整体被引率为 51.6%，总被引频次为 95983 次，篇均被引 1.49 次；其中，高被引论文有 630 篇，高被引论文篇均被引 17.66 次（表 26-1）。另外，2019 年本领域共发表论文 12576 篇，其中有 1135 篇在当年获得过引用，总共被引 1473 次。

表 26-1　林业领域论文分布情况

年份	论文数量/篇	总被引频次/次	被引率/%	高被引论文数量/篇	高被引论文被引频次/次
2014	13175	27015	58.7	126	3242
2015	12853	24580	57.6	127	3011
2016	12999	20462	54.3	145	2586
2017	12677	15686	51.1	110	1344
2018	12795	8240	35.8	122	940
合计	64499	95983	51.6	630	11123

26.2　高被引论文分析

在林业领域，2014—2018 年发表的总被引频次 Top 10 论文（表 26-2）的平均被引频次为 70.7 次，是全部 630 篇高被引论文篇均被引频次的 4.00 倍。从论文分布来看，刊载高被引论文数量居前 3 位的期刊分别是《绿色科技》（84 篇）、《林业科学》（76 篇）和《中南林业科技大学学报》（75 篇），其中，《世界林业研究》刊载了高被引论文 Top 10 中的 3 篇；发表高被引论文数量居前 3 位的学者分别是沙县林业局的洪宜聪（4 篇）、福建省明溪县林业局的欧建德（4 篇）和中国林业科学研究院亚热带林业研究所的楚秀丽（3 篇）；产出高被引论文数量居前 3 位的机构分别是南京林业大学（50 篇）、北京林业大学（41 篇）和东北林业大学（39 篇）。

表 26-2　林业领域高被引论文 Top 10

序号	论文题名	第一作者	期刊名称	发表年份	被引频次/次	
					总频次	2019 年
1	沈阳地区水资源短缺原因分析及对策研究	徐飞	水资源开发与管理	2015	109	19
2	藜麦特性及开发利用研究进展	王晨静	浙江农林大学学报	2014	97	28
3	我国油用牡丹开发利用现状及产业化发展对策	周琳	世界林业研究	2014	77	16

续表

序号	论文题名	第一作者	期刊名称	发表年份	被引频次/次	
					总频次	2019 年
4	浅析园林绿化施工与养护管理	朱玉峰	绿色科技	2014	68	4
5	我国竹材加工产业现状与对策分析	李延军	林业工程学报	2016	67	28
6	市政给排水设计中常见的问题与对策探究	徐鹏飞	林业科技情报	2016	67	6
7	森林康养的理论研究与实践	邓三龙	世界林业研究	2016	66	37
8	市政园林绿化工程质量管理与控制研究	张成传	绿色科技	2015	54	4
9	海绵城市理论在道路绿化景观设计中的应用	周延伟	河北林业科技	2015	52	8
10	植物扦插生根机理研究进展	李焕勇	世界林业研究	2014	50	11

26.3　研究主题关联分析

在林业领域，630 篇高被引论文共被引用了 11123 次。通过分析施引文献关键词的词频及关键词之间的共现关系，获得林业领域的热点主题和主题关联，如图 26-1 所示。由图可知：“油茶”“杉木”“森林康养”“光合特性”等关键词的文档词频较高，是林业领域的研究热点；本领域主要形成 3 个研究主题簇，分别以“油茶”“杉木”“菌体量”为核心，以“光合特性”“干旱胁迫”为核心，以“森林康养”“林下经济”为核心。

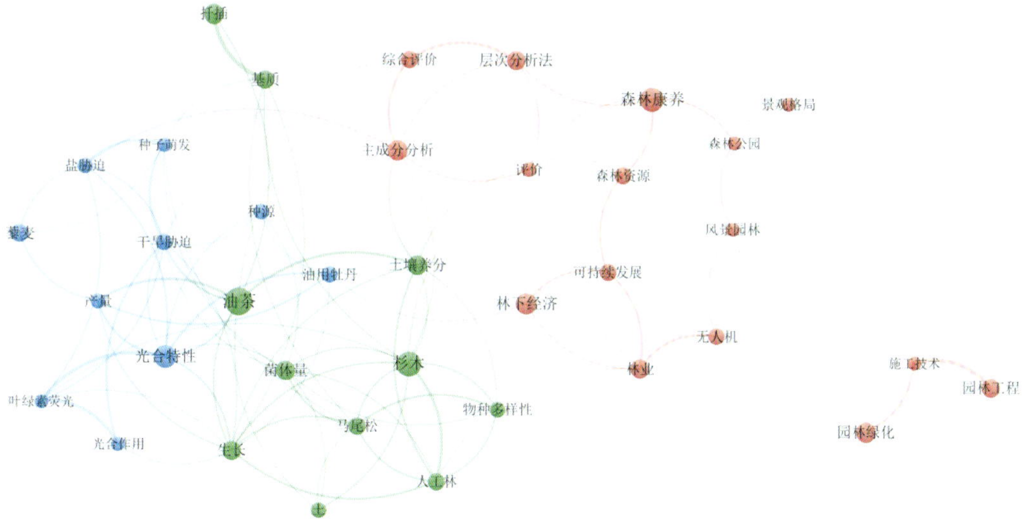

图 26-1　林业领域热点论文主题关联

26.4　高影响力期刊分析

在林业领域，5 年影响因子 Top 10 期刊见表 26-3，总被引频次最高的期刊是《绿色科技》（11645 次），5 年影响因子最高的期刊是《林业科学》。

表 26-3　林业领域高被引期刊基本指标

序号	期刊名称	5 年载文量/篇	总被引频次/次	5 年影响因子	高被引论文数量/篇	h 指数
1	林业科学	1279	5402	1.405	76	23
2	北京林业大学学报	896	3222	1.311	35	17
3	中南林业科技大学学报	1462	6280	1.278	75	20
4	世界林业研究	527	1702	1.269	24	14
5	林业科学研究	705	2335	1.254	16	14
6	经济林研究	668	2788	1.214	32	17
7	西北林学院学报	1548	5392	1.161	34	17
8	森林与环境学报	382	1245	1.123	13	12
9	南京林业大学学报（自然科学版）	1003	3236	1.020	26	15
10	浙江农林大学学报	742	2170	0.996	13	13

26.5　高被引作者分析

2014—2018 年论文总被引频次 Top 10 的作者见表 26-4。其中，发文总被引频次居前 3 位的作者分别是福建省明溪县林业局的欧建德（177 次）、甘肃省林业科学研究院的王俊杰（151 次）和辽宁省沈阳市水文局的徐飞（109 次）。5 年发文量居前 3 位的作者分别是广西林业信息宣传中心的熊晓庆（38 篇）、甘肃省林业科学研究院的王俊杰（35 篇）和南宁九三工学院的陆小鸿（35 篇）。

表 26-4　林业领域高被引作者 Top 10

序号	作者	作者单位	发文量/篇	总被引频次/次	篇均被引频次/次	被引率/%	h 指数
1	欧建德	福建省明溪县林业局	24	177	7.38	91.7	9
2	王俊杰	甘肃省林业科学研究院	35	151	4.31	74.3	6
3	徐飞	辽宁省沈阳市水文局	1	109	109.00	100.0	1
4	王晨静	浙江农林大学	1	97	97.00	100.0	1
5	洪宜聪	沙县林业局	10	94	9.40	100.0	6
6	曹小玉	中南林业科技大学	10	83	8.30	90.0	5
7	周琳	中国林业科学研究院林业研究所	1	77	77.00	100.0	1

续表

序号	作者	作者单位	发文量/篇	总被引频次/次	篇均被引频次/次	被引率/%	h 指数
8	曾伟生	国家林业局调查规划设计院	12	75	6.25	83.3	6
9	张振	东北林业大学	3	74	24.67	100.0	3
10	楚秀丽	中国林业科学研究院亚热带林业研究所	4	73	18.25	100.0	4

26.6　高被引机构分析

林业领域总被引频次 Top 20 高等院校和总被引频次 Top 10 科研院所的发文和被引情况分别见表 26-5 和表 26-6。

表 26-5　林业领域高被引高等院校 Top 20

序号	第一作者单位	发文量/篇	总被引频次/次	篇均被引频次/次	序号	第一作者单位	发文量/篇	总被引频次/次	篇均被引频次/次
1	东北林业大学	2176	5516	2.53	11	河北农业大学	227	481	2.12
2	北京林业大学	1601	4948	3.09	12	内蒙古农业大学	284	441	1.55
3	南京林业大学	1554	4578	2.95	13	贵州大学	207	428	2.07
4	中南林业科技大学	956	3551	3.71	14	广西大学	183	390	2.13
5	西南林业大学	1141	2301	2.02	15	新疆农业大学	155	374	2.41
6	浙江农林大学	735	2055	2.80	16	同济大学	112	346	3.09
7	西北农林科技大学	582	1737	2.98	17	沈阳农业大学	109	297	2.72
8	福建农林大学	629	1611	2.56	18	四川农业大学	124	289	2.33
9	华南农业大学	343	1046	3.05	19	山东农业大学	125	241	1.93
10	江西农业大学	164	555	3.38	20	海南大学	104	240	2.31

表 26-6　林业领域高被引科研院所 Top 10

序号	第一作者单位	发文量/篇	总被引频次/次	篇均被引频次/次	序号	第一作者单位	发文量/篇	总被引频次/次	篇均被引频次/次
1	广西壮族自治区林业科学研究院	535	1221	2.28	3	中国林业科学研究院林业研究所	215	952	4.43
2	中国林业科学研究院	476	1087	2.28	4	黑龙江省林业设计研究院	338	720	2.13

续表

序号	第一作者单位	发文量/篇	总被引频次/次	篇均被引频次/次	序号	第一作者单位	发文量/篇	总被引频次/次	篇均被引频次/次
5	中国林业科学研究院亚热带林业研究所	172	713	4.15	8	中国林业科学研究院热带林业研究所	142	529	3.73
6	湖南省林业科学院	251	588	2.34	9	中国林业科学研究院森林生态环境与保护研究所	101	498	4.93
7	国家林业局调查规划设计院	177	536	3.03	10	云南省林业科学院	256	426	1.66

26.7 高被引国外期刊

林业领域2019年被引频次Top 10的国外期刊见表26-7，排名居前3位的国外期刊分别是*PLOS ONE*、*Forest Ecology and Management*和*Scientific Reports*。

表26-7 林业领域高被引国外期刊Top 10

序号	期刊名称	2019年被引频次/次
1	PLOS ONE	256
2	Forest Ecology and Management	234
3	Scientific Reports	131
4	Forests	118
5	Science of the Total Environment	113
6	Frontiers in Plant Science	103
7	Remote Sensing	101
8	BioResources	75
9	New Phytologist	68
10	Plant and Soil	55

第 27 章　畜牧兽医领域高被引分析

27.1　领域论文概况

2014—2018 年，畜牧兽医领域的 104 种期刊上共发表学术论文 215130 篇，由来自 35294 所机构的 112664 位学者作为第一作者发表。上述论文中，有 75224 篇获得过引用，整体被引率为 35.0%，总被引频次为 183071 次，篇均被引 0.85 次；其中，高被引论文有 2145 篇，高被引论文篇均被引 13.29 次（表 27-1）。另外，2019 年本领域共发表论文 38774 篇，其中有 2768 篇在当年获得过引用，总共被引 3475 次。

表 27-1　畜牧兽医领域论文分布情况

年份	论文数量/篇	总被引频次/次	被引率/%	高被引论文数量/篇	高被引论文被引频次/次
2014	41434	47231	38.1	412	7927
2015	41019	44709	39.3	380	6846
2016	44779	39788	36.6	504	6496
2017	45201	34205	36.4	518	5015
2018	42697	17138	24.6	331	2231
合计	215130	183071	35.0	2145	28515

27.2　高被引论文分析

在畜牧兽医领域，2014—2018 年发表的总被引频次 Top 10 论文（表 27-2）的平均被引频次为 57.0 次，是全部 2145 篇高被引论文篇均被引频次的 4.29 倍。从论文分布来看，刊载高被引论文数量居前 3 位的期刊分别是《动物营养学报》（274 篇）、《草业学报》（256 篇）和《草业科学》（183 篇），其中，《动物营养学报》和《草业学报》分别刊载了高被引论文 Top 10 中的 3 篇；发表高被引论文数量居前 3 位的学者分别是江苏省如东县蚕桑指导站的韩益飞（6 篇）、中国动物卫生与流行病学中心的张志（4 篇）和湖北博大生物股份有限公司的张吉鹍（4 篇）；产出高被引论文数量居前 3 位的机构分别是甘肃农业大学（90 篇）、中国农业大学（57 篇）和兰州大学（53 篇）。

表 27-2　畜牧兽医领域高被引论文 Top 10

序号	论文题名	第一作者	期刊名称	发表年份	被引频次/次	
					总频次	2019 年
1	抗菌肽的研究进展及其应用	李冠楠	动物营养学报	2014	83	16
2	植物多糖的免疫调节作用及其机制研究进展	尚庆辉	动物营养学报	2015	61	11
3	干旱胁迫及复水对玉簪生长和光合作用的影响	张金政	草业学报	2014	58	14
4	我国首例非洲猪瘟的确诊	王清华	中国动物检疫	2018	56	44

续表

序号	论文题名	第一作者	期刊名称	发表年份	被引频次/次	
					总频次	2019 年
5	猪伪狂犬病病毒变异株的分离鉴定及其gE基因的分子特征	赵鸿远	中国预防兽医学报	2014	56	6
6	我国的食源性寄生虫病及其相关研究进展	刘明远	中国兽医学报	2014	55	8
7	猪伪狂犬病流行病学特征、净化技术及其应用示范	何启盖	中国畜牧杂志	2015	53	12
8	饲料中添加枯草芽孢杆菌对吉富罗非鱼幼鱼生长性能、免疫力和抗氧化功能的影响	程远	动物营养学报	2014	52	10
9	高等植物适应盐逆境研究进展	张金林	草业学报	2015	49	13
10	三江源区不同退化演替阶段高寒草甸土壤酶活性和微生物群落结构的变化	胡雷	草业学报	2014	47	12

27.3 研究主题关联分析

在畜牧兽医领域，2145 篇高被引论文共被引用了 28515 次。通过分析施引文献关键词的词频及关键词之间的共现关系，获得畜牧兽医领域的热点主题和主题关联，如图 27-1 所示。由图可知：“生长性能”“生产性能”“断奶仔猪”“紫花苜蓿”“非洲猪瘟”等关键词的文档词频较高，是畜牧兽医领域的研究热点；本领域主要形成 3 个研究主题簇，分别以“生长性能”“断奶仔猪”“抗氧化性”为核心，以“非洲猪瘟”“猪流行性腹泻病毒”为核心，以“紫花苜蓿”“种子萌发”“营养成分”为核心。

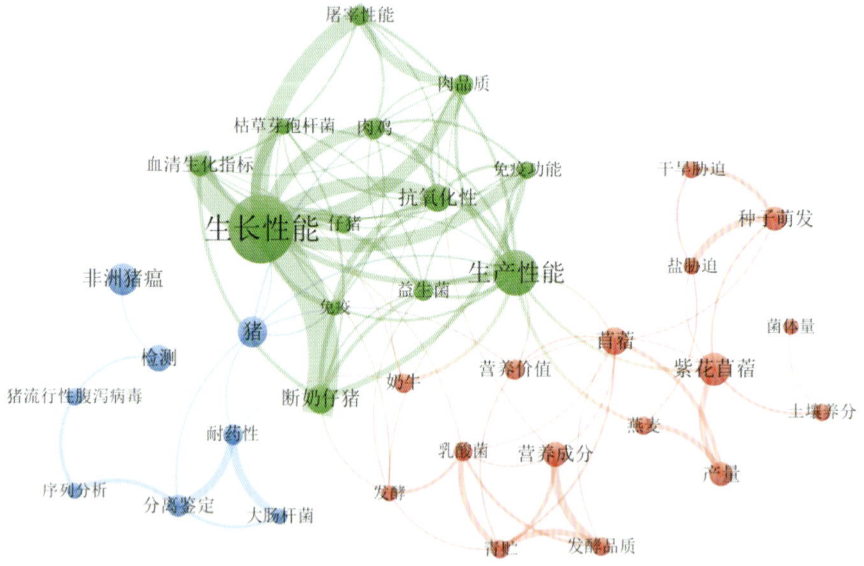

图 27-1 畜牧兽医领域热点论文主题关联

27.4　高影响力期刊分析

在畜牧兽医领域，5 年影响因子 Top 10 期刊见表 27-3，总被引频次最高的期刊是《动物营养学报》（10165 次），5 年影响因子最高的期刊是《草业学报》。

表 27-3　畜牧兽医领域高被引期刊基本指标

序号	期刊名称	5 年载文量/篇	总被引频次/次	5 年影响因子	高被引论文数量/篇	h 指数
1	草业学报	1412	8447	1.923	256	28
2	中国草地学报	565	2337	1.317	54	15
3	草地学报	1078	3568	1.304	75	15
4	草业科学	1652	6845	1.302	183	22
5	动物营养学报	2575	10165	1.279	274	24
6	中国畜牧兽医	2600	6962	0.817	123	18
7	畜牧兽医学报	1489	3492	0.810	53	15
8	中国兽医学报	2034	4633	0.731	74	17
9	中国畜牧杂志	2139	4704	0.697	68	17
10	家畜生态学报	1201	2511	0.692	26	12

27.5　高被引作者分析

2014—2018 年论文总被引频次 Top 10 的作者见表 27-4。其中，发文总被引频次居前 3 位的作者分别是江苏省如东县蚕桑指导站的韩益飞（200 次）、中国动物卫生与流行病学中心的张志（115 次）和山东绿都生物科技有限公司的于新友（99 次）。5 年发文量居前 3 位的作者分别是山西省阳城县畜牧兽医局的刘国信（220 篇）、国家统计局盐城调查队的虞华（202 篇）和河北省大名县畜牧水产局的李中习（119 篇）。

表 27-4　畜牧兽医领域高被引作者 Top 10

序号	作者	作者单位	发文量/篇	总被引频次/次	篇均被引频次/次	被引率/%	h 指数
1	韩益飞	江苏省如东县蚕桑指导站	30	200	6.67	93.3	8
2	张志	中国动物卫生与流行病学中心	16	115	7.19	93.8	7
3	于新友	山东绿都生物科技有限公司	92	99	1.08	47.8	5
4	杨汉春	中国农业大学	11	96	8.73	81.8	6
5	蒋文明	中国动物卫生与流行病学中心	20	92	4.60	85.0	6

续表

序号	作者	作者单位	发文量/篇	总被引频次/次	篇均被引频次/次	被引率/%	h 指数
6	张召兴	河北科技师范学院	13	85	6.54	92.3	5
7	李冠楠	西南大学	1	83	83.00	100.0	1
8	孙洪仁	中国农业大学	12	81	6.75	83.3	4
9	李胜利	中国农业大学	10	77	7.70	100.0	5
10	崔治中	山东农业大学	17	76	4.47	64.7	5

27.6 高被引机构分析

畜牧兽医领域总被引频次 Top 20 高等院校和总被引频次 Top 10 科研院所的发文和被引情况分别见表 27-5 和表 27-6。

表 27-5 畜牧兽医领域高被引高等院校 Top 20

序号	第一作者单位	发文量/篇	总被引频次/次	篇均被引频次/次	序号	第一作者单位	发文量/篇	总被引频次/次	篇均被引频次/次
1	甘肃农业大学	1279	3779	2.95	11	东北农业大学	1355	1820	1.34
2	中国农业大学	1419	3011	2.12	12	新疆农业大学	942	1784	1.89
3	内蒙古农业大学	1265	2656	2.10	13	南京农业大学	888	1774	2.00
4	兰州大学	574	2363	4.12	14	山东农业大学	833	1696	2.04
5	扬州大学	1216	2339	1.92	15	华南农业大学	966	1649	1.71
6	四川农业大学	732	2202	3.01	16	青岛农业大学	804	1539	1.91
7	西北农林科技大学	1119	2140	1.91	17	西南大学	570	1228	2.15
8	湖南农业大学	1252	2007	1.60	18	西南民族大学	450	1206	2.68
9	吉林农业大学	1323	1950	1.47	19	石河子大学	613	1167	1.90
10	河北农业大学	1213	1917	1.58	20	贵州大学	646	1161	1.80

表 27-6 畜牧兽医领域高被引科研院所 Top 10

序号	第一作者单位	发文量/篇	总被引频次/次	篇均被引频次/次	序号	第一作者单位	发文量/篇	总被引频次/次	篇均被引频次/次
1	中国农业科学院北京畜牧兽医研究所	510	1556	3.05	3	中国农业科学院	483	957	1.98
2	中国动物卫生与流行病学中心	311	1033	3.32	4	中国农业科学院饲料研究所	245	936	3.82

续表

序号	第一作者单位	发文量/篇	总被引频次/次	篇均被引频次/次	序号	第一作者单位	发文量/篇	总被引频次/次	篇均被引频次/次
5	中国农业科学院兰州畜牧与兽药研究所	380	868	2.28	8	中国农业科学院哈尔滨兽医研究所	320	587	1.83
6	广东省农业科学院	340	741	2.18	9	江苏省农业科学院	213	563	2.64
7	山东省农业科学院	354	595	1.68	10	中国农业科学院特产研究所	245	551	2.25

27.7　高被引国外期刊

畜牧兽医领域 2019 年被引频次 Top 10 的国外期刊见表 27-7，排名居前 3 位的国外期刊分别是 *PLOS ONE*、*Scientific Reports* 和 *Journal of Dairy Science*。

表 27-7　畜牧兽医领域高被引国外期刊 Top 10

序号	期刊名称	2019 年被引频次/次
1	PLOS ONE	1181
2	Scientific Reports	743
3	Journal of Dairy Science	631
4	Journal of Animal Science	494
5	Veterinary Microbiology	420
6	Poultry Science	352
7	Journal of Virology	302
8	Theriogenology	258
9	Archives of Virology	235
10	Frontiers in Microbiology	224

第 28 章　水产、渔业领域高被引分析

28.1　领域论文概况

2014—2018 年，水产、渔业领域的 30 种期刊上共发表学术论文 26854 篇，由来自 3653 所机构的 13963 位学者作为第一作者发表。上述论文中，有 9754 篇获得过引用，整体被引率为 36.3%，总被引频次为 28058 次，篇均被引 1.04 次；其中，高被引论文有 289 篇，高被引论文篇均被引 12.27 次（表 28-1）。另外，2019 年本领域共发表论文 4995 篇，其中有 229 篇在当年获得过引用，总共被引 276 次。

表 28-1　水产、渔业领域论文分布情况

年份	论文数量/篇	总被引频次/次	被引率/%	高被引论文数量/篇	高被引论文被引频次/次
2014	5522	8812	43.5	58	1136
2015	5467	7407	41.7	62	908
2016	5427	5817	39.2	55	736
2017	5379	4223	33.8	46	446
2018	5059	1799	22.2	68	320
合计	26854	28058	36.3	289	3546

28.2　高被引论文分析

在水产、渔业领域，2014—2018 年发表的总被引频次 Top 10 论文（表 28-2）的平均被引频次为 29.2 次，是全部 289 篇高被引论文篇均被引频次的 2.38 倍。从论文分布来看，刊载高被引论文数量居前 3 位的期刊分别是《水产学报》（59 篇）、《南方水产科学》（41 篇）和《中国水产科学》（35 篇），其中，《水产学报》刊载了高被引论文 Top 10 中的 7 篇；发表高被引论文数量居前 3 位的学者分别是大连海洋大学的曹善茂（3 篇）、上海海洋大学的何杰（3 篇）和中国水产科学研究院南海水产研究所的张俊（3 篇）；产出高被引论文数量居前 3 位的机构分别是中国水产科学研究院南海水产研究所（38 篇）、上海海洋大学（31 篇）和中国水产科学研究院黄海水产研究所（20 篇）。

表 28-2　水产、渔业领域高被引论文 Top 10

序号	论文题名	第一作者	期刊名称	发表年份	被引频次/次	
					总频次	2019 年
1	我国海洋牧场建设回顾与展望	杨红生	水产学报	2016	45	20
2	不同稻田综合种养模式的成本效益分析	李嘉尧	水产学报	2014	32	11
3	养殖鱼类脂肪肝成因及相关思考	杜震宇	水产学报	2014	32	7

续表

序号	论文题名	第一作者	期刊名称	发表年份	被引频次/次	
					总频次	2019 年
4	渭河流域浮游动物的群落结构及其与环境因子的关系	白海锋	大连海洋大学学报	2014	29	9
5	雨生红球藻和虾青素的研究	高桂玲	水产学报	2014	27	6
6	基于渔业声学和灯光罩网的南海中南部鸢乌贼资源评估	张俊	中国水产科学	2014	27	6
7	育肥时间对三疣梭子蟹卵巢发育和营养品质的影响	吴旭干	水产学报	2014	26	7
8	氨氮胁迫对奥尼罗非鱼非特异性免疫的影响	韩春艳	南方水产科学	2014	26	7
9	急性氨氮胁迫及毒后恢复对团头鲂幼鱼鳃、肝和肾组织结构的影响	张武肖	水产学报	2015	24	7
10	三角帆蚌紫色选育系1龄阶段内壳色及生长性状的遗传参数估计	王照旗	水产学报	2014	24	2

28.3　研究主题关联分析

在水产、渔业领域，289 篇高被引论文共被引用了 3546 次。通过分析施引文献关键词的词频及关键词之间的共现关系，获得水产、渔业领域的热点主题和主题关联，如图 28-1 所示。由图可知：“生长”“形态性状”“氨基酸”“群落结构”“罗非鱼”等关键词的文档词频较高，是水产、渔业领域的研究热点；本领域主要形成 5 个研究主题簇，以“形态性状”“通径分析”为核心，以“生长”“生长性能”“凡纳滨对虾”为核心，以“氨基酸”“营养成分”为核心，以“群落结构”“环境因子”为核心，以“罗非鱼”“嗜水气单胞菌”为核心。

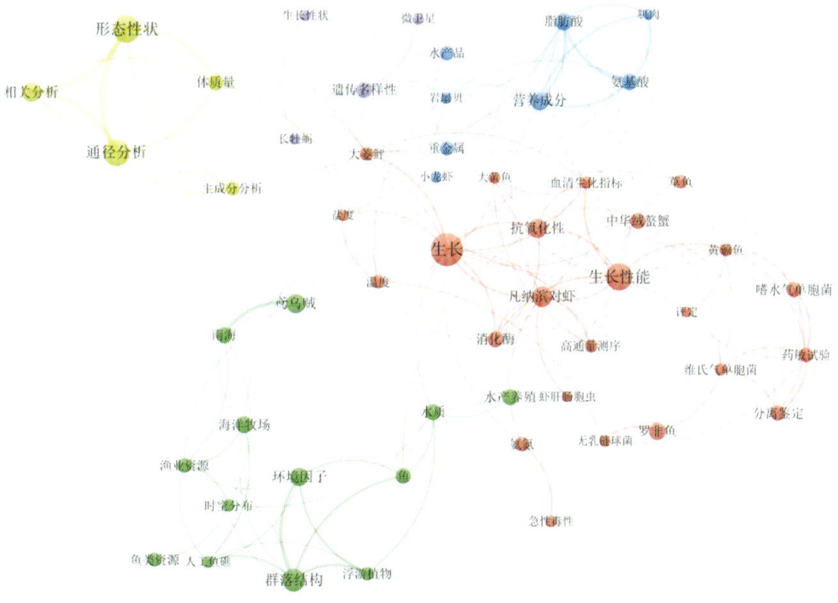

图28-1　水产、渔业领域热点论文主题关联

28.4　高影响力期刊分析

在水产、渔业领域，5 年影响因子 Top 10 期刊见表 28-3，总被引频次最高的期刊是《水产学报》（3567 次），5 年影响因子最高的期刊是《南方水产科学》。

表 28-3　水产、渔业领域高被引期刊基本指标

序号	期刊名称	5 年载文量/篇	总被引频次/次	5 年影响因子	高被引论文数量/篇	h 指数
1	南方水产科学	477	1811	1.191	41	15
2	水产学报	1039	3567	1.140	59	19
3	中国水产科学	715	2270	1.043	35	15
4	渔业科学进展	642	1619	0.974	15	11
5	大连海洋大学学报	609	1649	0.920	21	11
6	水生态学杂志	452	1107	0.883	10	10
7	海洋渔业	398	1136	0.882	8	11
8	水产科学	719	1647	0.829	19	12
9	上海海洋大学学报	621	1470	0.818	18	12
10	淡水渔业	570	1197	0.795	12	11

28.5　高被引作者分析

2014—2018 年论文总被引频次 Top 10 的作者见表 28-4。其中，发文总被引频次居前 3 位的作者分别是中国水产科学研究院南海水产研究所的张俊（77 次）、中国水产科学研究院南海水产研究所的吴燕燕（65 次）和中国水产科学研究院南海水产研究所的晏磊（57 次）。5 年发文量居前 3 位的作者分别是佛山市奇美兴贸易有限公司的韦震（84 篇）、华中农业大学的陈昌福（56 篇）和新乡市康大消毒剂有限公司的孟思妤（51 篇）。

表 28-4　水产、渔业领域高被引作者 Top 10

序号	作者	作者单位	发文量/篇	总被引频次/次	篇均被引频次/次	被引率/%	h 指数
1	张俊	中国水产科学研究院南海水产研究所	8	77	9.63	100.0	4
2	吴燕燕	中国水产科学研究院南海水产研究所	8	65	8.13	87.5	4
3	晏磊	中国水产科学研究院南海水产研究所	9	57	6.33	88.9	5
4	曹善茂	大连海洋大学	9	50	5.56	66.7	4
5	岳冬冬	中国水产科学研究院东海水产研究所	12	48	4.00	91.7	4

续表

序号	作者	作者单位	发文量/篇	总被引频次/次	篇均被引频次/次	被引率/%	h 指数
6	杨红生	中国科学院海洋研究所	1	45	45.00	100.0	1
7	张胜茂	中国水产科学研究院东海水产研究所	11	44	4.00	81.8	4
8	李建生	中国水产科学研究院东海水产研究所	11	42	3.82	81.8	5
9	施永海	上海市水产研究所	5	42	8.40	80.0	4
10	何杰	上海海洋大学	3	40	13.33	100.0	3

28.6 高被引机构分析

水产、渔业领域总被引频次 Top 20 高等院校和总被引频次 Top 10 科研院所的发文和被引情况分别见表 28-5 和表 28-6。

表 28-5 水产、渔业领域高被引高等院校 Top 20

序号	第一作者单位	发文量/篇	总被引频次/次	篇均被引频次/次	序号	第一作者单位	发文量/篇	总被引频次/次	篇均被引频次/次
1	上海海洋大学	1314	3141	2.39	11	天津农学院	109	215	1.97
2	大连海洋大学	637	1500	2.35	12	浙江海洋大学	262	182	0.69
3	中国海洋大学	392	1086	2.77	13	西南大学	125	179	1.43
4	广东海洋大学	540	943	1.75	14	琼州学院	93	174	1.87
5	华中农业大学	200	369	1.84	15	海南大学	100	167	1.67
6	浙江海洋学院	198	368	1.86	16	海南热带海洋学院	121	136	1.12
7	集美大学	112	257	2.29	17	贵州大学	49	117	2.39
8	南京农业大学无锡渔业学院	75	241	3.21	18	广西大学	48	116	2.42
9	河南师范大学	175	230	1.31	19	华东师范大学	15	115	7.67
10	宁波大学	91	217	2.38	20	湖南农业大学	66	103	1.56

表 28-6 水产、渔业领域高被引科研院所 Top 10

序号	第一作者单位	发文量/篇	总被引频次/次	篇均被引频次/次	序号	第一作者单位	发文量/篇	总被引频次/次	篇均被引频次/次
1	中国水产科学研究院南海水产研究所	431	1595	3.70	6	中国水产科学研究院长江水产研究所	138	335	2.43
2	中国水产科学研究院黄海水产研究所	431	1212	2.81	7	福建省水产研究所	130	294	2.26
3	中国水产科学研究院东海水产研究所	364	982	2.70	8	中国水产科学研究院淡水渔业研究中心	118	258	2.19
4	中国水产科学研究院珠江水产研究所	171	522	3.05	9	上海市水产研究所	104	243	2.34
5	中国水产科学研究院黑龙江水产研究所	218	415	1.90	10	山东省海洋资源与环境研究院	96	242	2.52

28.7 高被引国外期刊

水产、渔业领域 2019 年被引频次 Top 10 的国外期刊见表 28-7，排名居前 3 位的国外期刊分别是 *Aquaculture*、*Fish and Shellfish Immunology* 和 *PLOS ONE*。

表 28-7 水产、渔业领域高被引国外期刊 Top 10

序号	期刊名称	2019 年被引频次/次
1	Aquaculture	373
2	Fish and Shellfish Immunology	305
3	PLOS ONE	145
4	Aquaculture Research	118
5	Scientific Reports	113
6	Food Chemistry	73
7	Marine Pollution Bulletin	73
8	Fisheries Research	64
9	Aquaculture Nutirtion	51
10	BMC Genetics	50

第 29 章　工程技术总论领域高被引分析

29.1　领域论文概况

2014—2018 年，工程技术总论领域的 173 种期刊上共发表学术论文 431473 篇，由来自 72868 所机构的 343556 位学者作为第一作者发表。上述论文中，有 191180 篇获得过引用，整体被引率为 44.3%，总被引频次为 533470 次，篇均被引 1.24 次；其中，高被引论文有 4395 篇，高被引论文篇均被引 19.53 次（表 29-1）。另外，2019 年本领域共发表论文 61860 篇，其中有 5466 篇在当年获得过引用，总共被引 7728 次。

表 29-1　工程技术总论领域论文分布情况

年份	论文数量/篇	总被引频次/次	被引率/%	高被引论文数量/篇	高被引论文被引频次/次
2014	101924	166436	48.5	1011	31249
2015	93654	141606	49.0	896	23116
2016	89460	112060	46.6	876	15784
2017	83477	80697	42.3	809	10505
2018	62958	32671	30.0	803	5186
合计	431473	533470	44.3	4395	85840

29.2　高被引论文分析

在工程技术总论领域，2014—2018 年发表的总被引频次 Top 10 论文（表 29-2）的平均被引频次为 177.6 次，是全部 4395 篇高被引论文篇均被引频次的 9.09 倍。从论文分布来看，刊载高被引论文数量居前 3 位的期刊分别是《科学技术创新》（799 篇）、《科技风》（403 篇）和《通讯世界》（378 篇），其中，《民营科技》和《科技展望》分别刊载了高被引论文 Top 10 中的 2 篇；发表高被引论文数量居前 3 位的学者分别是四川大学的陈兴蜀（4 篇）、河南理工大学的王兆丰（3 篇）和黑龙江省嫩江县建设工程造价管理站的王巍（3 篇）；产出高被引论文数量居前 3 位的机构分别是同济大学（31 篇）、哈尔滨工业大学（24 篇）和北京工业大学（19 篇）。

表 29-2　工程技术总论领域高被引论文 Top 10

序号	论文题名	第一作者	期刊名称	发表年份	被引频次/次	
					总频次	2019 年
1	大数据技术研究综述	刘智慧	浙江大学学报（工学版）	2014	293	45
2	深度学习研究综述	尹宝才	北京工业大学学报	2015	195	63
3	建筑施工中防水防渗施工技术探析	臧丽薇	民营科技	2014	186	4
4	智能化技术在电气工程自动化控制中的具体应用探析	张雪	科技展望	2015	183	9

续表

序号	论文题名	第一作者	期刊名称	发表年份	被引频次/次	
					总频次	2019 年
5	大数据：概念、技术及应用研究综述	方巍	南京信息工程大学学报	2014	167	28
6	浅谈公路工程路基施工质量控制技术	宋红艳	中国科技信息	2014	167	3
7	道路桥梁沉降段路基路面的施工技术应用解析	陈蓉	科技展望	2015	155	4
8	绿色节能施工技术在房屋建筑工程中的应用	张万库	民营科技	2014	152	5
9	浅析计算机网络技术在电子信息工程中的实践	范习松	科技与创新	2014	140	9
10	对高层房屋建筑施工技术的分析与思考	张万库	黑龙江科技信息	2014	138	1

29.3　研究主题关联分析

在工程技术总论领域，4395 篇高被引论文共被引用了 85840 次。通过分析施引文献关键词的词频及关键词之间的共现关系，获得工程技术总论领域的热点主题和主题关联，如图 29-1 所示。由图可知："施工技术""建筑工程""高层建筑""电气工程"等关键词的文档词频较高，是工程技术总论领域的研究热点；本领域主要形成 4 个研究主题簇，分别以"建筑施工""高层建筑"为核心，以"建筑工程""土木工程"为核心，以"施工技术""质量控制"为核心，以"电气工程""自动化"为核心。

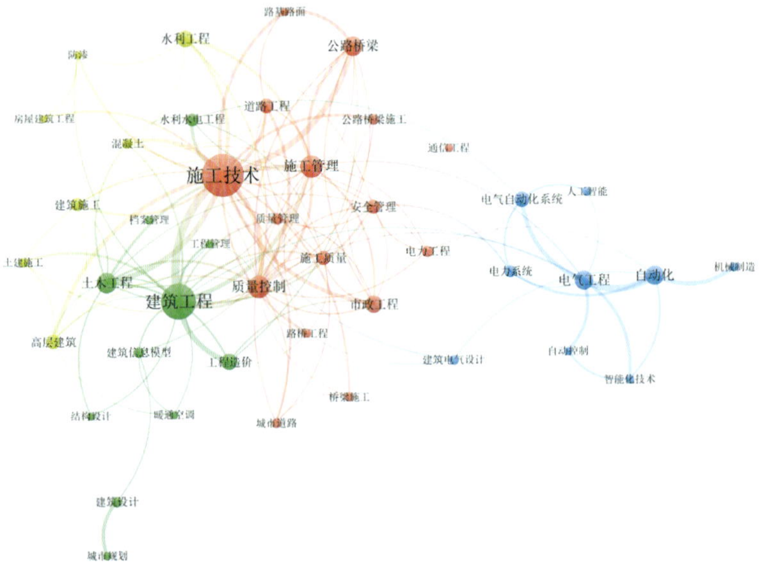

图 29-1　工程技术总论领域热点论文主题关联

29.4　高影响力期刊分析

在工程技术总论领域，5 年影响因子 Top 10 期刊见表 29-3，总被引频次最高的期刊是《科学技术创新》（64843 次），5 年影响因子最高的期刊是《沈阳工业大学学报》《工程科学与技术》。

表 29-3　工程技术总论领域高被引期刊基本指标

序号	期刊名称	5 年载文量/篇	总被引频次/次	5 年影响因子	高被引论文数量/篇	h 指数
1	沈阳工业大学学报	630	1482	0.830	9	11
2	工程科学与技术	933	2387	0.830	20	15
3	同济大学学报（自然科学版）	1462	3635	0.828	31	16
4	中南大学学报（自然科学版）	2682	6698	0.807	32	17
5	江苏大学学报（自然科学版）	625	1454	0.784	15	11
6	西安工程大学学报	739	1865	0.777	18	12
7	北京工业大学学报	1329	3001	0.770	28	15
8	哈尔滨工业大学学报	1587	3284	0.745	19	14
9	浙江大学学报（工学版）	1606	3728	0.745	12	13
10	工程科学学报	1201	2512	0.744	17	13

29.5　高被引作者分析

2014—2018 年论文总被引频次 Top 10 的作者见表 29-4。其中，发文总被引频次居前 3 位的作者分别是黑龙江城熹建筑工程有限公司的张万库（397 次）、浙江大学的刘智慧（293 次）和北京工业大学的尹宝才（195 次）。5 年发文量居前 3 位的作者分别是北方工业大学的王建省（37 篇）、同济大学的周炳海（27 篇）和辽宁工程技术大学的张向东（26 篇）。

表 29-4　工程技术总论领域高被引作者 Top 10

序号	作者	作者单位	发文量/篇	总被引频次/次	篇均被引频次/次	被引率/%	h 指数
1	张万库	黑龙江城熹建筑工程有限公司	3	397	132.33	100.0	3
2	刘智慧	浙江大学	1	293	293.00	100.0	1
3	尹宝才	北京工业大学	2	195	97.50	50.0	1
4	臧丽薇	黑龙江省农垦建工集团	1	186	186.00	100.0	1
5	张雪	特变电工沈阳变压器集团有限公司	1	183	183.00	100.0	1
6	方巍	南京信息工程大学	2	179	89.50	100.0	2

续表

序号	作者	作者单位	发文量/篇	总被引频次/次	篇均被引频次/次	被引率/%	h 指数
7	宋红艳	路港集团有限公司	1	167	167.00	100.0	1
8	陈蓉	南京西部路桥集团有限公司	1	155	155.00	100.0	1
9	李丰春	中油辽河工程有限公司	4	144	36.00	100.0	3
10	范习松	江苏德邦新华化工股份有限公司	1	140	140.00	100.0	1

29.6 高被引机构分析

工程技术总论领域总被引频次 Top 20 高等院校和总被引频次 Top 10 科研院所的发文和被引情况分别见表 29-5 和表 29-6。

表 29-5 工程技术总论领域高被引高等院校 Top 20

序号	第一作者单位	发文量/篇	总被引频次/次	篇均被引频次/次	序号	第一作者单位	发文量/篇	总被引频次/次	篇均被引频次/次
1	同济大学	2096	4591	2.19	11	哈尔滨工业大学	1166	2371	2.03
2	中南大学	1711	3622	2.12	12	武汉大学	1321	2207	1.67
3	浙江大学	1249	2949	2.36	13	长安大学	944	1880	1.99
4	北京科技大学	1340	2934	2.19	14	湖南大学	923	1829	1.98
5	吉林大学	1554	2712	1.75	15	华南理工大学	1150	1767	1.54
6	东北大学	1880	2666	1.42	16	中国海洋大学	1116	1709	1.53
7	北京工业大学	1252	2616	2.09	17	西安工程大学	815	1693	2.08
8	东南大学	1450	2592	1.79	18	合肥工业大学	1306	1678	1.28
9	天津大学	1577	2453	1.56	19	太原理工大学	1333	1618	1.21
10	清华大学	1191	2385	2.00	20	北京理工大学	1182	1591	1.35

表 29-6 工程技术总论领域高被引科研院所 Top 10

序号	第一作者单位	发文量/篇	总被引频次/次	篇均被引频次/次	序号	第一作者单位	发文量/篇	总被引频次/次	篇均被引频次/次
1	黑龙江省齐齐哈尔矿产勘查开发总院	209	600	2.87	3	上海飞机设计研究院	1032	343	0.33
2	中华人民共和国国家新闻出版广电总局	396	484	1.22	4	内蒙古克什克腾旗经棚镇中心完全小学	20	323	16.15

续表

序号	第一作者单位	发文量/篇	总被引频次/次	篇均被引频次/次	序号	第一作者单位	发文量/篇	总被引频次/次	篇均被引频次/次
5	黑龙江省杜尔伯特县城市管理行政执法局	47	280	5.96	8	山东省科学院	169	253	1.50
6	黑龙江省科学院	324	275	0.85	9	黑龙江省大庆高新技术产业开发区规划建筑设计院	93	253	2.72
7	内蒙古城市规划市政设计研究院	25	271	10.84	10	黑龙江省水利水电勘测设计研究院	82	253	3.09

29.7 高被引国外期刊

工程技术总论领域 2019 年被引频次 Top 10 的国外期刊见表 29-7，排名居前 3 位的国外期刊分别是 *Construction and Building Materials*、*Journal of Central South University* 和 *Applied Energy*。

表 29-7 工程技术总论领域高被引国外期刊 Top 10

序号	期刊名称	2019 年被引频次/次
1	Construction and Building Materials	398
2	Journal of Central South University	318
3	Applied Energy	308
4	RSC Advances	307
5	Energy	290
6	Chemical Engineering Journal	277
7	Neurocomputing	277
8	IEEE Transactions on Industrial Electronics	266
9	Engineering Structures	265
10	Scientific Reports	255

第 30 章　通用工业技术领域高被引分析

30.1　领域论文概况

2014—2018 年，通用工业技术领域的 105 种期刊上共发表学术论文 144280 篇，由来自 19287 所机构的 101524 位学者作为第一作者发表。上述论文中，有 54798 篇获得过引用，整体被引率为 38.0%，总被引频次为 143347 次，篇均被引 0.99 次；其中，高被引论文有 1380 篇，高被引论文篇均被引 14.25 次（表 30-1）。另外，2019 年本领域共发表论文 31990 篇，其中有 1834 篇在当年获得过引用，总共被引 2415 次。

表 30-1　通用工业技术领域论文分布情况

年份	论文数量/篇	总被引频次/次	被引率/%	高被引论文数量/篇	高被引论文被引频次/次
2014	24450	37366	47.5	227	5090
2015	24448	35154	47.3	232	4488
2016	29518	31857	41.5	269	4340
2017	33950	25933	35.3	296	3183
2018	31914	13037	23.2	356	2559
合计	144280	143347	38.0	1380	19660

30.2　高被引论文分析

在通用工业技术领域，2014—2018 年发表的总被引频次 Top 10 论文（表 30-2）的平均被引频次为 102.7 次，是全部 1380 篇高被引论文篇均被引频次的 7.21 倍。从论文分布来看，刊载高被引论文数量居前 3 位的期刊分别是《包装工程》（233 篇）、《信息记录材料》（179 篇）和《中国标准化》（140 篇），其中，《包装工程》刊载了高被引论文 Top 10 中的 4 篇；发表高被引论文数量居前 3 位的学者分别是中国人民解放军装备学院的罗小明（6 篇）、天津工业大学的王春红（3 篇）和西安建筑科技大学的尚建丽（3 篇）；产出高被引论文数量居前 3 位的机构分别是江南大学（16 篇）、北京科技大学（14 篇）和湖南大学（12 篇）。

表 30-2　通用工业技术领域高被引论文 Top 10

序号	论文题名	第一作者	期刊名称	发表年份	被引频次/次	
					总频次	2019 年
1	3D 打印技术研究现状和关键技术	张学军	材料工程	2016	195	70
2	建筑工程施工技术及其现场施工管理研究	唐雷	福建质量管理	2016	171	10
3	传统文化设计元素提取模型研究与应用	王伟伟	包装工程	2014	106	23

续表

序号	论文题名	第一作者	期刊名称	发表年份	被引频次/次	
					总频次	2019 年
4	试论中国传统文化元素在现代环境艺术设计中的运用	陈冲	包装世界	2014	95	10
5	城市智能交通系统的发展现状与趋势	陆化普	工程研究——跨学科视野中的工程	2014	91	16
6	复合材料在新一代大型民用飞机中的应用	马立敏	复合材料学报	2015	82	31
7	中国油用牡丹工程的战略思考	李育材	中国工程科学	2014	81	23
8	服务设计驱动下的模式创新	罗仕鉴	包装工程	2015	71	16
9	情感化设计中的记忆符号分析研究	周杨	包装工程	2014	70	12
10	大数据时代的大交互设计	覃京燕	包装工程	2015	65	14

30.3　研究主题关联分析

在通用工业技术领域，1380 篇高被引论文共被引用了 19660 次。通过分析施引文献关键词的词频及关键词之间的共现关系，获得通用工业技术领域的热点主题和主题关联，如图 30-1 所示。由图可知：“复合材料”“建筑工程”“力学性能”“产品设计”等关键词的文档词频较高，是通用工业技术领域的研究热点；本领域主要形成 3 个研究主题簇，分别以“建筑工程”“施工技术”为核心，以“复合材料”“力学性能”“3D 打印”为核心，以“产品设计”“包装设计”为核心。

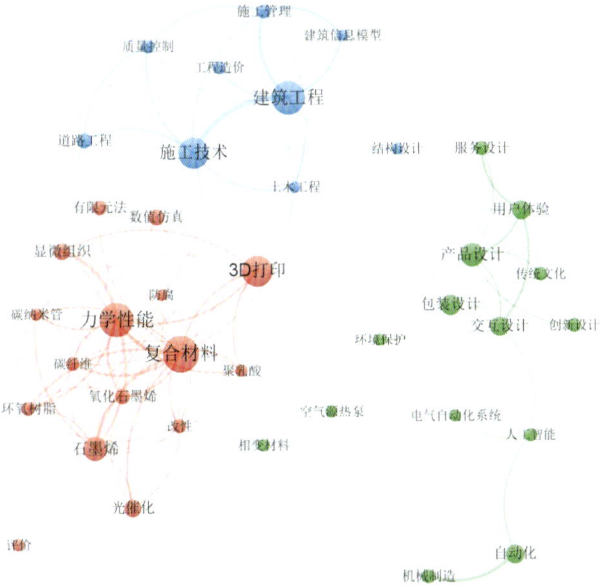

图 30-1　通用工业技术领域热点论文主题关联

30.4 高影响力期刊分析

在通用工业技术领域，5 年影响因子 Top 10 期刊见表 30-3，总被引频次最高的期刊是《包装工程》（13963 次），5 年影响因子最高的期刊是《中国工程科学》。

表 30-3 通用工业技术领域高被引期刊基本指标

序号	期刊名称	5 年载文量/篇	总被引频次/次	5 年影响因子	高被引论文数量/篇	h 指数
1	中国工程科学	746	2866	1.306	72	18
2	复合材料学报	1643	4889	1.066	71	19
3	材料工程	1155	3339	0.997	47	15
4	制冷学报	555	1658	0.957	24	14
5	中国科学（技术科学）	730	1947	0.882	33	15
6	兵工学报	1553	3882	0.821	37	14
7	包装工程	4969	13963	0.771	233	27
8	应用基础与工程科学学报	616	1483	0.760	16	13
9	计量学报	894	1439	0.707	9	8
10	制冷技术	537	1171	0.659	8	11

30.5 高被引作者分析

2014—2018 年论文总被引频次 Top 10 的作者见表 30-4。其中，发文总被引频次居前 3 位的作者分别是中国航发北京航空材料研究院的张学军（195 次）、九冶建设有限公司第五工程公司的唐雷（171 次）和陕西科技大学的王伟伟（125 次）。5 年发文量居前 3 位的作者分别是复旦大学附属华东医院的陈霞飞（57 篇）、华东理工大学的刘少伟（45 篇）和温州市质量技术监督检测院的叶永和（40 篇）。

表 30-4 通用工业技术领域高被引作者 Top 10

序号	作者	作者单位	发文量/篇	总被引频次/次	篇均被引频次/次	被引率/%	h 指数
1	张学军	中国航发北京航空材料研究院	1	195	195.00	100.0	1
2	唐雷	九冶建设有限公司第五工程公司	1	171	171.00	100.0	1
3	王伟伟	陕西科技大学	12	125	10.42	75.0	3
4	罗小明	中国人民解放军装备学院	10	109	10.90	90.0	6
5	陈冲	重庆大学	1	95	95.00	100.0	1
6	陆化普	清华大学	1	91	91.00	100.0	1

续表

序号	作者	作者单位	发文量/篇	总被引频次/次	篇均被引频次/次	被引率/%	h 指数
7	覃京燕	北京科技大学	11	84	7.64	45.5	2
8	马立敏	中国商用飞机有限责任公司北京民用飞机技术研究中心	1	82	82.00	100.0	1
9	李育材	国家林业局	1	81	81.00	100.0	1
10	吕生华	陕西科技大学	12	79	6.58	66.7	6

30.6　高被引机构分析

通用工业技术领域总被引频次 Top 20 高等院校和总被引频次 Top 10 科研院所的发文和被引情况分别见表 30-5 和表 30-6。

表 30-5　通用工业技术领域高被引高等院校 Top 20

序号	第一作者单位	发文量/篇	总被引频次/次	篇均被引频次/次	序号	第一作者单位	发文量/篇	总被引频次/次	篇均被引频次/次
1	南京理工大学	1078	1850	1.72	11	西南交通大学	595	1054	1.77
2	江南大学	849	1555	1.83	12	昆明理工大学	646	1037	1.61
3	西北工业大学	656	1371	2.09	13	中南大学	699	1024	1.46
4	中国人民解放军装甲兵工程学院	700	1207	1.72	14	陕西科技大学	435	997	2.29
5	上海理工大学	605	1207	2.00	15	空军工程大学	681	995	1.46
6	北京理工大学	573	1189	2.08	16	中国人民解放军装备学院	532	993	1.87
7	中北大学	913	1164	1.27	17	北京科技大学	453	988	2.18
8	上海交通大学	633	1130	1.79	18	北京航空航天大学	488	970	1.99
9	清华大学	496	1110	2.24	19	华南理工大学	563	915	1.63
10	中国人民解放军后勤工程学院	578	1074	1.86	20	武汉理工大学	609	911	1.50

表 30-6　通用工业技术领域高被引科研院所 Top 10

序号	第一作者单位	发文量/篇	总被引频次/次	篇均被引频次/次	序号	第一作者单位	发文量/篇	总被引频次/次	篇均被引频次/次
1	中国航发北京航空材料研究院	160	757	4.73	6	合肥通用机械研究院	174	260	1.49
2	中国标准化研究院	507	636	1.25	7	中国工程物理研究院	213	229	1.08
3	中国计量科学研究院	488	402	0.82	8	中国空间技术研究院	83	221	2.66
4	中国科学院金属研究所	245	339	1.38	9	中国兵器工业第五八研究所	100	216	2.16
5	中国船舶重工集团公司第七二五研究所	246	273	1.11	10	上海市计量测试技术研究院	354	210	0.59

30.7　高被引国外期刊

通用工业技术领域 2019 年被引频次 Top 10 的国外期刊见表 30-7，排名居前 3 位的国外期刊分别是 *Advanced Materials*、*ACS Nano* 和 *Nanoscale*。

表 30-7　通用工业技术领域高被引国外期刊 Top 10

序号	期刊名称	2019 年被引频次/次
1	Advanced Materials	1164
2	ACS Nano	823
3	Nanoscale	751
4	Journal of Alloys and Compounds	738
5	RSC Advances	707
6	Journal of the American Chemical Society	695
7	Nano Letters	628
8	ACS Applied Materials & Interfaces	584
9	Ceramics International	580
10	Applied Surface Science	574

第 31 章　测绘科学技术领域高被引分析

31.1　领域论文概况

2014—2018 年，测绘科学技术领域的 27 种期刊上共发表学术论文 26623 篇，由来自 3301 所机构的 18514 位学者作为第一作者发表。上述论文中，有 16519 篇获得过引用，整体被引率为 62.0%，总被引频次为 63372 次，篇均被引 2.38 次；其中，高被引论文有 271 篇，高被引论文篇均被引 32.73 次（表 31-1）。另外，2019 年本领域共发表论文 5228 篇，其中有 474 篇在当年获得过引用，总共被引 639 次。

表 31-1　测绘科学技术领域论文分布情况

年份	论文数量/篇	总被引频次/次	被引率/%	高被引论文数量/篇	高被引论文被引频次/次
2014	5343	19545	72.1	54	2963
2015	5398	16216	69.4	56	2277
2016	5402	14011	66.8	59	2108
2017	5387	9673	60.1	53	1109
2018	5093	3927	40.6	49	412
合计	26623	63372	62.0	271	8869

31.2　高被引论文分析

在测绘科学技术领域，2014—2018 年发表的总被引频次 Top 10 论文（表 31-2）的平均被引频次为 157.7 次，是全部 271 篇高被引论文篇均被引频次的 4.82 倍。从论文分布来看，刊载高被引论文数量居前 3 位的期刊分别是《测绘学报》（52 篇）、《测绘通报》（41 篇）和《武汉大学学报（信息科学版）》（40 篇），其中，《武汉大学学报（信息科学版）》刊载了高被引论文 Top 10 中的 4 篇；发表高被引论文数量居前 3 位的学者分别是武汉大学的李德仁（15 篇）、国家基础地理信息中心的毕凯（3 篇）和福州大学的徐涵秋（2 篇）；产出高被引论文数量居前 3 位的机构分别是武汉大学（55 篇）、中国科学院遥感与数字地球研究所（9 篇）和中国测绘科学研究院（7 篇）。

表 31-2　测绘科学技术领域高被引论文 Top 10

序号	论文题名	第一作者	期刊名称	发表年份	被引频次/次	
					总频次	2019 年
1	无人机遥感系统的研究进展与应用前景	李德仁	武汉大学学报（信息科学版）	2014	407	124
2	智慧城市中的大数据	李德仁	武汉大学学报（信息科学版）	2014	251	49
3	倾斜摄影测量技术应用及展望	杨国东	测绘与空间地理信息	2016	148	50

续表

序号	论文题名	第一作者	期刊名称	发表年份	被引频次/次	
					总频次	2019 年
4	基于倾斜摄影测量技术的三维数字城市建模	孙宏伟	现代测绘	2014	135	36
5	轻小型无人机航摄技术现状及发展趋势	毕凯	测绘通报	2015	134	36
6	遥感大数据自动分析与数据挖掘	李德仁	测绘学报	2014	122	22
7	大数据GIS	李清泉	武汉大学学报（信息科学版）	2014	112	23
8	高光谱遥感影像分类研究进展	杜培军	遥感学报	2016	91	37
9	基于无人机倾斜摄影数据的实景三维建模研究	曲林	测绘与空间地理信息	2015	89	38
10	位置大数据的分析处理研究进展	刘经南	武汉大学学报（信息科学版）	2014	88	14

31.3　研究主题关联分析

在测绘科学技术领域，271 篇高被引论文共被引用了 8869 次。通过分析施引文献关键词的词频及关键词之间的共现关系，获得测绘科学技术领域的热点主题和主题关联，如图 31-1 所示。由图可知：“无人机”“倾斜摄影测量”“三维建模”“遥感”等关键词的文档词频较高，是测绘科学技术领域的研究热点；本领域主要形成 5 个研究主题簇，分别以“无人机”“倾斜摄影”“三维建模”为核心，以“智慧城市”“全球定位系统”为核心，以“遥感”“地理国情普查”为核心，以“倾斜摄影测量”“三维模型”为核心，以“点云数据”“建筑信息模型”为核心。

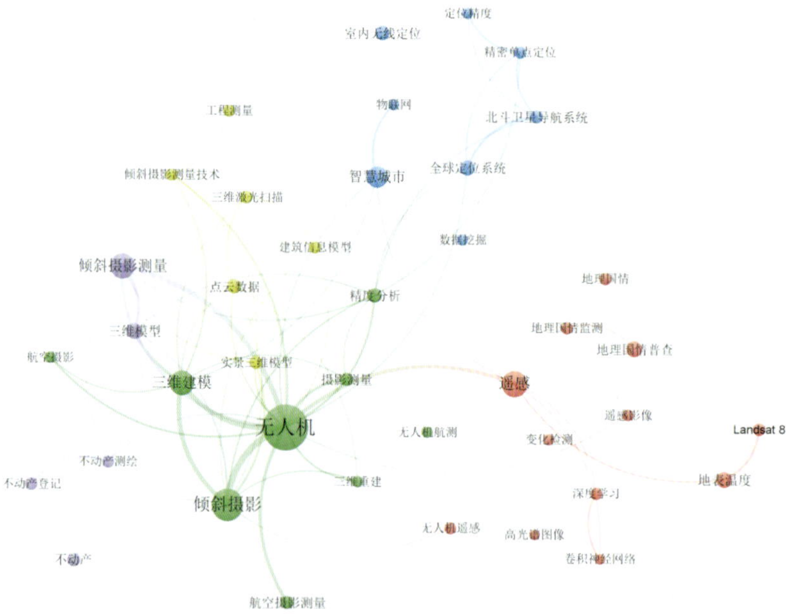

图31-1　测绘科学技术领域热点论文主题关联

31.4　高影响力期刊分析

在测绘科学技术领域，5 年影响因子 Top 10 期刊见表 31-3，总被引频次最高的期刊是《测绘与空间地理信息》（8154 次），5 年影响因子最高的期刊是《遥感学报》。

表 31-3　测绘科学技术领域高被引期刊基本指标

序号	期刊名称	5 年载文量/篇	总被引频次/次	5 年影响因子	高被引论文数量/篇	h 指数
1	遥感学报	521	2826	2.148	26	22
2	测绘学报	1215	6221	1.877	52	29
3	武汉大学学报（信息科学版）	1412	6148	1.416	40	24
4	测绘通报	2213	8032	1.248	41	23
5	国土资源遥感	682	2389	1.154	12	16
6	遥感技术与应用	724	2393	1.142	8	16
7	测绘科学	2032	5808	0.980	18	20
8	北京测绘	1291	2578	0.875	11	13
9	导航定位与授时	453	767	0.843	5	9
10	遥感信息	673	1497	0.823	2	11

31.5　高被引作者分析

2014—2018 年论文总被引频次 Top 10 的作者见表 31-4。其中，发文总被引频次居前 3 位的作者分别是武汉大学的李德仁（1296 次）、国家基础地理信息中心的毕凯（198 次）和武汉大学的姚宜斌（190 次）。5 年发文量居前 3 位的作者分别是武汉大学的闫利（32 篇）、东华理工大学的王乐洋（28 篇）和辽宁工程技术大学的杨帆（27 篇）。

表 31-4　测绘科学技术领域高被引作者 Top 10

序号	作者	作者单位	发文量/篇	总被引频次/次	篇均被引频次/次	被引率/%	h 指数
1	李德仁	武汉大学	21	1296	61.71	100.0	14
2	毕凯	国家基础地理信息中心	6	198	33.00	83.3	4
3	姚宜斌	武汉大学	21	190	9.05	90.5	9
4	杨国东	吉林大学	4	157	39.25	75.0	2
5	禹文豪	武汉大学	3	149	49.67	100.0	3
6	王乐洋	东华理工大学	28	146	5.21	85.7	6
7	李清泉	深圳大学	6	138	23.00	100.0	4
8	闫利	武汉大学	32	136	4.25	90.6	7

续表

序号	作者	作者单位	发文量/篇	总被引频次/次	篇均被引频次/次	被引率/%	h 指数
9	孙宏伟	丹阳市国土资源局	2	135	67.50	50.0	1
10	龚健雅	武汉大学	9	134	14.89	100.0	6

31.6 高被引机构分析

测绘科学技术领域总被引频次 Top 20 高等院校和总被引频次 Top 10 科研院所的发文和被引情况分别见表 31-5 和表 31-6。

表 31-5 测绘科学技术领域高被引高等院校 Top 20

序号	第一作者单位	发文量/篇	总被引频次/次	篇均被引频次/次	序号	第一作者单位	发文量/篇	总被引频次/次	篇均被引频次/次
1	武汉大学	1774	7620	4.30	11	长安大学	209	496	2.37
2	中国人民解放军信息工程大学	1405	3197	2.28	12	东华理工大学	210	468	2.23
3	山东科技大学	598	1221	2.04	13	北京师范大学	95	450	4.74
4	辽宁工程技术大学	464	1098	2.37	14	南京大学	115	437	3.80
5	中南大学	330	1074	3.25	15	成都理工大学	189	417	2.21
6	中国地质大学	341	979	2.87	16	同济大学	143	366	2.56
7	河海大学	364	938	2.58	17	兰州交通大学	183	348	1.90
8	中国矿业大学	329	934	2.84	18	南京信息工程大学	114	340	2.98
9	河南理工大学	228	717	3.14	19	北京大学	91	336	3.69
10	西南交通大学	220	627	2.85	20	首都师范大学	86	324	3.77

表 31-6 测绘科学技术领域高被引科研院所 Top 10

序号	第一作者单位	发文量/篇	总被引频次/次	篇均被引频次/次	序号	第一作者单位	发文量/篇	总被引频次/次	篇均被引频次/次
1	中国科学院遥感与数字地球研究所	349	1502	4.30	4	北京市测绘设计研究院	162	555	3.43
2	中国测绘科学研究院	237	750	3.16	5	中国人民解放军海军海洋测绘研究所	113	396	3.50
3	国家基础地理信息中心	81	605	7.47	6	国家测绘地理信息局	136	366	2.69

续表

序号	第一作者单位	发文量/篇	总被引频次/次	篇均被引频次/次	序号	第一作者单位	发文量/篇	总被引频次/次	篇均被引频次/次
7	辽宁省基础测绘院	189	357	1.89	9	中国科学院地理科学与资源研究所	64	319	4.98
8	武汉市测绘研究院	82	344	4.20	10	中国国土资源航空物探遥感中心	75	307	4.09

31.7　高被引国外期刊

测绘科学技术领域 2019 年被引频次 Top 10 的国外期刊见表 31-7，排名居前 3 位的国外期刊分别是 *Remote Sensing*、*IEEE Transactions on Geoscience and Remote Sensing* 和 *Remote Sensing of Environment*。

表 31-7　测绘科学技术领域高被引国外期刊 Top 10

序号	期刊名称	2019 年被引频次/次
1	Remote Sensing	481
2	IEEE Transactions on Geoscience and Remote Sensing	282
3	Remote Sensing of Environment	163
4	ISPRS Journal of Photogrammetry and Remote Sensing	161
5	GPS Solutions	159
6	Journal of Geodesy	153
7	IEEE Journal of Selected Topics in Applied Earth Observations and Remote Sensing	126
8	Sensors	118
9	International Journal of Remote Sensing	100
10	IEEE Geoscience and Remote Sensing Letters	77

第 32 章　矿业工程领域高被引分析

32.1　领域论文概况

2014—2018 年，矿业工程领域的 45 种期刊上共发表学术论文 58271 篇，由来自 8787 所机构的 42507 位学者作为第一作者发表。上述论文中，有 32753 篇获得过引用，整体被引率为 56.2%，总被引频次为 95082 次，篇均被引 1.63 次；其中，高被引论文有 586 篇，高被引论文篇均被引 19.01 次（表 32-1）。另外，2019 年本领域共发表论文 11225 篇，其中有 1086 篇在当年获得过引用，总共被引 1372 次。

表 32-1　矿业工程领域论文分布情况

年份	论文数量/篇	总被引频次/次	被引率/%	高被引论文数量/篇	高被引论文被引频次/次
2014	12398	28524	63.7	131	3453
2015	12293	25003	62.7	129	3121
2016	11420	19553	60.5	113	2104
2017	11056	14424	54.4	101	1508
2018	11104	7578	38.0	112	953
合计	58271	95082	56.2	586	11139

32.2　高被引论文分析

在矿业工程领域，2014—2018 年发表的总被引频次 Top 10 论文（表 32-2）的平均被引频次为 79.6 次，是全部 586 篇高被引论文篇均被引频次的 4.19 倍。从论文分布来看，刊载高被引论文数量居前 3 位的期刊分别是《中国矿业大学学报》（93 篇）、《采矿与安全工程学报》（92 篇）和《工矿自动化》（52 篇），其中，《采矿与安全工程学报》和《中国矿业大学学报》分别刊载了高被引论文 Top 10 中的 3 篇；发表高被引论文数量居前 3 位的学者分别是中国矿业大学的孙继平（9 篇）、中煤科工集团西安研究院有限公司的石智军（3 篇）和天地科技股份有限公司的王国法（3 篇）；产出高被引论文数量居前 3 位的机构分别是中国矿业大学（136 篇）、中煤科工集团西安研究院有限公司（20 篇）和河南理工大学（17 篇）。

表 32-2　矿业工程领域高被引论文 Top 10

序号	论文题名	第一作者	期刊名称	发表年份	被引频次/次	
					总频次	2019 年
1	我国煤矿巷道锚杆支护技术发展 60 年及展望	康红普	中国矿业大学学报	2016	128	54
2	物联网、大数据及云计算技术在煤矿安全生产中的应用研究	马小平	工矿自动化	2014	96	8
3	圆形巷道围岩偏应力场及塑性区分布规律研究	马念杰	中国矿业大学学报	2015	82	29

续表

序号	论文题名	第一作者	期刊名称	发表年份	被引频次/次	
					总频次	2019 年
4	建筑工程施工质量管理问题的分析与对策	郭磊	煤矿现代化	2017	73	11
5	顺层钻孔瓦斯抽采半径及布孔间距研究	鲁义	采矿与安全工程学报	2015	72	19
6	深部巷道注浆加固浆液扩散机理与应用研究	刘泉声	采矿与安全工程学报	2014	71	17
7	大煤柱内沿空掘巷窄煤柱合理宽度的确定	张科学	采矿与安全工程学报	2014	70	16
8	孤岛工作面窄煤柱沿空掘巷围岩变形控制	张炜	中国矿业大学学报	2014	70	15
9	我国铁矿选矿技术最新进展	韩跃新	金属矿山	2015	68	18
10	煤矿事故分析与煤矿大数据和物联网	孙继平	工矿自动化	2015	66	16

32.3　研究主题关联分析

在矿业工程领域，586 篇高被引论文共被引用了 11139 次。通过分析施引文献关键词的词频及关键词之间的共现关系，获得矿业工程领域的热点主题和主题关联，如图 32-1 所示。由图可知：“数值仿真”“沿空掘巷”“煤矿开采”“煤层气”等关键词的文档词频较高，是矿业工程领域的研究热点；本领域主要形成 3 个研究主题簇，分别以“数值仿真”“瓦斯抽采”为核心，以“煤矿开采”“综采工作面”为核心，以“煤层气”“页岩气”为核心。

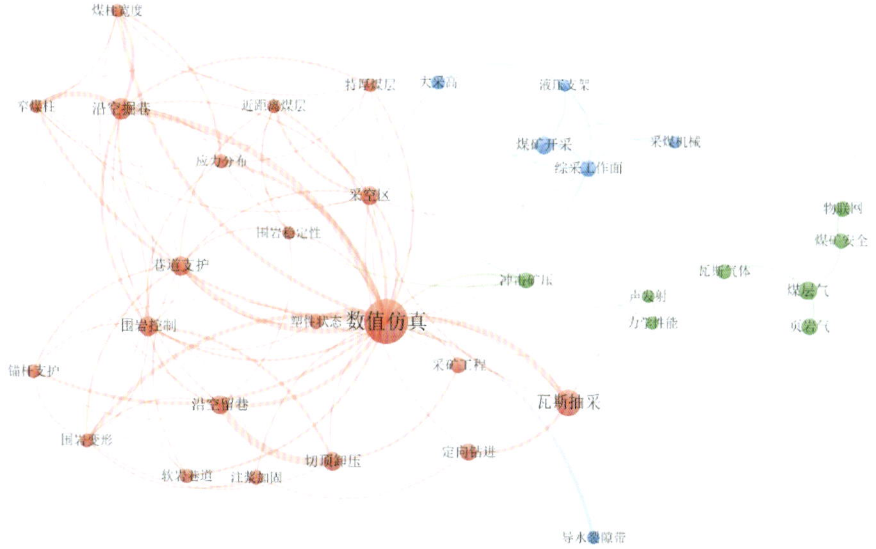

图 32-1　矿业工程领域热点论文主题关联

32.4 高影响力期刊分析

在矿业工程领域，5 年影响因子 Top 10 期刊见表 32-3，总被引频次最高的期刊是《煤矿安全》（8704 次），5 年影响因子最高的期刊是《采矿与安全工程学报》。

表 32-3 矿业工程领域高被引期刊基本指标

序号	期刊名称	5 年载文量/篇	总被引频次/次	5 年影响因子	高被引论文数量/篇	h 指数
1	采矿与安全工程学报	859	5180	2.106	92	25
2	中国矿业大学学报	830	4998	1.958	93	26
3	煤田地质与勘探	879	2806	1.135	29	17
4	工矿自动化	1421	4330	0.989	52	20
5	矿业安全与环保	899	2794	0.963	25	16
6	矿产保护与利用	566	1270	0.843	8	12
7	西安科技大学学报	717	1800	0.827	8	13
8	爆破	624	1675	0.795	5	12
9	金属矿山	2387	6272	0.732	36	18
10	煤矿安全	4116	8704	0.721	43	17

32.5 高被引作者分析

2014—2018 年论文总被引频次 Top 10 的作者见表 32-4。其中，发文总被引频次居前 3 位的作者分别是中国矿业大学的孙继平（449 次）、煤炭科学研究总院开采设计研究分院的康红普（128 次）和中国矿业大学的张科学（127 次）。5 年发文量居前 3 位的作者分别是内蒙古科技大学的王创业（28 篇）、中国矿业大学的孙继平（26 篇）和中国矿业大学的许允之（25 篇）。

表 32-4 矿业工程领域高被引作者 Top 10

序号	作者	作者单位	发文量/篇	总被引频次/次	篇均被引频次/次	被引率/%	h 指数
1	孙继平	中国矿业大学	26	449	17.27	96.2	12
2	康红普	煤炭科学研究总院开采设计研究分院	1	128	128.00	100.0	1
3	张科学	中国矿业大学	2	127	63.50	100.0	2
4	黄庆享	西安科技大学	15	122	8.13	100.0	5
5	马小平	中国矿业大学	3	117	39.00	100.0	3
6	田水承	西安科技大学	18	99	5.50	83.3	5

续表

序号	作者	作者单位	发文量/篇	总被引频次/次	篇均被引频次/次	被引率/%	h 指数
7	梁冰	辽宁工程技术大学	9	95	10.56	100.0	4
8	李树刚	西安科技大学	22	93	4.23	77.3	5
9	孟庆彬	中国矿业大学	7	91	13.00	100.0	5
10	石智军	中煤科工集团西安研究院有限公司	5	88	17.60	100.0	4

32.6　高被引机构分析

矿业工程领域总被引频次 Top 20 高等院校和总被引频次 Top 10 科研院所的发文和被引情况分别见表 32-5 和表 32-6。

表 32-5　矿业工程领域高被引高等院校 Top 20

序号	第一作者单位	发文量/篇	总被引频次/次	篇均被引频次/次	序号	第一作者单位	发文量/篇	总被引频次/次	篇均被引频次/次
1	中国矿业大学	2968	10502	3.54	11	昆明理工大学	423	1033	2.44
2	西安科技大学	1007	2630	2.61	12	江西理工大学	416	1031	2.48
3	北京科技大学	721	2031	2.82	13	中南大学	416	938	2.25
4	中国地质大学	838	1953	2.33	14	武汉科技大学	383	720	1.88
5	安徽理工大学	1042	1947	1.87	15	武汉理工大学	315	620	1.97
6	山东科技大学	763	1759	2.31	16	中国石油大学	147	574	3.90
7	河南理工大学	657	1716	2.61	17	华北理工大学	382	519	1.36
8	太原理工大学	831	1633	1.97	18	贵州大学	266	407	1.53
9	东北大学	432	1128	2.61	19	内蒙古科技大学	251	403	1.61
10	辽宁工程技术大学	385	1034	2.69	20	西南科技大学	222	391	1.76

表 32-6　矿业工程领域高被引科研院所 Top 10

序号	第一作者单位	发文量/篇	总被引频次/次	篇均被引频次/次	序号	第一作者单位	发文量/篇	总被引频次/次	篇均被引频次/次
1	北京矿冶研究总院	461	915	1.98	3	中国地质调查局	121	334	2.76
2	中国地质科学院郑州矿产综合利用研究所	198	458	2.31	4	中国地质调查局发展研究中心	144	315	2.19

续表

序号	第一作者单位	发文量/篇	总被引频次/次	篇均被引频次/次	序号	第一作者单位	发文量/篇	总被引频次/次	篇均被引频次/次
5	中国国土资源经济研究院	135	289	2.14	8	中国地质科学院勘探技术研究所	73	218	2.99
6	瓦斯灾害监控与应急技术国家重点实验室	100	237	2.37	9	煤炭科学研究总院开采设计研究分院	20	195	9.75
7	煤炭科学研究总院	131	226	1.73	10	中华人民共和国国土资源部	40	182	4.55

32.7 高被引国外期刊

矿业工程领域 2019 年被引频次 Top 10 的国外期刊见表 32-7，排名居前 3 位的国外期刊分别是 *Minerals Engineering*、*Fuel* 和 *International Journal of Rock Mechanics and Mining Sciences*。

表 32-7 矿业工程领域高被引国外期刊 Top 10

序号	期刊名称	2019 年被引频次/次
1	Minerals Engineering	150
2	Fuel	112
3	International Journal of Rock Mechanics and Mining Sciences	81
4	Blasting	80
5	Construction and Building Materials	60
6	Journal of Cleaner Production	53
7	Hydrometallurgy	53
8	International Journal of Mining Science and Technology	52
9	International Journal of Coal Geology	52
10	International Journal of Mineral Processing	46

第 33 章　石油、天然气工业领域高被引分析

33.1　领域论文概况

2014—2018 年，石油、天然气工业领域的 100 种期刊上共发表学术论文 98084 篇，由来自 9384 所机构的 68330 位学者作为第一作者发表。上述论文中，有 48529 篇获得过引用，整体被引率为 49.5%，总被引频次为 174583 次，篇均被引 1.78 次；其中，高被引论文有 958 篇，高被引论文篇均被引 27.23 次（表 33-1）。另外，2019 年本领域共发表论文 19573 篇，其中有 1641 篇在当年获得过引用，总共被引 2150 次。

表 33-1　石油、天然气工业领域论文分布情况

年份	论文数量/篇	总被引频次/次	被引率/%	高被引论文数量/篇	高被引论文被引频次/次
2014	21453	54202	53.7	221	9718
2015	18681	43943	56.4	183	6276
2016	19400	36366	53.5	192	4882
2017	19245	27475	49.7	208	3716
2018	19305	12597	33.8	154	1494
合计	98084	174583	49.5	958	26086

33.2　高被引论文分析

在石油、天然气工业领域，2014—2018 年发表的总被引频次 Top 10 论文（表 33-2）的平均被引频次为 171.2 次，是全部 958 篇高被引论文篇均被引频次的 6.29 倍。从论文分布来看，刊载高被引论文数量居前 3 位的期刊分别是《石油勘探与开发》（153 篇）、《石油学报》（122 篇）和《天然气工业》（119 篇），其中，《石油勘探与开发》刊载了高被引论文 Top 10 中的 6 篇；发表高被引论文数量居前 3 位的学者分别是中国石油勘探开发研究院的邹才能（10 篇）、中国石油勘探开发研究院廊坊分院的魏国齐（8 篇）和中国石油勘探开发研究院的赵文智（8 篇）；产出高被引论文数量居前 3 位的机构分别是中国石油大学（119 篇）、中国石油勘探开发研究院（103 篇）和西南石油大学（39 篇）。

表 33-2　石油、天然气工业领域高被引论文 Top 10

序号	论文题名	第一作者	期刊名称	发表年份	被引频次/次	
					总频次	2019 年
1	四川盆地焦石坝页岩气田形成与富集高产模式	郭彤楼	石油勘探与开发	2014	359	50
2	四川盆地震旦系-寒武系特大型气田形成分布、资源潜力及勘探发现	邹才能	石油勘探与开发	2014	212	47
3	中国页岩气特征、挑战及前景（一）	邹才能	石油勘探与开发	2015	168	46

续表

序号	论文题名	第一作者	期刊名称	发表年份	被引频次/次	
					总频次	2019 年
4	川中古隆起龙王庙组特大型气田战略发现与理论技术创新	杜金虎	石油勘探与开发	2014	154	27
5	涪陵页岩气勘探开发重大突破与启示	王志刚	石油与天然气地质	2015	150	38
6	常规-非常规油气“有序聚集”理论认识及实践意义	邹才能	石油勘探与开发	2014	138	21
7	中国致密油勘探进展及面临的挑战	杜金虎	中国石油勘探	2014	137	25
8	中国页岩气特征、挑战及前景（二）	邹才能	石油勘探与开发	2016	134	49
9	四川盆地东南缘海相页岩气保存条件及其主控因素	胡东风	天然气工业	2014	131	28
10	四川盆地焦石坝地区龙马溪组页岩微观孔隙结构特征及其控制因素	郭旭升	天然气工业	2014	129	23

33.3　研究主题关联分析

在石油、天然气工业领域，958 篇高被引论文共被引用了 26086 次。通过分析施引文献关键词的词频及关键词之间的共现关系，获得石油、天然气工业领域的热点主题和主题关联，如图 33-1 所示。由图可知：“页岩气”“孔隙结构”“水平井”“致密油”等关键词的文档词频较高，是石油、天然气工业领域的研究热点；本领域主要形成 4 个研究主题簇，分别以“致密油”“煤层气”为核心，以“水平井”“数值仿真”为核心，以“孔隙结构”“页岩”为核心，以“页岩气”“保存条件”为核心。

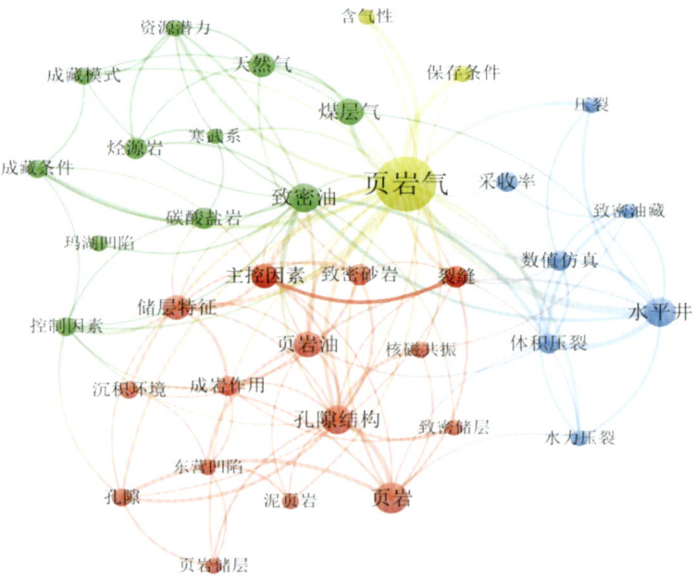

图 33-1　石油、天然气工业领域热点论文主题关联

33.4　高影响力期刊分析

在石油、天然气工业领域，5 年影响因子 Top 10 期刊见表 33-3，总被引频次最高的期刊是《天然气工业》（9333 次），5 年影响因子最高的期刊是《石油勘探与开发》。

表 33-3　石油、天然气工业领域高被引期刊基本指标

序号	期刊名称	5 年载文量/篇	总被引频次/次	5 年影响因子	高被引论文数量/篇	h 指数
1	石油勘探与开发	587	7878	4.412	153	36
2	石油学报	882	7988	2.862	122	33
3	中国石油勘探	397	3473	2.829	54	23
4	石油与天然气地质	641	4827	2.248	58	28
5	天然气工业	1189	9333	2.208	119	34
6	岩性油气藏	622	3238	1.675	24	18
7	石油实验地质	641	3678	1.635	40	22
8	天然气地球科学	1181	6375	1.625	45	25
9	油气地质与采收率	695	4417	1.570	43	20
10	石油钻探技术	718	3367	1.487	24	22

33.5　高被引作者分析

2014—2018 年论文总被引频次 Top 10 的作者见表 33-4。其中，发文总被引频次居前 3 位的作者分别是中国石油勘探开发研究院的邹才能（982 次）、中国石油天然气股份有限公司勘探与生产分公司的杜金虎（552 次）和中国石油化工股份有限公司勘探南方分公司的郭彤楼（369 次）。5 年发文量居前 3 位的作者分别是中国石油经济技术研究院的周向彤（37 篇）、中国石油勘探开发研究院的陈元千（33 篇）和华北油田第五采油厂的付亚荣（31 篇）。

表 33-4　石油、天然气工业领域高被引作者 Top 10

序号	作者	作者单位	发文量/篇	总被引频次/次	篇均被引频次/次	被引率/%	h 指数
1	邹才能	中国石油勘探开发研究院	11	982	89.27	100.0	10
2	杜金虎	中国石油天然气股份有限公司勘探与生产分公司	9	552	61.33	100.0	8
3	郭彤楼	中国石油化工股份有限公司勘探南方分公司	2	369	184.50	100.0	2
4	魏国齐	中国石油勘探开发研究院廊坊分院	10	351	35.10	100.0	9
5	董大忠	中国石油勘探开发研究院	6	301	50.17	83.3	4

续表

序号	作者	作者单位	发文量/篇	总被引频次/次	篇均被引频次/次	被引率/%	h 指数
6	王香增	陕西延长石油（集团）有限责任公司	18	275	15.28	83.3	8
7	王志刚	中国石油化工股份有限公司	4	253	63.25	100.0	3
8	赵文智	中国石油勘探开发研究院	10	248	24.80	90.0	8
9	赵金洲	西南石油大学	22	232	10.55	95.5	9
10	王招明	中国石油塔里木油田公司	4	231	57.75	100.0	4

33.6　高被引机构分析

石油、天然气工业领域总被引频次 Top 20 高等院校和总被引频次 Top 10 科研院所的发文和被引情况分别见表 33-5 和表 33-6。

表 33-5　石油、天然气工业领域高被引高等院校 Top 20

序号	第一作者单位	发文量/篇	总被引频次/次	篇均被引频次/次	序号	第一作者单位	发文量/篇	总被引频次/次	篇均被引频次/次
1	中国石油大学	5664	20694	3.65	11	吉林大学	154	495	3.21
2	西南石油大学	2195	6890	3.14	12	北京大学	93	453	4.87
3	中国地质大学	923	4445	4.82	13	同济大学	79	376	4.76
4	东北石油大学	997	2828	2.84	14	华东理工大学	235	365	1.55
5	西安石油大学	2465	2707	1.10	15	广东石油化工学院	447	354	0.79
6	成都理工大学	752	2611	3.47	16	长江大学武汉校区	197	324	1.64
7	长江大学	1188	2419	2.04	17	重庆科技学院	122	318	2.61
8	辽宁石油化工大学	787	1252	1.59	18	北京石油化工学院	200	289	1.45
9	中国矿业大学	179	927	5.18	19	常州大学	117	236	2.02
10	西北大学	250	766	3.06	20	中国石油大学胜利学院	224	221	0.99

表 33-6 石油、天然气工业领域高被引科研院所 Top 10

序号	第一作者单位	发文量/篇	总被引频次/次	篇均被引频次/次	序号	第一作者单位	发文量/篇	总被引频次/次	篇均被引频次/次
1	中国石油勘探开发研究院	1134	8041	7.09	6	大庆油田勘探开发研究院	447	1431	3.20
2	中国石化石油勘探开发研究院	528	2166	4.10	7	中国石油化工股份有限公司石油化工科学研究院	603	1341	2.22
3	中海油研究总院	672	1981	2.95	8	中国石油天然气股份有限公司杭州地质研究院	132	1092	8.27
4	中国石油勘探开发研究院廊坊分院	199	1783	8.96	9	陕西延长石油(集团)有限责任公司研究院	314	985	3.14
5	中国石化石油工程技术研究院	332	1499	4.52	10	中国石油管道科技研究中心	155	770	4.97

33.7 高被引国外期刊

石油、天然气工业领域 2019 年被引频次 Top 10 的国外期刊见表 33-7，排名居前 3 位的国外期刊分别是 *Journal of Petroleum Science and Engineering*、*Journal of Materials Chemistry A* 和 *Fuel*。

表 33-7 石油、天然气工业领域高被引国外期刊 Top 10

序号	期刊名称	2019 年被引频次/次
1	Journal of Petroleum Science and Engineering	452
2	Journal of Materials Chemistry A	450
3	Fuel	406
4	Advanced Materials	377
5	Journal of Energy Chemistry	353
6	Journal of Natural Gas Science and Engineering	290
7	Electrochimica Acta	279
8	Journal of the American Chemical Society	276
9	ACS Applied Materials & Interfaces	270
10	Journal of Power Sources	265

第 34 章　冶金工业领域高被引分析

34.1　领域论文概况

2014—2018 年，冶金工业领域的 63 种期刊上共发表学术论文 43251 篇，由来自 6841 所机构的 32026 位学者作为第一作者发表。上述论文中，有 19498 篇获得过引用，整体被引率为 45.1%，总被引频次为 50432 次，篇均被引 1.17 次；其中，高被引论文有 422 篇，高被引论文篇均被引 13.47 次（表 34-1）。另外，2019 年本领域共发表论文 8476 篇，其中有 503 篇在当年获得过引用，总共被引 626 次。

表 34-1　冶金工业领域论文分布情况

年份	论文数量/篇	总被引频次/次	被引率/%	高被引论文数量/篇	高被引论文被引频次/次
2014	8856	14386	52.3	94	1665
2015	8706	13655	54.6	77	1343
2016	8686	10809	47.6	99	1373
2017	8588	7834	42.9	75	811
2018	8415	3748	27.1	77	492
合计	43251	50432	45.1	422	5684

34.2　高被引论文分析

在冶金工业领域，2014—2018 年发表的总被引频次 Top 10 论文（表 34-2）的平均被引频次为 44.1 次，是全部 422 篇高被引论文篇均被引频次的 3.27 倍。从论文分布来看，刊载高被引论文数量居前 3 位的期刊分别是《钢铁》（78 篇）、《中国冶金》（53 篇）和《冶金分析》（30 篇），其中，《钢铁》刊载了高被引论文 Top 10 中的 4 篇；发表高被引论文数量居前 3 位的学者分别是北京科技大学的张建良（4 篇）、冶金工业规划研究院的李新创（4 篇）和武汉钢铁（集团）公司的张寿荣（3 篇）；产出高被引论文数量居前 3 位的机构分别是北京科技大学（42 篇）、东北大学（15 篇）和钢铁研究总院（12 篇）。

表 34-2　冶金工业领域高被引论文 Top 10

序号	论文题名	第一作者	期刊名称	发表年份	被引频次/次	
					总频次	2019 年
1	钢铁行业技术创新和发展方向	王国栋	钢铁	2015	50	16
2	赣南离子吸附型稀土矿床成矿特征概述	张恋	中国稀土学报	2015	50	13
3	电感耦合等离子体原子发射光谱分析仪器与方法的新进展	郑国经	冶金分析	2014	48	9

续表

序号	论文题名	第一作者	期刊名称	发表年份	被引频次/次	
					总频次	2019 年
4	中国汽车发展趋势及汽车用钢面临的机遇与挑战	康永林	钢铁	2014	47	11
5	中国钢铁工业绿色发展工程科技战略及对策	张春霞	钢铁	2015	47	9
6	基于BIM技术提高建筑工程管理效率的有效途径探索	焦丽丽	昆明冶金高等专科学校学报	2016	42	8
7	国内外轴承钢的现状与发展趋势	李昭昆	钢铁研究学报	2016	40	14
8	离子吸附型稀土矿绿色提取技术研究进展	肖燕飞	稀土	2015	39	9
9	中国薄板坯连铸连轧技术的发展	毛新平	钢铁	2014	39	7
10	世界稀土生产与消费结构分析	杨斌清	稀土	2014	39	5

34.3　研究主题关联分析

在冶金工业领域，422 篇高被引论文共被引用了 5684 次。通过分析施引文献关键词的词频及关键词之间的共现关系，获得冶金工业领域的热点主题和主题关联，如图 34-1 所示。由图可知：“稀土”“力学性能”“钢铁工业”“电感耦合等离子体”等关键词的文档词频较高，是冶金工业领域的研究热点；本领域主要形成 4 个研究主题簇，分别以“稀土”“离子吸附型稀土矿”为核心，以“力学性能”“显微组织”为核心，以“钢铁工业”“烧结烟气”为核心，以“铜”“电感耦合等离子体”为核心。

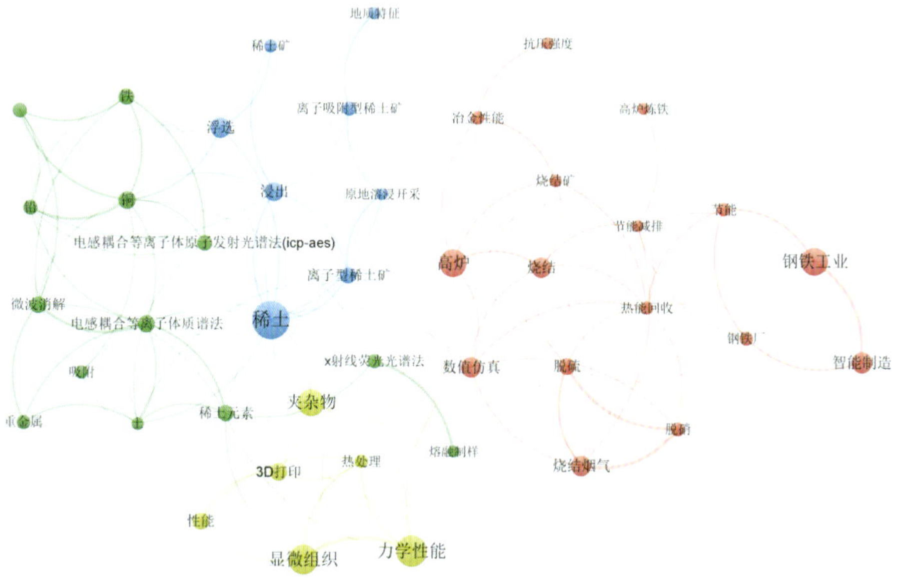

图 34-1　冶金工业领域热点论文主题关联

34.4　高影响力期刊分析

在冶金工业领域，5 年影响因子 Top 10 期刊见表 34-3，总被引频次最高的期刊是《钢铁》（3829 次），5 年影响因子最高的期刊是《钢铁》。

表 34-3　冶金工业领域高被引期刊基本指标

序号	期刊名称	5 年载文量/篇	总被引频次/次	5 年影响因子	高被引论文数量/篇	h 指数
1	钢铁	1069	3829	1.077	78	17
2	中国稀土学报	492	1410	0.880	21	13
3	中国冶金	1022	2479	0.862	53	13
4	冶金分析	969	2791	0.750	30	15
5	钢铁研究学报	837	1738	0.711	16	11
6	烧结球团	419	598	0.706	11	9
7	稀土	692	1739	0.617	24	13
8	有色金属（冶炼部分）	1032	2182	0.608	17	13
9	矿冶工程	1198	2338	0.565	11	11
10	理化检验-化学分册	1969	3618	0.521	24	12

34.5　高被引作者分析

2014—2018 年论文总被引频次 Top 10 的作者见表 34-4。其中，发文总被引频次居前 3 位的作者分别是东北大学的王国栋（101 次）、内蒙古科技大学的杨吉春（71 次）和冶金工业规划研究院的李新创（68 次）。5 年发文量居前 3 位的作者分别是上海材料研究所的王荣（17 篇）、攀钢集团研究院有限公司的成勇（16 篇）和内蒙古科技大学的杨吉春（15 篇）。

表 34-4　冶金工业领域高被引作者 Top 10

序号	作者	作者单位	发文量/篇	总被引频次/次	篇均被引频次/次	被引率/%	h 指数
1	王国栋	东北大学	6	101	16.83	100.0	4
2	杨吉春	内蒙古科技大学	15	71	4.73	86.7	6
3	李新创	冶金工业规划研究院	5	68	13.60	100.0	5
4	张寿荣	武汉钢铁（集团）公司	5	66	13.20	100.0	5
5	张建良	北京科技大学	12	64	5.33	75.0	5
6	肖燕飞	有研稀土新材料股份有限公司	2	58	29.00	100.0	2
7	白振华	燕山大学	11	57	5.18	100.0	6

续表

序号	作者	作者单位	发文量/篇	总被引频次/次	篇均被引频次/次	被引率/%	h 指数
8	王荣	上海材料研究所	17	54	3.18	76.5	4
9	张恋	江西理工大学	1	50	50.00	100.0	1
10	康永林	北京科技大学	2	49	24.50	100.0	2

34.6 高被引机构分析

冶金工业领域总被引频次 Top 20 高等院校和总被引频次 Top 10 科研院所的发文和被引情况分别见表 34-5 和表 34-6。

表 34-5 冶金工业领域高被引高等院校 Top 20

序号	第一作者单位	发文量/篇	总被引频次/次	篇均被引频次/次	序号	第一作者单位	发文量/篇	总被引频次/次	篇均被引频次/次
1	北京科技大学	1310	3023	2.31	11	西安建筑科技大学	187	338	1.81
2	东北大学	655	1199	1.83	12	贵州大学	164	315	1.92
3	中南大学	547	1062	1.94	13	河北联合大学	145	307	2.12
4	昆明理工大学	484	1018	2.10	14	安徽工业大学	167	287	1.72
5	武汉科技大学	424	821	1.94	15	辽宁科技大学	160	206	1.29
6	江西理工大学	280	756	2.70	16	河南科技大学	53	158	2.98
7	内蒙古科技大学	429	672	1.57	17	重庆大学	85	154	1.81
8	昆明冶金高等专科学校	440	485	1.10	18	上海大学	109	145	1.33
9	燕山大学	199	474	2.38	19	武汉理工大学	54	132	2.44
10	华北理工大学	312	390	1.25	20	东华理工大学	62	123	1.98

表 34-6 冶金工业领域高被引科研院所 Top 10

序号	第一作者单位	发文量/篇	总被引频次/次	篇均被引频次/次	序号	第一作者单位	发文量/篇	总被引频次/次	篇均被引频次/次
1	钢铁研究总院	417	1042	2.50	4	首钢技术研究院	110	235	2.14
2	北京矿冶研究总院	240	534	2.23	5	上海材料研究所	87	233	2.68
3	江苏省（沙钢）钢铁研究院	98	241	2.46	6	包头稀土研究院	85	228	2.68

续表

序号	第一作者单位	发文量/篇	总被引频次/次	篇均被引频次/次	序号	第一作者单位	发文量/篇	总被引频次/次	篇均被引频次/次
7	武汉钢铁（集团）公司研究院	247	216	0.87	9	西北有色金属研究院	82	181	2.21
8	昆明冶金研究院	105	182	1.73	10	西北矿冶研究院	118	128	1.08

34.7 高被引国外期刊

冶金工业领域 2019 年被引频次 Top 10 的国外期刊见表 34-7，排名居前 3 位的国外期刊分别是 *Journal of Rare Earths*、*Journal of Alloys and Compounds* 和 *ISIJ International*。

表 34-7 冶金工业领域高被引国外期刊 Top 10

序号	期刊名称	2019 年被引频次/次
1	Journal of Rare Earths	219
2	Journal of Alloys and Compounds	198
3	ISIJ International	169
4	Acta Materialia	128
5	Journal of Iron and Steel Research International	115
6	Ceramics International	108
7	Hydrometallurgy	105
8	Steel Research International	98
9	Materials Science and Engineering: A	96
10	RSC Advances	80

第 35 章　金属学与金属工艺领域高被引分析

35.1　领域论文概况

2014—2018 年，金属学与金属工艺领域的 66 种期刊上共发表学术论文 90678 篇，由来自 11797 所机构的 62758 位学者作为第一作者发表。上述论文中，有 43423 篇获得过引用，整体被引率为 47.9%，总被引频次为 113093 次，篇均被引 1.25 次；其中，高被引论文有 924 篇，高被引论文篇均被引 13.33 次（表 35-1）。另外，2019 年本领域共发表论文 18120 篇，其中有 1150 篇在当年获得过引用，总共被引 1391 次。

表 35-1　金属学与金属工艺领域论文分布情况

年份	论文数量/篇	总被引频次/次	被引率/%	高被引论文数量/篇	高被引论文被引频次/次
2014	17333	32445	58.3	162	3070
2015	17553	29299	56.5	181	3200
2016	17179	22340	51.5	167	2266
2017	19611	19987	46.3	227	2590
2018	19002	9022	28.8	187	1195
合计	90678	113093	47.9	924	12321

35.2　高被引论文分析

在金属学与金属工艺领域，2014—2018 年发表的总被引频次 Top 10 论文（表 35-2）的平均被引频次为 59.5 次，是全部 924 篇高被引论文篇均被引频次的 4.46 倍。从论文分布来看，刊载高被引论文数量居前 3 位的期刊分别是《世界有色金属》（205 篇）、《中国有色金属学报（英文版）》（78 篇）和《表面技术》（63 篇），其中，《锻压技术》和《金属学报》分别刊载了高被引论文 Top 10 中的 2 篇；发表高被引论文数量居前 3 位的学者分别是中南大学的王新民（3 篇）、天津工业大学的刘元军（3 篇）和南昌大学的袁秋红（2 篇）；产出高被引论文数量居前 3 位的机构分别是中南大学（64 篇）、北京科技大学（29 篇）和江西理工大学（20 篇）。

表 35-2　金属学与金属工艺领域高被引论文 Top 10

序号	论文题名	第一作者	期刊名称	发表年份	被引频次/次	
					总频次	2019 年
1	航空用钛合金研究进展	金和喜	中国有色金属学报	2015	119	38
2	汽车轻量化材料及制造工艺研究现状	郭玉琴	锻压技术	2015	74	15
3	高强铝合金的发展及其材料的制备加工技术	张新明	金属学报	2015	72	23

续表

序号	论文题名	第一作者	期刊名称	发表年份	被引频次/次	
					总频次	2019 年
4	汽车轻量化及铝合金在现代汽车生产中的应用	郑晖	锻压技术	2016	66	18
5	BIM技术在中国尊建筑工程施工中的应用研究	高成	钢结构	2016	49	14
6	钛铝金属间化合物的进展与挑战	杨锐	金属学报	2015	46	18
7	镁合金在航空领域应用的研究进展	赵怿	有色金属工程	2015	44	12
8	我国汽车板生产现状及展望	李光瀛	轧钢	2014	42	12
9	医用钛合金的研究及应用现状	王运锋	钛工业进展	2015	42	7
10	WC-Co硬质合金最新进展	张卫兵	稀有金属	2015	41	11

35.3　研究主题关联分析

在金属学与金属工艺领域，924 篇高被引论文共被引用了 12321 次。通过分析施引文献关键词的词频及关键词之间的共现关系，获得金属学与金属工艺领域的热点主题和主题关联，如图 35-1 所示。由图可知：“显微组织”“力学性能”“数值仿真”“镁合金”等关键词的文档词频较高，是金属学与金属工艺领域的研究热点；本领域主要形成 4 个研究主题簇，分别以“力学性能”“显微组织”为核心，以“数值仿真”“铝合金”为核心，以“镁合金”“涂层”为核心，以“激光熔覆”“耐磨性”为核心。

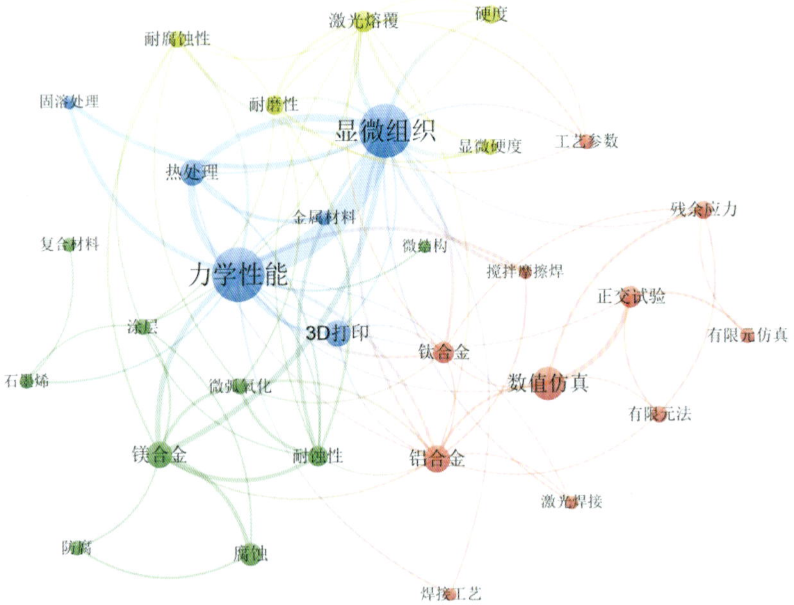

图 35-1　金属学与金属工艺领域热点论文主题关联

35.4　高影响力期刊分析

在金属学与金属工艺领域，5 年影响因子 Top 10 期刊见表 35-3，总被引频次最高的期刊是《热加工工艺》（9636 次），5 年影响因子最高的期刊是《金属学报》。

表 35-3　金属学与金属工艺领域高被引期刊基本指标

序号	期刊名称	5 年载文量/篇	总被引频次/次	5 年影响因子	高被引论文数量/篇	h 指数
1	金属学报	917	2684	0.960	32	15
2	中国有色金属学报（英文版）	2001	6259	0.839	78	17
3	表面技术	1875	4366	0.839	63	16
4	中国有色金属学报	1784	5502	0.832	62	19
5	塑性工程学报	1020	2123	0.788	25	11
6	有色金属科学与工程	675	1628	0.767	18	11
7	焊接学报	1700	3509	0.757	17	13
8	中国腐蚀与防护学报	423	1084	0.752	11	11
9	稀有金属	909	2548	0.738	29	14
10	中国表面工程	624	1403	0.694	16	11

35.5　高被引作者分析

2014—2018 年论文总被引频次 Top 10 的作者见表 35-4。其中，发文总被引频次居前 3 位的作者分别是中南大学的金和喜（119 次）、中南大学的郭学益（87 次）和中南大学的张新明（86 次）。5 年发文量居前 3 位的作者分别是兰州理工大学的王希靖（33 篇）、西安理工大学的张敏（32 篇）和中国重汽集团济南桥箱有限公司的刘胜勇（27 篇）。

表 35-4　金属学与金属工艺领域高被引作者 Top 10

序号	作者	作者单位	发文量/篇	总被引频次/次	篇均被引频次/次	被引率/%	h 指数
1	金和喜	中南大学	1	119	119.00	100.0	1
2	郭学益	中南大学	21	87	4.14	71.4	5
3	张新明	中南大学	5	86	17.20	80.0	3
4	郭玉琴	江苏大学	6	79	13.17	66.7	2
5	刘政	江西理工大学	19	69	3.63	73.7	6
6	郑晖	沈阳航空航天大学	1	66	66.00	100.0	1
7	刘元军	天津工业大学	8	65	8.13	100.0	6
8	路浩	南车青岛四方机车车辆股份有限公司	20	64	3.20	90.0	5

续表

序号	作者	作者单位	发文量/篇	总被引频次/次	篇均被引频次/次	被引率/%	h 指数
9	谢晖	湖南大学	20	60	3.00	90.0	4
10	柏久阳	哈尔滨工业大学	5	60	12.00	100.0	4

35.6 高被引机构分析

金属学与金属工艺领域总被引频次 Top 20 高等院校和总被引频次 Top 10 科研院所的发文和被引情况分别见表 35-5 和表 35-6。

表 35-5 金属学与金属工艺领域高被引高等院校 Top 20

序号	第一作者单位	发文量/篇	总被引频次/次	篇均被引频次/次	序号	第一作者单位	发文量/篇	总被引频次/次	篇均被引频次/次
1	中南大学	1894	4954	2.62	11	江苏大学	515	950	1.84
2	北京科技大学	1773	3690	2.08	12	重庆大学	451	921	2.04
3	昆明理工大学	1104	2172	1.97	13	河南科技大学	513	898	1.75
4	江西理工大学	807	1900	2.35	14	哈尔滨工业大学	437	817	1.87
5	东北大学	792	1636	2.07	15	西安建筑科技大学	531	741	1.40
6	南昌航空大学	709	1234	1.74	16	上海大学	517	722	1.40
7	西北工业大学	646	1174	1.82	17	华中科技大学	340	693	2.04
8	上海交通大学	566	1155	2.04	18	合肥工业大学	407	644	1.58
9	兰州理工大学	636	1021	1.61	19	南京航空航天大学	313	638	2.04
10	中北大学	558	972	1.74	20	太原理工大学	440	635	1.44

表 35-6 金属学与金属工艺领域高被引科研院所 Top 10

序号	第一作者单位	发文量/篇	总被引频次/次	篇均被引频次/次	序号	第一作者单位	发文量/篇	总被引频次/次	篇均被引频次/次
1	中国科学院金属研究所	426	1098	2.58	5	西北有色金属研究院	255	392	1.54
2	北京有色金属研究总院	276	629	2.28	6	北京矿冶研究总院	193	391	2.03
3	钢铁研究总院	286	482	1.69	7	首钢技术研究院	171	329	1.92
4	中国航发北京航空材料研究院	299	452	1.51	8	中航工业北京航空制造工程研究所	120	288	2.40

续表

序号	第一作者单位	发文量/篇	总被引频次/次	篇均被引频次/次	序号	第一作者单位	发文量/篇	总被引频次/次	篇均被引频次/次
9	昆明贵金属研究所	150	248	1.65	10	江苏省（沙钢）钢铁研究院	141	246	1.74

35.7　高被引国外期刊

金属学与金属工艺领域 2019 年被引频次 Top 10 的国外期刊见表 35-7，排名居前 3 位的国外期刊分别是 *Journal of Alloys and Compounds*、*Materials Science and Engineering A* 和 *Acta Materialia*。

表 35-7　金属学与金属工艺领域高被引国外期刊 Top 10

序号	期刊名称	2019 年被引频次/次
1	Journal of Alloys and Compounds	1346
2	Materials Science and Engineering A	1080
3	Acta Materialia	920
4	Corrosion Science	835
5	Surface and Coatings Technology	754
6	Materials and Design	614
7	Applied Surface Science	551
8	Journal of Materials Processing Technology	502
9	Ceramics International	470
10	Materials Characterization	450

36.4 高影响力期刊分析

在机械、仪表工业领域，5 年影响因子 Top 10 期刊见表 36-3，总被引频次最高的期刊是《机械工程学报》（14523 次），5 年影响因子最高的期刊是《仪器仪表学报》。

表 36-3 机械、仪表工业领域高被引期刊基本指标

序号	期刊名称	5 年载文量/篇	总被引频次/次	5 年影响因子	高被引论文数量/篇	h 指数
1	仪器仪表学报	1964	10834	1.437	221	31
2	机械工程学报	3296	14523	1.429	248	29
3	光学精密工程	2008	9462	1.294	157	25
4	摩擦学学报	524	1829	1.042	18	14
5	流体机械	1092	3425	0.925	36	16
6	图学学报	784	2027	0.865	36	16
7	中国机械工程	2685	6788	0.819	47	16
8	压力容器	805	2238	0.711	15	13
9	液压与气动	1542	2826	0.705	17	11
10	工程设计学报	507	1042	0.677	9	10

36.5 高被引作者分析

2014—2018 年论文总被引频次 Top 10 的作者见表 36-4。其中，发文总被引频次居前 3 位的作者分别是中国工程院的周济（441 次）、北京航空航天大学的王田苗（354 次）和上海产业技术研究院的李小丽（306 次）。5 年发文量居前 3 位的作者分别是辽宁工程技术大学的毛君（51 篇）、重庆大学的张根保（46 篇）和辽宁工程技术大学的赵丽娟（45 篇）。

表 36-4 机械、仪表工业领域高被引作者 Top 10

序号	作者	作者单位	发文量/篇	总被引频次/次	篇均被引频次/次	被引率/%	h 指数
1	周济	中国工程院	1	441	441.00	100.0	1
2	王田苗	北京航空航天大学	2	354	177.00	100.0	2
3	李小丽	上海产业技术研究院	1	306	306.00	100.0	1
4	张曙	同济大学	21	262	12.48	66.7	5
5	雷亚国	西安交通大学	6	209	34.83	100.0	6
6	计时鸣	浙江工业大学	20	154	7.70	70.0	4
7	毛君	辽宁工程技术大学	51	147	2.88	64.7	7
8	赵丽娟	辽宁工程技术大学	45	133	2.96	80.0	6

续表

序号	作者	作者单位	发文量/篇	总被引频次/次	篇均被引频次/次	被引率/%	h 指数
9	袁红军	江苏省淮阴商业学校	1	128	128.00	100.0	1
10	杨理践	沈阳工业大学	31	127	4.10	77.4	6

36.6　高被引机构分析

机械、仪表工业领域总被引频次 Top 20 高等院校和总被引频次 Top 10 科研院所的发文和被引情况分别见表 36-5 和表 36-6。

表 36-5　机械、仪表工业领域高被引高等院校 Top 20

序号	第一作者单位	发文量/篇	总被引频次/次	篇均被引频次/次	序号	第一作者单位	发文量/篇	总被引频次/次	篇均被引频次/次
1	燕山大学	922	2677	2.90	11	华南理工大学	640	1559	2.44
2	南京航空航天大学	1354	2469	1.82	12	清华大学	476	1553	3.26
3	合肥工业大学	1066	2405	2.26	13	西安交通大学	521	1523	2.92
4	北京航空航天大学	665	1868	2.81	14	湖南大学	539	1501	2.78
5	西南交通大学	1025	1830	1.79	15	西北工业大学	785	1500	1.91
6	重庆大学	551	1733	3.15	16	哈尔滨工业大学	598	1465	2.45
7	同济大学	807	1690	2.09	17	江苏大学	702	1441	2.05
8	中北大学	1113	1652	1.48	18	上海交通大学	772	1432	1.85
9	天津大学	713	1616	2.27	19	浙江大学	534	1424	2.67
10	上海理工大学	857	1582	1.85	20	大连理工大学	763	1420	1.86

表 36-6　机械、仪表工业领域高被引科研院所 Top 10

序号	第一作者单位	发文量/篇	总被引频次/次	篇均被引频次/次	序号	第一作者单位	发文量/篇	总被引频次/次	篇均被引频次/次
1	中国科学院长春光学精密机械与物理研究所	601	2704	4.50	5	中国工程物理研究院	345	345	1.00
2	合肥通用机械研究院	291	637	2.19	6	中国科学院兰州化学物理研究所	97	326	3.36
3	中国工程院	4	441	110.25	7	上海产业技术研究院	1	306	306.00
4	中国科学院沈阳自动化研究所	151	350	2.32	8	中国航发北京航空材料研究院	143	267	1.87

续表

序号	第一作者单位	发文量/篇	总被引频次/次	篇均被引频次/次	序号	第一作者单位	发文量/篇	总被引频次/次	篇均被引频次/次
9	南京电子技术研究所	181	177	0.98	10	中国电子科技集团公司第三十八研究所	186	165	0.89

36.7 高被引国外期刊

机械、仪表工业领域 2019 年被引频次 Top 10 的国外期刊见表 36-7，排名居前 3 位的国外期刊分别是 *The International Journal of Advanced Manufacturing Technology*、*Tribology International* 和 *IEEE Transactions on Industrial Electronics*。

表 36-7　机械、仪表工业领域高被引国外期刊 Top 10

序号	期刊名称	2019 年被引频次/次
1	The International Journal of Advanced Manufacturing Technology	725
2	Tribology International	298
3	IEEE Transactions on Industrial Electronics	235
4	Mechanical Systems and Signal Processing	229
5	Journal of Materials Processing Technology	196
6	Measurement	191
7	Procedia CIRP	180
8	Applied Energy	179
9	Procedia Engineering	175
10	Sensors	169

第 37 章　能源与动力工程领域高被引分析

37.1　领域论文概况

2014—2018 年，能源与动力工程领域的 88 种期刊上共发表学术论文 104381 篇，由来自 16330 所机构的 77996 位学者作为第一作者发表。上述论文中，有 51146 篇获得过引用，整体被引率为 49.0%，总被引频次为 149845 次，篇均被引 1.44 次；其中，高被引论文有 1042 篇，高被引论文篇均被引 23.15 次（表 37-1）。另外，2019 年本领域共发表论文 21817 篇，其中有 2011 篇在当年获得过引用，总共被引 2699 次。

表 37-1　能源与动力工程领域论文分布情况

年份	论文数量/篇	总被引频次/次	被引率/%	高被引论文数量/篇	高被引论文被引频次/次
2014	20248	43017	56.1	204	8110
2015	19998	36157	55.7	210	5707
2016	20072	30138	52.2	209	4719
2017	21570	25603	48.1	226	3572
2018	22493	14930	34.7	193	2018
合计	104381	149845	49.0	1042	24126

37.2　高被引论文分析

在能源与动力工程领域，2014—2018 年发表的总被引频次 Top 10 论文（表 37-2）的平均被引频次为 151.1 次，是全部 1042 篇高被引论文篇均被引频次的 6.53 倍。从论文分布来看，刊载高被引论文数量居前 3 位的期刊分别是《煤炭学报》（355 篇）、《煤炭科学技术》（217 篇）和《内燃机与配件》（92 篇），其中，《煤炭学报》刊载了高被引论文 Top 10 中的 9 篇；发表高被引论文数量居前 3 位的学者分别是上海汽车集团股份有限公司的伍赛特（12 篇）、天地科技股份有限公司的王国法（10 篇）和陕西省地质环境监测总站的范立民（7 篇）；产出高被引论文数量居前 3 位的机构分别是中国矿业大学（194 篇）、西安科技大学（31 篇）和天地科技股份有限公司（29 篇）。

表 37-2　能源与动力工程领域高被引论文 Top 10

序号	论文题名	第一作者	期刊名称	发表年份	被引频次/次	
					总频次	2019 年
1	我国煤炭开采中的冲击地压机理和防治	姜耀东	煤炭学报	2014	364	82
2	我国矿井水防控与资源化利用的研究进展、问题和展望	武强	煤炭学报	2014	188	43
3	沿空留巷围岩控制理论与实践	张农	煤炭学报	2014	160	36
4	我国煤矿深部开采现状及灾害防治分析	蓝航	煤炭科学技术	2016	122	36

续表

序号	论文题名	第一作者	期刊名称	发表年份	被引频次/次	
					总频次	2019 年
5	我国煤与瓦斯共采:理论、技术与工程	谢和平	煤炭学报	2014	120	28
6	西部生态脆弱矿区保水采煤研究与实践进展	范立民	煤炭学报	2015	118	35
7	冲击地压矿井巷道支护理论研究及应用	潘一山	煤炭学报	2014	115	23
8	煤炭精准开采科学构想	袁亮	煤炭学报	2017	110	49
9	深部软岩工程的研究进展与挑战	何满潮	煤炭学报	2014	108	25
10	深部开采的定量界定与分析	谢和平	煤炭学报	2015	106	27

37.3 研究主题关联分析

在能源与动力工程领域，1042 篇高被引论文共被引用了 24126 次。通过分析施引文献关键词的词频及关键词之间的共现关系，获得能源与动力工程领域的热点主题和主题关联，如图 37-1 所示。由图可知："数值仿真""冲击矿压""煤层气""瓦斯抽采"等关键词的文档词频较高，是能源与动力工程领域的研究热点；本领域主要形成 4 个研究主题簇，分别以"瓦斯抽采""煤层气"为核心，以"数值仿真""巷道支护"为核心，以"冲击矿压""采矿工程"为核心，以"煤矿开采""液压支架"为核心。

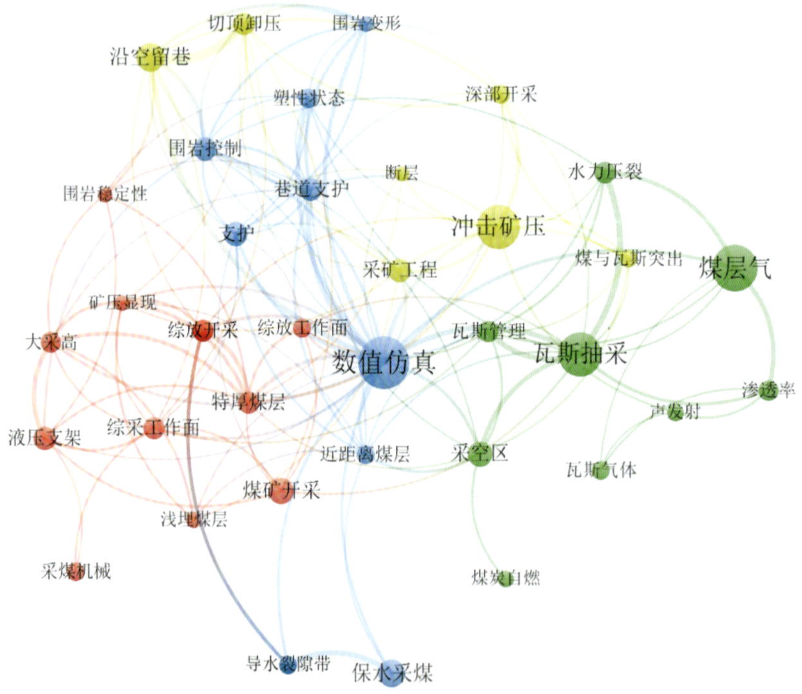

图 37-1 能源与动力工程领域热点论文主题关联

37.4　高影响力期刊分析

在能源与动力工程领域，5 年影响因子 Top 10 期刊见表 37-3，总被引频次最高的期刊是《煤炭学报》（19562 次），5 年影响因子最高的期刊是《煤炭学报》。

表 37-3　能源与动力工程领域高被引期刊基本指标

序号	期刊名称	5 年载文量/篇	总被引频次/次	5 年影响因子	高被引论文数量/篇	h 指数
1	煤炭学报	2417	19562	2.588	355	47
2	煤炭科学技术	2135	12982	2.004	217	34
3	分布式能源	161	286	0.969	4	7
4	动力工程学报	849	2393	0.908	16	16
5	煤炭工程	2907	7746	0.907	50	21
6	储能科学与技术	654	1422	0.888	20	14
7	国际煤炭科学技术学报（英文）	149	452	0.886	8	10
8	可再生能源	1546	3862	0.850	20	15
9	洁净煤技术	840	2467	0.793	25	18
10	内燃机学报	396	999	0.788	2	11

37.5　高被引作者分析

2014—2018 年论文总被引频次 Top 10 的作者见表 37-4。其中，发文总被引频次居前 3 位的作者分别是中国矿业大学的姜耀东（377 次）、天地科技股份有限公司的王国法（364 次）和中国矿业大学的武强（351 次）。5 年发文量居前 3 位的作者分别是福建省能源研究会的庄庆祥（50 篇）、内蒙古科技大学的王文才（29 篇）和内蒙古科技大学的王创业（27 篇）。

表 37-4　能源与动力工程领域高被引作者 Top 10

序号	作者	作者单位	发文量/篇	总被引频次/次	篇均被引频次/次	被引率/%	h 指数
1	姜耀东	中国矿业大学	3	377	125.67	100.0	3
2	王国法	天地科技股份有限公司	14	364	26.00	100.0	12
3	武强	中国矿业大学	16	351	21.94	100.0	9
4	谢和平	四川大学	6	345	57.50	100.0	6
5	王家臣	中国矿业大学	20	257	12.85	95.0	9
6	何满潮	中国矿业大学	11	256	23.27	72.7	7
7	康红普	天地科技股份有限公司	7	242	34.57	100.0	6

续表

序号	作者	作者单位	发文量/篇	总被引频次/次	篇均被引频次/次	被引率/%	h 指数
8	范立民	陕西省地质环境监测总站	11	228	20.73	90.9	7
9	秦勇	中国矿业大学	7	222	31.71	85.7	5
10	孙继平	中国矿业大学	12	220	18.33	100.0	8

37.6 高被引机构分析

能源与动力工程领域总被引频次 Top 20 高等院校和总被引频次 Top 10 科研院所的发文和被引情况分别见表 37-5 和表 37-6。

表 37-5 能源与动力工程领域高被引高等院校 Top 20

序号	第一作者单位	发文量/篇	总被引频次/次	篇均被引频次/次	序号	第一作者单位	发文量/篇	总被引频次/次	篇均被引频次/次
1	中国矿业大学	3469	14888	4.29	11	上海交通大学	721	986	1.37
2	太原理工大学	1461	2744	1.88	12	西安交通大学	653	930	1.42
3	西安科技大学	764	2520	3.30	13	中国地质大学	234	829	3.54
4	河南理工大学	856	2473	2.89	14	华中科技大学	428	828	1.93
5	山东科技大学	859	1915	2.23	15	天津大学	490	824	1.68
6	安徽理工大学	810	1750	2.16	16	重庆大学	369	783	2.12
7	华北电力大学	850	1704	2.00	17	北京科技大学	289	759	2.63
8	清华大学	947	1484	1.57	18	中国石油大学	315	717	2.28
9	辽宁工程技术大学	304	1322	4.35	19	华北电力大学保定校区	298	680	2.28
10	上海理工大学	762	1086	1.43	20	四川大学	141	598	4.24

表 37-6 能源与动力工程领域高被引科研院所 Top 10

序号	第一作者单位	发文量/篇	总被引频次/次	篇均被引频次/次	序号	第一作者单位	发文量/篇	总被引频次/次	篇均被引频次/次
1	中国科学院广州能源研究所	299	548	1.83	4	中国科学院上海应用物理研究所	336	396	1.18
2	煤炭科学研究总院	170	541	3.18	5	中国原子能科学研究院	575	387	0.67
3	中国核动力研究设计院	729	462	0.63	6	环境保护部核与辐射安全中心	324	383	1.18

续表

序号	第一作者单位	发文量/篇	总被引频次/次	篇均被引频次/次	序号	第一作者单位	发文量/篇	总被引频次/次	篇均被引频次/次
7	国家发展和改革委员会能源研究所	111	346	3.12	9	陕西省地质环境监测总站	21	304	14.48
8	中国科学院工程热物理研究所	222	306	1.38	10	煤炭科学研究总院开采设计研究分院	46	288	6.26

37.7　高被引国外期刊

能源与动力工程领域2019年被引频次Top 10的国外期刊见表37-7，排名居前3位的国外期刊分别是*Applied Energy*、*Fuel*和*Energy*。

表37-7　能源与动力工程领域高被引国外期刊Top 10

序号	期刊名称	2019年被引频次/次
1	Applied Energy	551
2	Fuel	429
3	Energy	416
4	Journal of Power Sources	283
5	Renewable & Sustainable Energy Reviews	268
6	Applied Tnermal Engineering	259
7	Energy Conversion & Management	246
8	Annals of Nuclear Energy	187
9	Energy Procedia	167
10	International Journal of Heat and Mass Transfer	165

第 38 章　电工技术领域高被引分析

38.1　领域论文概况

2014—2018 年，电工技术领域的 121 种期刊上共发表学术论文 187188 篇，由来自 26860 所机构的 129250 位学者作为第一作者发表。上述论文中，有 92230 篇获得过引用，整体被引率为 49.3%，总被引频次为 411953 次，篇均被引 2.20 次；其中，高被引论文有 1880 篇，高被引论文篇均被引 40.93 次（表 38-1）。另外，2019 年本领域共发表论文 36228 篇，其中有 3943 篇在当年获得过引用，总共被引 6076 次。

表 38-1　电工技术领域论文分布情况

年份	论文数量/篇	总被引频次/次	被引率/%	高被引论文数量/篇	高被引论文被引频次/次
2014	40700	113260	50.3	418	25403
2015	40236	115592	53.4	415	23013
2016	36666	90775	54.1	375	15521
2017	35048	63720	51.4	351	8808
2018	34538	28606	36.0	321	4197
合计	187188	411953	49.3	1880	76942

38.2　高被引论文分析

在电工技术领域，2014—2018 年发表的总被引频次 Top 10 论文（表 38-2）的平均被引频次为 385.6 次，是全部 1880 篇高被引论文篇均被引频次的 9.42 倍。从论文分布来看，刊载高被引论文数量居前 3 位的期刊分别是《中国电机工程学报》（385 篇）、《电力系统自动化》（293 篇）和《电力系统保护与控制》（235 篇），其中，《中国电机工程学报》刊载了高被引论文 Top 10 中的 8 篇；发表高被引论文数量居前 3 位的学者分别是天津大学的王成山（9 篇）、陕西省电力科学研究院的刘健（8 篇）和华北电力大学的曾鸣（8 篇）；产出高被引论文数量居前 3 位的机构分别是华北电力大学（168 篇）、中国电力科学研究院有限公司（109 篇）和清华大学（107 篇）。

表 38-2　电工技术领域高被引论文 Top 10

序号	论文题名	第一作者	期刊名称	发表年份	被引频次/次	
					总频次	2019 年
1	微电网技术综述	杨新法	中国电机工程学报	2014	615	155
2	从智能电网到能源互联网：基本概念与研究框架	董朝阳	电力系统自动化	2014	553	93
3	大规模光伏发电对电力系统影响综述	丁明	中国电机工程学报	2014	533	116

续表

序号	论文题名	第一作者	期刊名称	发表年份	被引频次/次	
					总频次	2019 年
4	智能电网大数据技术发展研究	张东霞	中国电机工程学报	2015	411	115
5	微电网关键技术研究	王成山	电工技术学报	2014	371	58
6	面向智能电网应用的电力大数据关键技术	彭小圣	中国电机工程学报	2015	315	76
7	虚拟同步发电机及其在微电网中的应用	吕志鹏	中国电机工程学报	2014	295	70
8	未来高压直流电网发展形态分析	姚良忠	中国电机工程学报	2014	268	59
9	能源互联网技术形态与关键技术	田世明	中国电机工程学报	2015	263	63
10	关于风电不确定性对电力系统影响的评述	薛禹胜	中国电机工程学报	2014	232	60

38.3　研究主题关联分析

在电工技术领域，1880 篇高被引论文共被引用了 76942 次。通过分析施引文献关键词的词频及关键词之间的共现关系，获得电工技术领域的热点主题和主题关联，如图 38-1 所示。由图可知：“微电网”“配电网”“能源互联网”“分布式电源”等关键词的文档词频较高，是电工技术领域的研究热点；本领域主要形成 3 个研究主题簇，分别以“能源互联网”“智能电网”为核心，以“微电网”“风力发电”为核心，以“配电网”“分布式电源”为核心。

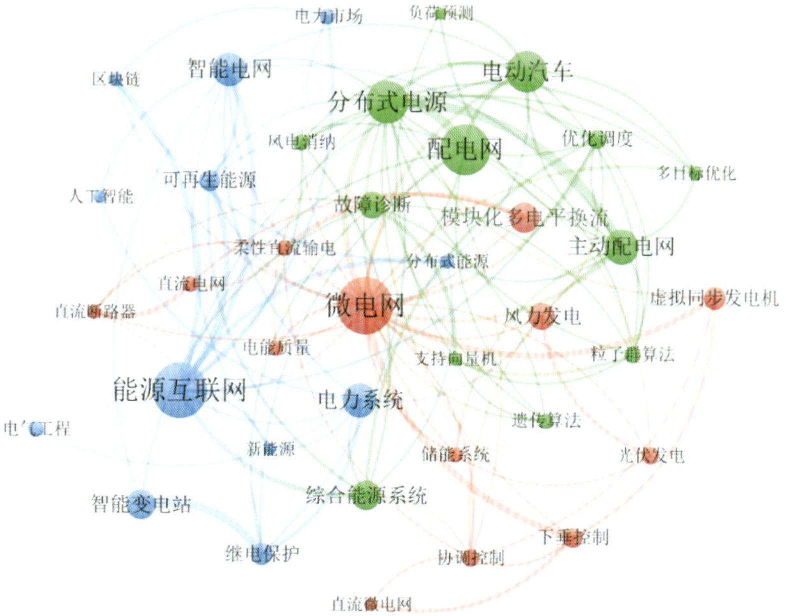

图 38-1　电工技术领域热点论文主题关联

38.4　高影响力期刊分析

在电工技术领域，5 年影响因子 Top 10 期刊见表 38-3，总被引频次最高的期刊是《中国电机工程学报》（43318 次），5 年影响因子最高的期刊是《电力系统自动化》。

表 38-3　电工技术领域高被引期刊基本指标

序号	期刊名称	5 年载文量/篇	总被引频次/次	5 年影响因子	高被引论文数量/篇	h 指数
1	电力系统自动化	3044	33103	3.798	293	59
2	电网技术	2767	26676	3.233	217	49
3	电力系统保护与控制	2844	28048	2.929	235	47
4	中国电机工程学报	4762	43318	2.899	385	72
5	电工技术学报	3374	27861	2.778	177	45
6	电力自动化设备	1757	12042	2.392	62	32
7	高电压技术	2656	20840	2.211	102	43
8	电力工程技术	751	2992	1.411	12	17
9	南方电网技术	803	3674	1.403	16	23
10	中国电力	1869	7909	1.350	32	25

38.5　高被引作者分析

2014—2018 年论文总被引频次 Top 10 的作者见表 38-4。其中，发文总被引频次居前 3 位的作者分别是合肥工业大学的丁明（952 次）、天津大学的王成山（885 次）和中国电力科学研究院有限公司的杨新法（615 次）。5 年发文量居前 3 位的作者分别是国网山东省电力公司平邑县供电公司的梁波（65 篇）、西安工程大学的黄新波（45 篇）和华北电力大学的曾鸣（40 篇）。

表 38-4　电工技术领域高被引作者 Top 10

序号	作者	作者单位	发文量/篇	总被引频次/次	篇均被引频次/次	被引率/%	h 指数
1	丁明	合肥工业大学	34	952	28.00	88.2	12
2	王成山	天津大学	21	885	42.14	100.0	15
3	杨新法	中国电力科学研究院有限公司	1	615	615.00	100.0	1
4	曾鸣	华北电力大学	40	604	15.10	95.0	13
5	董朝阳	南方电网科学研究院	2	564	282.00	100.0	2
6	刘健	陕西省电力科学研究院	34	532	15.65	94.1	13
7	薛禹胜	南瑞集团有限公司	8	494	61.75	100.0	7

续表

序号	作者	作者单位	发文量/篇	总被引频次/次	篇均被引频次/次	被引率/%	h指数
8	李斌	天津大学	27	491	18.19	92.6	10
9	张东霞	中国电力科学研究院有限公司	4	483	120.75	100.0	4
10	孙宏斌	清华大学	10	466	46.60	100.0	7

38.6　高被引机构分析

电工技术领域总被引频次 Top 20 高等院校和总被引频次 Top 10 科研院所的发文和被引情况分别见表 38-5 和表 38-6。

表 38-5　电工技术领域高被引高等院校 Top 20

序号	第一作者单位	发文量/篇	总被引频次/次	篇均被引频次/次	序号	第一作者单位	发文量/篇	总被引频次/次	篇均被引频次/次
1	华北电力大学	3911	22059	5.64	11	华中科技大学	780	5091	6.53
2	清华大学	1090	12082	11.08	12	华南理工大学	903	4978	5.51
3	上海交通大学	1362	8224	6.04	13	东北电力大学	1362	4874	3.58
4	天津大学	873	7668	8.78	14	四川大学	895	4455	4.98
5	浙江大学	969	7179	7.41	15	上海电力学院	1477	4108	2.78
6	华北电力大学保定校区	1424	6914	4.86	16	湖南大学	698	3951	5.66
7	重庆大学	1035	6617	6.39	17	西南交通大学	961	3940	4.10
8	西安交通大学	987	6490	6.58	18	河海大学	620	3641	5.87
9	武汉大学	1068	6171	5.78	19	合肥工业大学	715	3584	5.01
10	东南大学	888	5739	6.46	20	哈尔滨工业大学	635	3321	5.23

表 38-6　电工技术领域高被引科研院所 Top 10

序号	第一作者单位	发文量/篇	总被引频次/次	篇均被引频次/次	序号	第一作者单位	发文量/篇	总被引频次/次	篇均被引频次/次
1	南方电网科学研究院	347	2462	7.10	3	广东电网有限责任公司电力科学研究院	442	2128	4.81
2	中国科学院电工研究所	330	2175	6.59	4	国网浙江省电力有限公司电力科学研究院	345	1686	4.89

续表

序号	第一作者单位	发文量/篇	总被引频次/次	篇均被引频次/次	序号	第一作者单位	发文量/篇	总被引频次/次	篇均被引频次/次
5	国网北京经济技术研究院	162	1396	8.62	8	国网能源研究院	78	841	10.78
6	国网江苏省电力有限公司电力科学研究院	297	1382	4.65	9	国网湖南省电力有限公司电力科学研究院	325	744	2.29
7	国网智能电网研究院	137	995	7.26	10	中国电力科学研究院南京分院	62	674	10.87

38.7　高被引国外期刊

电工技术领域 2019 年被引频次 Top 10 的国外期刊见表 38-7，排名居前 3 位的国外期刊分别是 *IEEE Transactions on Power Electronics*、*IEEE Transactions on Smart Grid* 和 *IEEE Transactions on Power Systems*。

表 38-7　电工技术领域高被引国外期刊 Top 10

序号	期刊名称	2019 年被引频次/次
1	IEEE Transactions on Power Electronics	1930
2	IEEE Transactions on Smart Grid	1502
3	IEEE Transactions on Power Systems	1440
4	IEEE Transactions on Industrial Electronics	1361
5	IEEE Transactions on Power Delivery	910
6	Applied Energy	785
7	IEEE Transactions on Sustainable Energy	548
8	IEEE Transactions on Industry Applications	516
9	Protection and Control of Modern Power Systems	418
10	IEEE Transactions on Dielectrics and Electrical Insulation	398

第 39 章　无线电电子学、电信技术领域高被引分析

39.1　领域论文概况

2014—2018 年，无线电电子学、电信技术领域的 136 种期刊上共发表学术论文 220778 篇，由来自 25889 所机构的 163173 位学者作为第一作者发表。上述论文中，有 105112 篇获得过引用，整体被引率为 47.6%，总被引频次为 295840 次，篇均被引 1.34 次；其中，高被引论文有 2172 篇，高被引论文篇均被引 19.05 次（表 39-1）。另外，2019 年本领域共发表论文 42749 篇，其中有 4188 篇在当年获得过引用，总共被引 5570 次。

表 39-1　无线电电子学、电信技术领域论文分布情况

年份	论文数量/篇	总被引频次/次	被引率/%	高被引论文数量/篇	高被引论文被引频次/次
2014	47847	80407	51.7	517	12851
2015	42795	72638	53.5	403	9754
2016	44951	67716	50.9	475	9857
2017	42165	49865	48.4	413	6113
2018	43020	25214	32.9	364	2801
合计	220778	295840	47.6	2172	41376

39.2　高被引论文分析

在无线电电子学、电信技术领域，2014—2018 年发表的总被引频次 Top 10 论文（表 39-2）的平均被引频次为 121.6 次，是全部 2172 篇高被引论文篇均被引频次的 6.38 倍。从论文分布来看，刊载高被引论文数量居前 3 位的期刊分别是《电子测试》（136 篇）、《中国新通信》（128 篇）和《电子世界》（115 篇），其中，《电子测试》刊载了高被引论文 Top 10 中的 2 篇；发表高被引论文数量居前 3 位的学者分别是南京邮电大学的姚国章（4 篇）、西安邮电大学的刘颖（3 篇）和中国科学院信息工程研究所的李凤华（3 篇）；产出高被引论文数量居前 3 位的机构分别是合肥工业大学（43 篇）、北京邮电大学（33 篇）和西安电子科技大学（32 篇）。

表 39-2　无线电电子学、电信技术领域高被引论文 Top 10

序号	论文题名	第一作者	期刊名称	发表年份	被引频次/次	
					总频次	2019 年
1	5G 移动通信网络关键技术综述	赵国锋	重庆邮电大学学报（自然科学版）	2015	177	41
2	深度卷积神经网络在计算机视觉中的应用研究综述	卢宏涛	数据采集与处理	2016	176	79
3	人工智能技术在电气自动化控制中的应用思路分析	纪文革	电子测试	2014	126	11

续表

序号	作者	作者单位	发文量/篇	总被引频次/次	篇均被引频次/次	被引率/%	h 指数
7	姚国章	南京邮电大学	4	118	29.50	100.0	4
8	戴国华	中国电信股份有限公司广州研究院	3	118	39.33	66.7	2
9	张平	北京邮电大学	7	113	16.14	71.4	3
10	张长青	中国移动岳阳分公司	32	111	3.47	81.3	5

39.6 高被引机构分析

无线电电子学、电信技术领域总被引频次 Top 20 高等院校和总被引频次 Top 10 科研院所的发文和被引情况分别见表 39-5 和表 39-6。

表 39-5 无线电电子学、电信技术领域高被引高等院校 Top 20

序号	第一作者单位	发文量/篇	总被引频次/次	篇均被引频次/次	序号	第一作者单位	发文量/篇	总被引频次/次	篇均被引频次/次
1	西安电子科技大学	2208	4813	2.18	11	上海理工大学	1221	2075	1.70
2	重庆邮电大学	2172	3636	1.67	12	天津大学	962	1976	2.05
3	北京邮电大学	1342	2904	2.16	13	国防科技大学	1016	1906	1.88
4	空军工程大学	1233	2893	2.35	14	桂林电子科技大学	1408	1874	1.33
5	电子科技大学	1881	2867	1.52	15	中国人民解放军信息工程大学	775	1659	2.14
6	南京邮电大学	1497	2695	1.80	16	南京理工大学	834	1613	1.93
7	合肥工业大学	849	2616	3.08	17	武汉大学	714	1582	2.22
8	南京航空航天大学	1040	2384	2.29	18	北京航空航天大学	808	1556	1.93
9	中北大学	1298	2370	1.83	19	杭州电子科技大学	1188	1470	1.24
10	西安邮电大学	1258	2099	1.67	20	西北工业大学	805	1468	1.82

表 39-6 无线电电子学、电信技术领域高被引科研院所 Top 10

序号	第一作者单位	发文量/篇	总被引频次/次	篇均被引频次/次	序号	第一作者单位	发文量/篇	总被引频次/次	篇均被引频次/次
1	中国科学院长春光学精密机械与物理研究所	1026	2930	2.86	3	中国信息通信研究院	946	1366	1.44
2	中国电子科技集团公司第五十四研究所	927	1743	1.88	4	中国电信股份有限公司广州研究院	715	1334	1.87

续表

序号	第一作者单位	发文量/篇	总被引频次/次	篇均被引频次/次	序号	第一作者单位	发文量/篇	总被引频次/次	篇均被引频次/次
5	中国联通网络技术研究院	410	1253	3.06	8	中国科学院电子学研究所	451	840	1.86
6	南京电子技术研究所	609	916	1.50	9	中国科学院上海技术物理研究所	449	669	1.49
7	中国电子科技集团公司第三十八研究所	778	867	1.11	10	西南电子技术研究所	399	606	1.52

39.7　高被引国外期刊

无线电电子学、电信技术领域 2019 年被引频次 Top 10 的国外期刊见表 39-7，排名居前 3 位的国外期刊分别是 *Optics Express*、*IEEE Access* 和 *Optics Letters*。

表 39-7　无线电电子学、电信技术领域高被引国外期刊 Top 10

序号	期刊名称	2019 年被引频次/次
1	Optics Express	1273
2	IEEE Access	874
3	Optics Letters	724
4	IEEE Transactions on Wireless Communications	644
5	Applied Physics Letters	611
6	Sensors	606
7	IEEE Transactions on Vehicular Technology	587
8	IEEE Transactions on Pattern Analysis and Machine Intelligence	566
9	Advanced Materials	541
10	Scientific Reports	517

第 40 章　信息科学与系统科学领域高被引分析

40.1　领域论文概况

2014—2018 年，信息科学与系统科学领域的 69 种期刊上共发表学术论文 140611 篇，由来自 31189 所机构的 112348 位学者作为第一作者发表。上述论文中，有 48228 篇获得过引用，整体被引率为 34.3%，总被引频次为 141065 次，篇均被引 1.00 次；其中，高被引论文有 1352 篇，高被引论文篇均被引 20.46 次（表 40-1）。另外，2019 年本领域共发表论文 39180 篇，其中有 1811 篇在当年获得过引用，总共被引 2271 次。

表 40-1　信息科学与系统科学领域论文分布情况

年份	论文数量/篇	总被引频次/次	被引率/%	高被引论文数量/篇	高被引论文被引频次/次
2014	25077	37118	39.6	245	8063
2015	20476	35641	51.3	205	6023
2016	24407	32537	43.7	250	6747
2017	35076	25208	31.1	394	5022
2018	35575	10561	17.5	258	1804
合计	140611	141065	34.3	1352	27659

40.2　高被引论文分析

在信息科学与系统科学领域，2014—2018 年发表的总被引频次 Top 10 论文（表 40-2）的平均被引频次为 266.4 次，是全部 1352 篇高被引论文篇均被引频次的 13.02 倍。从论文分布来看，刊载高被引论文数量居前 3 位的期刊分别是《自动化学报》（154 篇）、《控制与决策》（133 篇）和《系统工程理论与实践》（118 篇），其中，《中国科学（信息科学）》刊载了高被引论文 Top 10 中的 6 篇；发表高被引论文数量居前 3 位的学者分别是中国科学院自动化研究所的王飞跃（5 篇）、上海贝岭股份有限公司的王甲（4 篇）和中国科学院自动化研究所的王坤峰（4 篇）；产出高被引论文数量居前 3 位的机构分别是中国科学院自动化研究所（39 篇）、东北大学（24 篇）和清华大学（23 篇）。

表 40-2　信息科学与系统科学领域高被引论文 Top 10

序号	论文题名	第一作者	期刊名称	发表年份	被引频次/次	
					总频次	2019 年
1	区块链技术发展现状与展望	袁勇	自动化学报	2016	891	429
2	5G移动通信发展趋势与若干关键技术	尤肖虎	中国科学（信息科学）	2014	529	113
3	大数据系统综述	李学龙	中国科学（信息科学）	2015	300	61

续表

序号	论文题名	第一作者	期刊名称	发表年份	被引频次/次	
					总频次	2019 年
4	图像理解中的卷积神经网络	常亮	自动化学报	2016	163	79
5	能源互联网与能源路由器	曹军威	中国科学（信息科学）	2014	143	26
6	大数据下的机器学习算法综述	何清	模式识别与人工智能	2014	140	26
7	虚拟现实增强技术综述	周忠	中国科学（信息科学）	2015	128	34
8	移动互联网研究综述	吴吉义	中国科学（信息科学）	2015	127	19
9	能源互联网关键技术分析	查亚兵	中国科学（信息科学）	2014	122	11
10	滴水成雨——走进雨课堂	臧晶晶	信息与电脑	2016	121	56

40.3 研究主题关联分析

在信息科学与系统科学领域，1352 篇高被引论文共被引用了 27659 次通过分析施引文献关键词的词频及关键词之间的共现关系，获得信息科学与系统科学领域的热点主题和主题关联，如图 40-1 所示。由图可知：“人工智能”“深度学习”“卷积神经网络”“区块链”等关键词的文档词频较高，是信息科学与系统科学领域的研究热点；本领域主要形成 4 个研究主题簇，分别以“人工智能”“区块链”为核心，以“深度学习”“卷积神经网络”为核心，以“人工神经网络”“路径设计”为核心，以“电气自动化系统”“电气工程”为核心。

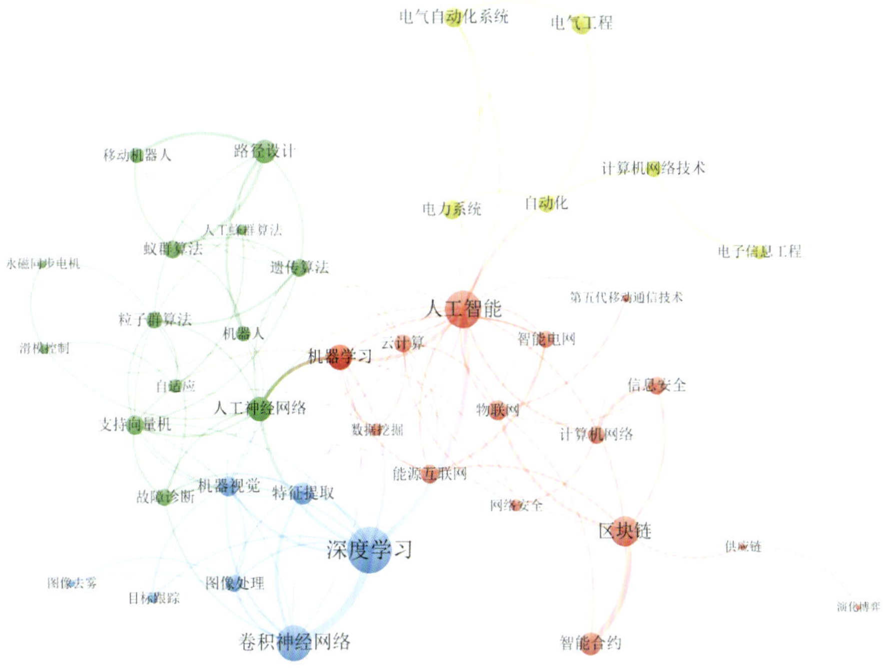

图 40-1 信息科学与系统科学领域热点论文主题关联

40.4 高影响力期刊分析

在信息科学与系统科学领域，5 年影响因子 Top 10 期刊见表 40-3，总被引频次最高的期刊是《数字技术与应用》（9626 次），5 年影响因子最高的期刊是《自动化学报》。

表 40-3 信息科学与系统科学领域高被引期刊基本指标

序号	期刊名称	5 年载文量/篇	总被引频次/次	5 年影响因子	高被引论文数量/篇	h 指数
1	自动化学报	1089	8507	2.827	154	35
2	机器人	492	2390	1.701	45	19
3	系统工程理论与实践	1683	7802	1.462	118	26
4	控制与决策	1777	7468	1.368	133	25
5	系统工程学报	441	1617	1.215	22	16
6	系统管理学报	668	2240	1.208	22	16
7	中国科学（信息科学）	683	3256	1.201	37	21
8	模式识别与人工智能	674	2192	1.089	29	15
9	控制理论与应用	1066	3679	1.083	38	21
10	信息安全学报	108	281	0.963	10	8

40.5 高被引作者分析

2014—2018 年论文总被引频次 Top 10 的作者见表 40-4。其中，发文总被引频次居前 3 位的作者分别是中国科学院自动化研究所的袁勇（978 次）、东南大学的尤肖虎（537 次）和中国科学院西安光学精密机械研究所的李学龙（320 次）。5 年发文量居前 3 位的作者分别是浙江工商职业技术学院的李方园（53 篇）、上海市集成电路行业协会的王龙兴（33 篇）和罗克韦尔自动化（中国）有限公司的华镕（31 篇）。

表 40-4 信息科学与系统科学领域高被引作者 Top 10

序号	作者	作者单位	发文量/篇	总被引频次/次	篇均被引频次/次	被引率/%	h 指数
1	袁勇	中国科学院自动化研究所	5	978	195.60	100.0	5
2	尤肖虎	东南大学	3	537	179.00	100.0	3
3	李学龙	中国科学院西安光学精密机械研究所	2	320	160.00	100.0	2
4	何清	中国科学院计算技术研究所	2	168	84.00	100.0	2
5	常亮	北京师范大学	1	163	163.00	100.0	1
6	王坤峰	中国科学院自动化研究所	4	162	40.50	100.0	4

续表

序号	作者	作者单位	发文量/篇	总被引频次/次	篇均被引频次/次	被引率/%	h 指数
7	曹军威	清华大学	1	143	143.00	100.0	1
8	王飞跃	中国科学院自动化研究所	12	136	11.33	100.0	7
9	王耀南	湖南大学	7	131	18.71	85.7	4
10	周忠	北京航空航天大学	1	128	128.00	100.0	1

40.6　高被引机构分析

信息科学与系统科学领域总被引频次 Top 20 高等院校和总被引频次 Top 10 科研院所的发文和被引情况分别见表 40-5 和表 40-6。

表 40-5　信息科学与系统科学领域高被引高等院校 Top 20

序号	第一作者单位	发文量/篇	总被引频次/次	篇均被引频次/次	序号	第一作者单位	发文量/篇	总被引频次/次	篇均被引频次/次
1	南京航空航天大学	550	1541	2.80	11	江南大学	412	1076	2.61
2	东北大学	465	1427	3.07	12	天津大学	399	1045	2.62
3	北京航空航天大学	492	1369	2.78	13	哈尔滨工程大学	496	1014	2.04
4	东南大学	301	1287	4.28	14	国防科技大学	520	981	1.89
5	清华大学	418	1228	2.94	15	上海交通大学	721	958	1.33
6	上海理工大学	582	1193	2.05	16	哈尔滨工业大学	347	944	2.72
7	同济大学	798	1177	1.47	17	合肥工业大学	278	931	3.35
8	大连理工大学	384	1168	3.04	18	空军工程大学	356	905	2.54
9	中南大学	399	1121	2.81	19	南京理工大学	319	831	2.61
10	西北工业大学	515	1095	2.13	20	华南理工大学	353	820	2.32

表 40-6　信息科学与系统科学领域高被引科研院所 Top 10

序号	第一作者单位	发文量/篇	总被引频次/次	篇均被引频次/次	序号	第一作者单位	发文量/篇	总被引频次/次	篇均被引频次/次
1	中国科学院自动化研究所	165	2280	13.82	3	中国科学院沈阳自动化研究所	173	644	3.72
2	中国电子科技集团公司第二十八研究所	470	678	1.44	4	中国科学院计算技术研究所	109	388	3.56

续表

序号	第一作者单位	发文量/篇	总被引频次/次	篇均被引频次/次	序号	第一作者单位	发文量/篇	总被引频次/次	篇均被引频次/次
5	中国科学院西安光学精密机械研究所	8	351	43.88	8	国家数字交换系统工程技术研究中心	107	201	1.88
6	中国电子技术标准化研究院	245	274	1.12	9	中华人民共和国国家新闻出版广电总局	217	184	0.85
7	中国科学院数学与系统科学研究院	64	203	3.17	10	广东电网有限责任公司佛山供电局	105	173	1.65

40.7　高被引国外期刊

信息科学与系统科学领域2019年被引频次Top 10的国外期刊见表40-7，排名居前3位的国外期刊分别是*IEEE Transactions on Industrial Electronics*、*Neurocomputing*和*Automatica*。

表 40-7　信息科学与系统科学领域高被引国外期刊 Top 10

序号	期刊名称	2019 年被引频次/次
1	IEEE Transactions on Industrial Electronics	409
2	Neurocomputing	378
3	Automatica	364
4	Information Sciences	353
5	IEEE Transactions on Automatic Control	318
6	IEEE Access	310
7	European Journal of Operational Research	233
8	IEEE Transactions on Pattern Analysis and Machine Intelligence	216
9	Nature	206
10	IEEE Transactions on Cybernetics	205

第 41 章　计算机科学与技术领域高被引分析

41.1　领域论文概况

2014—2018 年，计算机科学与技术领域的 65 种期刊上共发表学术论文 216265 篇，由来自 34724 所机构的 163021 位学者作为第一作者发表。上述论文中，有 80301 篇获得过引用，整体被引率为 37.1%，总被引频次为 239367 次，篇均被引 1.11 次；其中，高被引论文有 2112 篇，高被引论文篇均被引 22.41 次（表 41-1）。另外，2019 年本领域共发表论文 45306 篇，其中有 3026 篇在当年获得过引用，总共被引 3924 次。

表 41-1　计算机科学与技术领域论文分布情况

年份	论文数量/篇	总被引频次/次	被引率/%	高被引论文数量/篇	高被引论文被引频次/次
2014	43596	66512	41.8	453	14811
2015	41850	58754	41.8	418	11689
2016	44387	52274	39.1	483	10477
2017	39193	41173	40.9	380	6895
2018	47239	20654	23.7	378	3450
合计	216265	239367	37.1	2112	47322

41.2　高被引论文分析

在计算机科学与技术领域，2014—2018 年发表的总被引频次 Top 10 论文（表 41-2）的平均被引频次为 285.8 次，是全部 2112 篇高被引论文篇均被引频次的 12.75 倍。从论文分布来看，刊载高被引论文数量居前 3 位的期刊分别是《计算机学报》（159 篇）、《软件学报》（157 篇）和《计算机应用》（143 篇），其中，《软件学报》刊载了高被引论文 Top 10 中的 4 篇；发表高被引论文数量居前 3 位的学者分别是中国科学院大学的张玉清（6 篇）、复旦大学的朱扬勇（4 篇）和中国石油大学的刘建伟（4 篇）；产出高被引论文数量居前 3 位的机构分别是北京邮电大学（35 篇）、武汉大学（34 篇）和清华大学（33 篇）。

表 41-2　计算机科学与技术领域高被引论文 Top 10

序号	论文题名	第一作者	期刊名称	发表年份	被引频次/次	
					总频次	2019 年
1	大数据安全与隐私保护	冯登国	计算机学报	2014	523	90
2	大数据系统和分析技术综述	程学旗	软件学报	2014	500	97
3	卷积神经网络研究综述	周飞燕	计算机学报	2017	324	215
4	软件定义网络（SDN）研究进展	张朝昆	软件学报	2015	264	63
5	大数据可视分析综述	任磊	软件学报	2014	238	51

续表

序号	论文题名	第一作者	期刊名称	发表年份	被引频次/次	
					总频次	2019 年
6	大数据流式计算:关键技术及系统实例	孙大为	软件学报	2014	233	27
7	卷积神经网络研究综述	李彦冬	计算机应用	2016	214	111
8	智能视频监控技术综述	黄凯奇	计算机学报	2015	214	53
9	知识图谱构建技术综述	刘峤	计算机研究与发展	2016	180	101
10	以数据为中心的智慧城市研究综述	王静远	计算机研究与发展	2014	168	26

41.3　研究主题关联分析

在计算机科学与技术领域，2112 篇高被引论文共被引用了 47322 次。通过分析施引文献关键词的词频及关键词之间的共现关系，获得计算机科学与技术领域的热点主题和主题关联，如图 41-1 所示。由图可知：“云计算”“数据挖掘”“深度学习”“卷积神经网络”等关键词的文档词频较高，是计算机科学与技术领域的研究热点；本领域主要形成 5 个研究主题簇，分别以“深度学习”“卷积神经网络”为核心，以“云计算”“网络安全”为核心，以“人工智能”“计算机网络”为核心，以“数据挖掘”“协同过滤”为核心，以“物联网”“区块链”为核心。

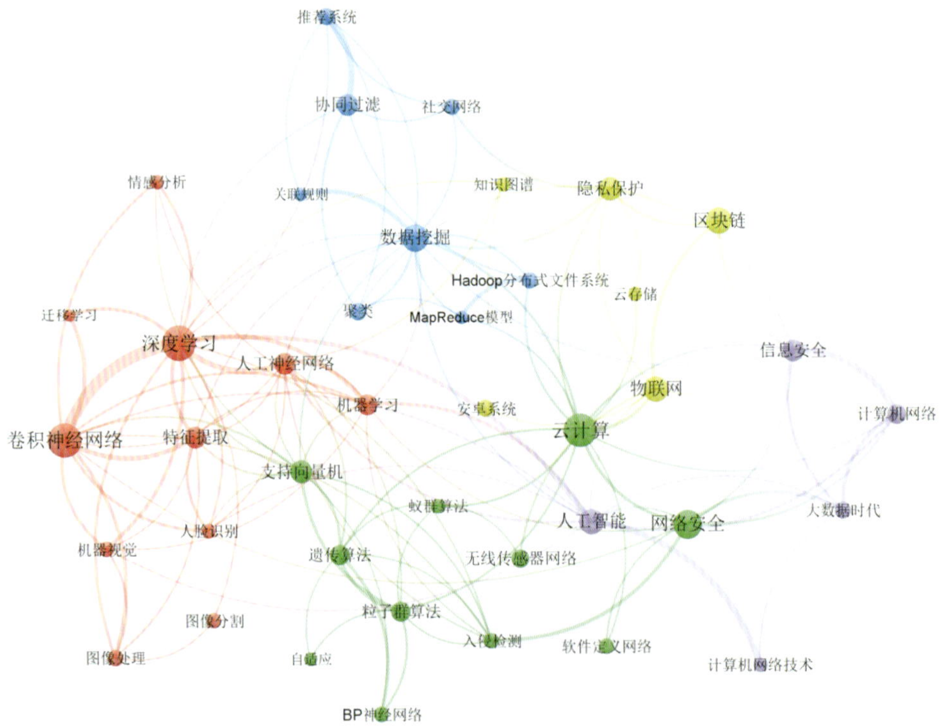

图 41-1　计算机科学与技术领域热点论文主题关联

41.4　高影响力期刊分析

在计算机科学与技术领域，5 年影响因子 Top 10 期刊见表 41-3，总被引频次最高的期刊是《电脑知识与技术》（19820 次），5 年影响因子最高的期刊是《计算机学报》。

表 41-3　计算机科学与技术领域高被引期刊基本指标

序号	期刊名称	5 年载文量/篇	总被引频次/次	5 年影响因子	高被引论文数量/篇	h 指数
1	计算机学报	954	8870	2.811	159	42
2	软件学报	1098	8490	2.293	157	36
3	计算机研究与发展	1314	7366	1.696	133	32
4	中国图象图形学报	947	3621	1.299	54	21
5	计算机集成制造系统	1608	6454	1.282	81	24
6	大数据	262	1008	1.229	20	16
7	计算机辅助设计与图形学学报	1359	3990	0.923	49	20
8	计算机应用	4303	11639	0.891	143	25
9	软件	2385	6738	0.852	100	20
10	网络与信息安全学报	320	653	0.838	13	11

41.5　高被引作者分析

2014—2018 年论文总被引频次 Top 10 的作者见表 41-4。其中，发文总被引频次居前 3 位的作者分别是中国科学院软件研究所的冯登国（533 次）、中国科学院计算技术研究所的程学旗（505 次）和中国科学院苏州纳米技术与纳米仿生研究所的周飞燕（324 次）。5 年发文量居前 3 位的作者分别是南京航空航天大学的朱俚治（48 篇）、神华国华徐州发电有限公司的王巍（35 篇）和徐州高等师范学校的顾玮（35 篇）。

表 41-4　计算机科学与技术领域高被引作者 Top 10

序号	作者	作者单位	发文量/篇	总被引频次/次	篇均被引频次/次	被引率/%	h 指数
1	冯登国	中国科学院软件研究所	2	533	266.50	100.0	2
2	程学旗	中国科学院计算技术研究所	3	505	168.33	100.0	2
3	周飞燕	中国科学院苏州纳米技术与纳米仿生研究所	1	324	324.00	100.0	1
4	刘建伟	中国石油大学	10	311	31.10	90.0	5
5	黄凯奇	中国科学院自动化研究所	2	310	155.00	100.0	2
6	张玉清	中国科学院大学	7	280	40.00	85.7	6

续表

序号	作者	作者单位	发文量/篇	总被引频次/次	篇均被引频次/次	被引率/%	h 指数
7	张朝昆	清华大学	1	264	264.00	100.0	1
8	任磊	北京航空航天大学	2	247	123.50	100.0	2
9	孙大为	清华大学	1	233	233.00	100.0	1
10	李彦冬	电子科技大学	1	214	214.00	100.0	1

41.6 高被引机构分析

计算机科学与技术领域总被引频次 Top 20 高等院校和总被引频次 Top 10 科研院所的发文和被引情况分别见表 41-5 和表 41-6。

表 41-5 计算机科学与技术领域高被引高等院校 Top 20

序号	第一作者单位	发文量/篇	总被引频次/次	篇均被引频次/次	序号	第一作者单位	发文量/篇	总被引频次/次	篇均被引频次/次
1	清华大学	543	2561	4.72	11	上海理工大学	904	1737	1.92
2	武汉大学	849	2468	2.91	12	四川大学	1181	1722	1.46
3	南京邮电大学	1410	2419	1.72	13	重庆大学	567	1702	3.00
4	北京邮电大学	637	2279	3.58	14	中国人民解放军信息工程大学	858	1639	1.91
5	江南大学	1015	2226	2.19	15	西北工业大学	747	1570	2.10
6	国防科技大学	793	2071	2.61	16	重庆邮电大学	762	1550	2.03
7	西南交通大学	670	1884	2.81	17	合肥工业大学	626	1459	2.33
8	北京航空航天大学	514	1865	3.63	18	广东工业大学	834	1443	1.73
9	电子科技大学	508	1812	3.57	19	东北大学	455	1398	3.07
10	南京航空航天大学	1068	1755	1.64	20	空军工程大学	672	1324	1.97

表 41-6 计算机科学与技术领域高被引科研院所 Top 10

序号	第一作者单位	发文量/篇	总被引频次/次	篇均被引频次/次	序号	第一作者单位	发文量/篇	总被引频次/次	篇均被引频次/次
1	中国科学院计算技术研究所	284	2011	7.08	3	中国科学院信息工程研究所	163	710	4.36
2	中国科学院软件研究所	271	1319	4.87	4	中国科学院自动化研究所	65	540	8.31

续表

序号	第一作者单位	发文量/篇	总被引频次/次	篇均被引频次/次	序号	第一作者单位	发文量/篇	总被引频次/次	篇均被引频次/次
5	国家数字交换系统工程技术研究中心	216	374	1.73	8	华北计算技术研究所	158	323	2.04
6	中国科学院计算机网络信息中心	107	332	3.10	9	中航工业西安航空计算技术研究所	263	268	1.02
7	中国科学院苏州纳米技术与纳米仿生研究所	6	328	54.67	10	中国科学院沈阳自动化研究所	83	265	3.19

41.7 高被引国外期刊

计算机科学与技术领域 2019 年被引频次 Top 10 的国外期刊见表 41-7，排名居前 3 位的国外期刊分别是 IEEE *Transactions on Pattern Analysis and Machine Intelligence*、*Neurocomputing* 和 *IEEE Transactions on Image Processing*。

表 41-7 计算机科学与技术领域高被引国外期刊 Top 10

序号	期刊名称	2019 年被引频次/次
1	IEEE Transactions on Pattern Analysis and Machine Intelligence	820
2	Neurocomputing	717
3	IEEE Transactions on Image Processing	631
4	Information Sciences	629
5	IEEE Access	612
6	Knowledge-based Systems	445
7	Computer Science	381
8	Pattern Recognition	346
9	Expert Systems with Application	331
10	Applied Soft Computing Journal	308

第 42 章　化学工程领域高被引分析

42.1　领域论文概况

2014—2018 年，化学工程领域的 156 种期刊上共发表学术论文 228546 篇，由来自 29248 所机构的 158611 位学者作为第一作者发表。上述论文中，有 99510 篇获得过引用，整体被引率为 43.5%，总被引频次为 242225 次，篇均被引 1.06 次；其中，高被引论文有 2275 篇，高被引论文篇均被引 12.88 次（表 42-1）。另外，2019 年本领域共发表论文 46964 篇，其中有 3313 篇在当年获得过引用，总共被引 4135 次。

表 42-1　化学工程领域论文分布情况

年份	论文数量/篇	总被引频次/次	被引率/%	高被引论文数量/篇	高被引论文被引频次/次
2014	43377	61912	49.1	454	8096
2015	44047	58452	49.6	434	6810
2016	46586	54422	47.3	437	6302
2017	47477	44280	43.0	467	5087
2018	47059	23159	29.6	483	3016
合计	228546	242225	43.5	2275	29311

42.2　高被引论文分析

在化学工程领域，2014—2018 年发表的总被引频次 Top 10 论文（表 42-2）的平均被引频次为 66.4 次，是全部 2275 篇高被引论文篇均被引频次的 5.16 倍。从论文分布来看，刊载高被引论文数量居前 3 位的期刊分别是《化工管理》（483 篇）、《化工进展》（199 篇）和《化工学报》（149 篇），其中，《化工进展》和《化工学报》分别刊载了高被引论文 Top 10 中的 2 篇；发表高被引论文数量居前 3 位的学者分别是怀化职业技术学院的张建卿（4 篇）、清华大学的阎培渝（4 篇）和延安大学西安创新学院的何帅（4 篇）；产出高被引论文数量居前 3 位的机构分别是清华大学（26 篇）、中国石油大学（25 篇）和青岛科技大学（24 篇）。

表 42-2　化学工程领域高被引论文 Top 10

序号	论文题名	第一作者	期刊名称	发表年份	被引频次/次	
					总频次	2019 年
1	燃煤电厂脱硫废水处理技术研究与应用进展	马双忱	化工进展	2016	88	22
2	煤矸石综合利用的产业化及其展望	郭彦霞	化工学报	2014	85	19
3	浅谈电气工程及其自动化的发展现状与展望	刘心驰	玻璃	2014	75	3

续表

序号	论文题名	第一作者	期刊名称	发表年份	被引频次/次	
					总频次	2019 年
4	准东煤中碱金属的赋存形式及其在燃烧过程中的迁移规律实验研究	刘敬	燃料化学学报	2014	74	10
5	浅议绿色化工技术在化学工程工艺中的应用	井博勋	天津化工	2015	64	13
6	超高性能混凝土在中国的研究和应用	王德辉	硅酸盐通报	2016	60	21
7	现代煤气化技术发展趋势及应用综述	汪寿建	化工进展	2016	59	25
8	常压室温等离子体生物诱变育种及其应用研究进展	张雪	化工学报	2014	54	14
9	煤化工废水处理现状及发展方向	王香莲	现代化工	2014	53	8
10	化工工艺中所涉及的常见节能降耗技术的相关对策研究分析	芮国芬	化工管理	2015	52	9

42.3　研究主题关联分析

在化学工程领域，2275 篇高被引论文共被引用了 29311 次。通过分析施引文献关键词的词频及关键词之间的共现关系，获得化学工程领域的热点主题和主题关联，如图 42-1 所示。由图可知：“力学性能”“吸附”“化学工艺”“石油化学工程”“安全管理”等关键词的文档词频较高，是化学工程领域的研究热点；本领域主要形成 4 个研究主题簇，分别以“力学性能”“吸附”为核心，以“安全管理”“环境保护”为核心，以“化学工艺”“自动化”为核心，以“石油化学工艺”“废水处理”为核心。

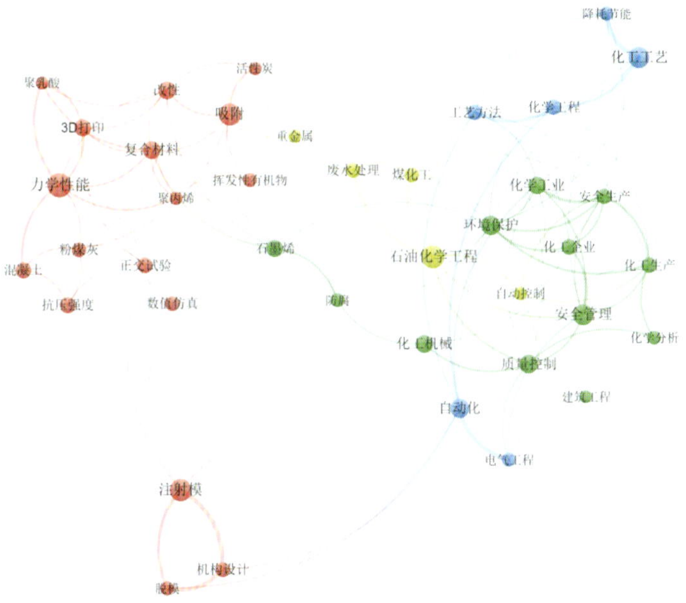

图 42-1　化学工程领域热点论文主题关联

42.4　高影响力期刊分析

在化学工程领域，5 年影响因子 Top 10 期刊见表 42-3，总被引频次最高的期刊是《化工管理》（35589 次），5 年影响因子最高的期刊是《化工进展》。

表 42-3　化学工程领域高被引期刊基本指标

序号	期刊名称	5 年载文量/篇	总被引频次/次	5 年影响因子	高被引论文数量/篇	h 指数
1	化工进展	3449	10132	0.923	199	24
2	化工学报	3644	10439	0.814	149	19
3	燃料化学学报	1033	3090	0.789	58	16
4	橡胶工业	940	1796	0.768	31	11
5	硅酸盐学报	1307	3316	0.762	49	15
6	硅酸盐通报	3536	7852	0.744	123	19
7	煤炭转化	381	805	0.667	4	9
8	塑料工业	2032	3917	0.652	55	15
9	涂料工业	986	1828	0.629	17	11
10	塑料	981	2017	0.623	26	14

42.5　高被引作者分析

2014—2018 年论文总被引频次 Top 10 的作者见表 42-4。其中，发文总被引频次居前 3 位的作者分别是华北电力大学保定校区的马双忱（122 次）、东北电力大学的王擎（87 次）和湖南科技大学的申少华（87 次）。5 年发文量居前 3 位的作者分别是华南理工大学的江晼兰（75 篇）、中国水泥协会的孔祥忠（69 篇）和云南云天化股份有限公司云峰分公司的念吉红（58 篇）。

表 42-4　化学工程领域高被引作者 Top 10

序号	作者	作者单位	发文量/篇	总被引频次/次	篇均被引频次/次	被引率/%	h 指数
1	马双忱	华北电力大学保定校区	9	122	13.56	100.0	3
2	王擎	东北电力大学	26	87	3.35	84.6	5
3	申少华	湖南科技大学	12	87	7.25	83.3	5
4	郭彦霞	山西大学	2	86	43.00	100.0	1
5	阎培渝	清华大学	13	85	6.54	84.6	6
6	冯刚	浙江工业职业技术学院	13	80	6.15	76.9	4
7	张建卿	怀化职业技术学院	7	79	11.29	100.0	6

续表

序号	作者	作者单位	发文量/篇	总被引频次/次	篇均被引频次/次	被引率/%	h 指数
8	张维合	广东科技学院	28	75	2.68	82.1	5
9	刘心驰	东华大学	1	75	75.00	100.0	1
10	黄良仙	陕西科技大学	20	74	3.70	95.0	6

42.6 高被引机构分析

化学工程领域总被引频次 Top 20 高等院校和总被引频次 Top 10 科研院所的发文和被引情况分别见表 42-5 和表 42-6。

表 42-5 化学工程领域高被引高等院校 Top 20

序号	第一作者单位	发文量/篇	总被引频次/次	篇均被引频次/次	序号	第一作者单位	发文量/篇	总被引频次/次	篇均被引频次/次
1	中国石油大学	1532	2856	1.86	11	昆明理工大学	686	1501	2.19
2	青岛科技大学	2025	2544	1.26	12	浙江大学	700	1434	2.05
3	北京化工大学	1357	2374	1.75	13	四川大学	1086	1387	1.28
4	陕西科技大学	1455	2129	1.46	14	南京工业大学	784	1379	1.76
5	天津大学	1271	2067	1.63	15	清华大学	471	1335	2.83
6	辽宁石油化工大学	1278	2046	1.60	16	中北大学	863	1246	1.44
7	吉林化工学院	1306	1997	1.53	17	中国矿业大学	490	1139	2.32
8	华南理工大学	1067	1915	1.79	18	西南石油大学	703	1131	1.61
9	华东理工大学	1129	1759	1.56	19	西安石油大学	1010	1041	1.03
10	东北石油大学	1481	1752	1.18	20	常州大学	610	1033	1.69

表 42-6 化学工程领域高被引科研院所 Top 10

序号	第一作者单位	发文量/篇	总被引频次/次	篇均被引频次/次	序号	第一作者单位	发文量/篇	总被引频次/次	篇均被引频次/次
1	西安近代化学研究所	585	961	1.64	4	中国石化抚顺石油化工研究院	204	400	1.96
2	中国林业科学研究院林产化学工业研究所	355	824	2.32	5	中国科学院山西煤炭化学研究所	202	383	1.90
3	中国科学院过程工程研究所	260	471	1.81	6	中国建筑材料科学研究总院	149	325	2.18

续表

序号	第一作者单位	发文量/篇	总被引频次/次	篇均被引频次/次	序号	第一作者单位	发文量/篇	总被引频次/次	篇均被引频次/次
7	中国石油天然气股份有限公司石油化工研究院	100	298	2.98	9	中国科学院广州能源研究所	124	266	2.15
8	中国石油化工股份有限公司北京化工研究院	149	284	1.91	10	陕西省石油化工研究设计院	193	235	1.22

42.7　高被引国外期刊

化学工程领域2019年被引频次Top 10的国外期刊见表42-7，排名居前3位的国外期刊分别是*RSC Advances*、*Chemical Engineering Journal*和*Journal of Membrane Science*。

表42-7　化学工程领域高被引国外期刊Top 10

序号	期刊名称	2019年被引频次/次
1	RSC Advances	1268
2	Chemical Engineering Journal	1262
3	Journal of Membrane Science	856
4	Fuel	839
5	Ceramics International	715
6	Applied Surface Science	713
7	ACS Applied Materials & Interfaces	628
8	Applied Catalysis B:Environmental	581
9	Journal of Applied Polymer Science	550
10	Bioresource Technology	546

第 43 章　轻工业、手工业领域高被引分析

43.1　领域论文概况

2014—2018 年，轻工业、手工业领域的 142 种期刊上共发表学术论文 210279 篇，由来自 19527 所机构的 116587 位学者作为第一作者发表。上述论文中，有 93141 篇获得过引用，整体被引率为 44.3%，总被引频次为 283714 次，篇均被引 1.35 次；其中，高被引论文有 1929 篇，高被引论文篇均被引 16.92 次（表 43-1）。另外，2019 年本领域共发表论文 42737 篇，其中有 3301 篇在当年获得过引用，总共被引 4196 次。

表 43-1　轻工业、手工业领域论文分布情况

年份	论文数量/篇	总被引频次/次	被引率/%	高被引论文数量/篇	高被引论文被引频次/次
2014	37075	75313	50.8	346	9106
2015	38292	68357	50.0	375	8052
2016	44852	66483	48.1	421	7566
2017	45409	48758	43.6	429	5121
2018	44651	24803	30.9	358	2786
合计	210279	283714	44.3	1929	32631

43.2　高被引论文分析

在轻工业、手工业领域，2014—2018 年发表的总被引频次 Top 10 论文（表 43-2）的平均被引频次为 81.6 次，是全部 1929 篇高被引论文篇均被引频次的 4.82 倍。从论文分布来看，刊载高被引论文数量居前 3 位的期刊分别是《食品科学》（537 篇）、《食品工业科技》（181 篇）和《食品安全质量检测学报》（108 篇），其中，《食品科学》刊载了高被引论文 Top 10 中的 5 篇；发表高被引论文数量居前 3 位的学者分别是湖南农业大学的邓小华（5 篇）、湖北文理学院的王玉荣（4 篇）和南昌大学的谢明勇（4 篇）；产出高被引论文数量居前 3 位的机构分别是渤海大学（48 篇）、西南大学（46 篇）和西北农林科技大学（35 篇）。

表 43-2　轻工业、手工业领域高被引论文 Top 10

序号	论文题名	第一作者	期刊名称	发表年份	被引频次/次	
					总频次	2019 年
1	DPPH 法评价抗氧化活性研究进展	韦献雅	食品科学	2014	184	58
2	藜麦的营养价值及其应用前景	王黎明	食品工业科技	2014	83	23
3	藜麦营养功能成分及生物活性研究进展	魏爱春	食品科学	2015	75	29
4	葛根有效成分及其药理作用研究进展	楚纪明	食品与药品	2015	75	21

续表

序号	论文题名	第一作者	期刊名称	发表年份	被引频次/次	
					总频次	2019 年
5	响应面优化玛咖叶总黄酮提取工艺及其抗氧化活性研究	张黎明	现代食品科技	2014	75	13
6	桑叶蛋白氨基酸组成分析及营养价值评价	王芳	食品科学	2015	69	21
7	智能服装的设计模式与发展趋势	田苗	纺织学报	2014	66	14
8	原花青素的研究进展	张慧文	食品科学	2015	65	20
9	基于“用户画像”挖掘的精准营销细分模型研究	刘海	丝绸	2015	62	27
10	响应面法优化半枝莲黄酮提取工艺及体外抗氧化性分析	陈红梅	食品科学	2016	62	17

43.3　研究主题关联分析

在轻工业、手工业领域，1929 篇高被引论文共被引用了 32631 次。通过分析施引文献关键词的词频及关键词之间的共现关系，获得轻工业、手工业领域的热点主题和主题关联，如图 43-1 所示。由图可知：“抗氧化性”“抗氧化活性”“响应面分析法”“气相色谱质谱”“主成分分析”等关键词的文档词频较高，是轻工业、手工业领域的研究热点；本领域主要形成 3 个研究主题簇，分别以“气相色谱质谱”“主成分分析”为核心，以“抗氧化性”“响应面分析法”为核心，以“感观评价”“工艺优化”为核心。

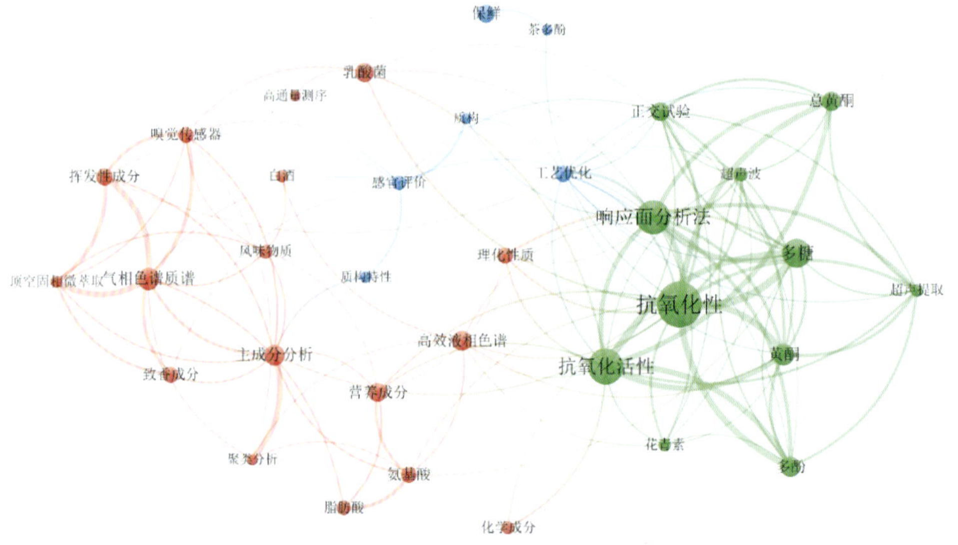

图 43-1　轻工业、手工业领域热点论文主题关联

43.4 高影响力期刊分析

在轻工业、手工业领域，5 年影响因子 Top 10 期刊见表 43-3，总被引频次最高的期刊是《食品科学》（32550 次），5 年影响因子最高的期刊是《食品科学》。

表 43-3 轻工业、手工业领域高被引期刊基本指标

序号	期刊名称	5 年载文量/篇	总被引频次/次	5 年影响因子	高被引论文数量/篇	h 指数
1	食品科学	6319	32550	1.813	537	36
2	中国食品学报	2224	7417	1.254	76	23
3	食品科学技术学报	443	1562	1.217	17	14
4	食品与发酵工业	2779	8317	1.136	83	18
5	中国粮油学报	1591	4874	1.084	34	18
6	林产工业	901	2054	1.071	46	14
7	中国酿造	2437	7420	1.063	75	18
8	烟草科技	1022	3292	1.037	23	14
9	现代食品科技	2796	9371	1.024	68	21
10	保鲜与加工	694	1861	0.997	12	13

43.5 高被引作者分析

2014—2018 年论文总被引频次 Top 10 的作者见表 43-4。其中，发文总被引频次居前 3 位的作者分别是河南工业大学的刘玉兰（211 次）、渤海大学的李颖畅（206 次）和四川农业大学成都校区的韦献雅（184 次）。5 年发文量居前 3 位的作者分别是河南工业大学的刘玉兰（53 篇）、北京精准联合企划有限公司的丁华（53 篇）和上海耕航企业管理有限公司的刘峰源（51 篇）。

表 43-4 轻工业、手工业领域高被引作者 Top 10

序号	作者	作者单位	发文量/篇	总被引频次/次	篇均被引频次/次	被引率/%	h 指数
1	刘玉兰	河南工业大学	53	211	3.98	90.6	7
2	李颖畅	渤海大学	23	206	8.96	87.0	9
3	韦献雅	四川农业大学成都校区	1	184	184.00	100.0	1
4	刘元军	天津工业大学	34	167	4.91	70.6	8
5	张泽生	天津科技大学	36	161	4.47	88.9	7
6	范金波	渤海大学	28	156	5.57	67.9	7
7	李学鹏	渤海大学	24	144	6.00	100.0	7

续表

序号	作者	作者单位	发文量/篇	总被引频次/次	篇均被引频次/次	被引率/%	h 指数
8	周显青	河南工业大学	33	136	4.12	66.7	7
9	李加兴	吉首大学	9	130	14.44	100.0	7
10	邓小华	湖南农业大学	6	127	21.17	100.0	6

43.6　高被引机构分析

轻工业、手工业领域总被引频次 Top 20 高等院校和总被引频次 Top 10 科研院所的发文和被引情况分别见表 43-5 和表 43-6。

表 43-5　轻工业、手工业领域高被引高等院校 Top 20

序号	第一作者单位	发文量/篇	总被引频次/次	篇均被引频次/次	序号	第一作者单位	发文量/篇	总被引频次/次	篇均被引频次/次
1	江南大学	3345	7135	2.13	11	东华大学	1595	2345	1.47
2	河南工业大学	1939	4521	2.33	12	南京农业大学	567	2312	4.08
3	西南大学	1195	4149	3.47	13	华南理工大学	1155	2280	1.97
4	渤海大学	791	3348	4.23	14	东北农业大学	1039	2243	2.16
5	天津科技大学	1526	3207	2.10	15	天津工业大学	1370	2235	1.63
6	西北农林科技大学	825	3053	3.70	16	陕西科技大学	1150	2033	1.77
7	北京工商大学	735	2916	3.97	17	西安工程大学	1371	1942	1.42
8	上海海洋大学	586	2421	4.13	18	南昌大学	561	1899	3.39
9	中国农业大学	850	2419	2.85	19	武汉轻工大学	1086	1882	1.73
10	湖南农业大学	823	2381	2.89	20	贵州大学	586	1849	3.16

表 43-6　轻工业、手工业领域高被引科研院所 Top 10

序号	第一作者单位	发文量/篇	总被引频次/次	篇均被引频次/次	序号	第一作者单位	发文量/篇	总被引频次/次	篇均被引频次/次
1	中国农业科学院农产品加工研究所	188	879	4.68	4	国家粮食局科学研究院	209	655	3.13
2	中国农业科学院	313	762	2.43	5	广东省农业科学院	171	632	3.70
3	中国烟草总公司郑州烟草研究院	187	705	3.77	6	中国水产科学研究院南海水产研究所	151	605	4.01

续表

序号	第一作者单位	发文量/篇	总被引频次/次	篇均被引频次/次	序号	第一作者单位	发文量/篇	总被引频次/次	篇均被引频次/次
7	江苏省农业科学院	150	592	3.95	9	山东省农业科学院	180	506	2.81
8	中国农业科学院茶叶研究所	203	547	2.69	10	中粮营养健康研究院	135	504	3.73

43.7 高被引国外期刊

轻工业、手工业领域 2019 年被引频次 Top 10 的国外期刊见表 43-7，排名居前 3 位的国外期刊分别是 *Food Chemistry*、*Food Hydrocolloids* 和 *Journal of Agricultural and Food Chemistry*。

表 43-7 轻工业、手工业领域高被引国外期刊 Top 10

序号	期刊名称	2019 年被引频次/次
1	Food Chemistry	4985
2	Food Hydrocolloids	1063
3	Journal of Agricultural and Food Chemistry	913
4	Food Control	895
5	Meat Science	827
6	Carbohydrate Polymers	781
7	LWT- Food Science and Technology	749
8	International Journal of Biological Macromolecules	724
9	Journal of Functional Foods	637
10	Food Research Interanational	562

第 44 章　建筑科学领域高被引分析

44.1　领域论文概况

2014—2018 年，建筑科学领域的 166 种期刊上共发表学术论文 972845 篇，由来自 187858 所机构的 757658 位学者作为第一作者发表。上述论文中，有 255695 篇获得过引用，整体被引率为 26.3%，总被引频次为 893704 次，篇均被引 0.92 次；其中，高被引论文有 9337 篇，高被引论文篇均被引 24.87 次（表 44-1）。另外，2019 年本领域共发表论文 100956 篇，其中有 10122 篇在当年获得过引用，总共被引 14862 次。

表 44-1　建筑科学领域论文分布情况

年份	论文数量/篇	总被引频次/次	被引率/%	高被引论文数量/篇	高被引论文被引频次/次
2014	126574	195055	36.6	1233	48328
2015	175379	221520	31.9	1723	62133
2016	197629	219270	30.2	2005	58539
2017	229144	180645	25.0	2206	44804
2018	244119	77214	14.9	2170	18399
合计	972845	893704	26.3	9337	232203

44.2　高被引论文分析

在建筑科学领域，2014—2018 年发表的总被引频次 Top 10 论文（表 44-2）的平均被引频次为 367.2 次，是全部 9337 篇高被引论文篇均被引频次的 14.76 倍。从论文分布来看，刊载高被引论文数量居前 3 位的期刊分别是《江西建材》（1898 篇）、《建材与装饰》（1607 篇）和《科技创新与应用》（800 篇），其中，《江西建材》刊载了高被引论文 Top 10 中的 4 篇；发表高被引论文数量居前 3 位的学者分别是中国矿业大学的何满潮（8 篇）、北京建筑大学的车伍（7 篇）和中国科学院武汉岩土力学研究所的刘泉声（6 篇）；产出高被引论文数量居前 3 位的机构分别是同济大学（107 篇）、清华大学（58 篇）和中国矿业大学（46 篇）。

表 44-2　建筑科学领域高被引论文 Top 10

序号	论文题名	第一作者	期刊名称	发表年份	被引频次/次	
					总频次	2019 年
1	建筑工程施工技术及其现场施工管理措施研究	汤亦	城市建筑	2014	578	22
2	“海绵城市”理论与实践	俞孔坚	城市规划	2015	477	105
3	论建筑工程土建施工现场管理的优化策略	苏春富	江西建材	2014	401	9
4	浅析建筑工程造价的动态管理与成本优化控制	缪丽琴	江西建材	2015	349	14

续表

序号	论文题名	第一作者	期刊名称	发表年份	被引频次/次	
					总频次	2019 年
5	建筑工程造价的动态管理控制分析	刘永德	建筑与预算	2016	330	31
6	海绵城市（LID）的内涵、途径与展望	仇保兴	建设科技	2015	323	56
7	深基坑支护施工技术在建筑工程中的应用分析	薛剑茹	科技创新与应用	2016	317	20
8	建筑工程施工技术及其现场施工管理探讨	江伟	江西建材	2016	313	21
9	建筑工程施工技术及其现场施工管理探讨	韩爱东	门窗	2015	296	21
10	建筑工程施工技术管理水平有效提升策略探究	沙金月	江西建材	2015	288	14

44.3 研究主题关联分析

在建筑科学领域，9337 篇高被引论文共被引用了 232203 次。通过分析施引文献关键词的词频及关键词之间的共现关系，获得建筑科学领域的热点主题和主题关联，如图 44-1 所示。由图可知：“施工技术”“建筑工程”“土木工程”“质量控制”等关键词的文档词频较高，是建筑科学领域的研究热点；本领域主要形成 5 个研究主题簇，分别以“施工技术”“建筑施工”为核心，以“建筑工程”“工程造价”为核心，以“建筑信息模型”“土木工程”为核心，以“城市道路”“建筑设计”为核心，以“施工管理”“质量控制”为核心。

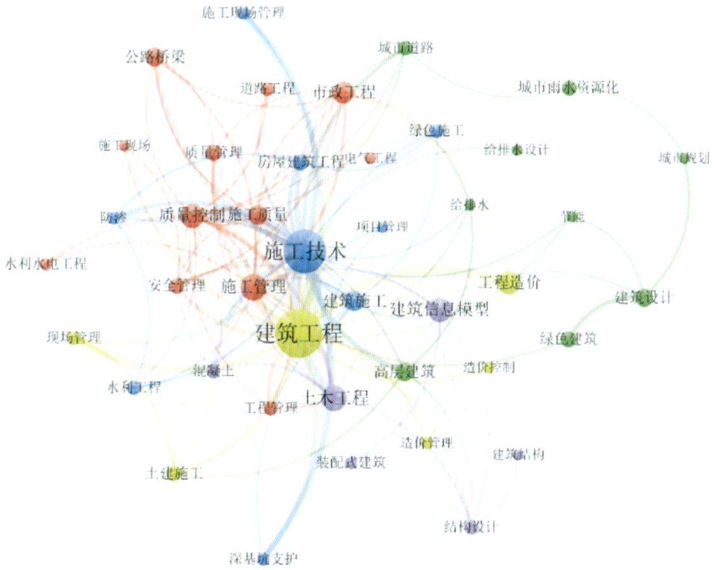

图 44-1 建筑科学领域热点论文主题关联

44.4　高影响力期刊分析

在建筑科学领域，5 年影响因子 Top 10 期刊见表 44-3，总被引频次最高的期刊是《江西建材》（123975 次），5 年影响因子最高的期刊是《岩石力学与工程学报》。

表 44-3　建筑科学领域高被引期刊基本指标

序号	期刊名称	5 年载文量/篇	总被引频次/次	5 年影响因子	高被引论文数量/篇	h 指数
1	岩石力学与工程学报	1688	12518	2.403	165	36
2	城市规划学刊	602	4008	2.322	77	29
3	岩土力学	2630	13860	1.772	133	30
4	土木工程学报	953	4604	1.626	42	24
5	岩土工程学报	2074	9528	1.595	86	26
6	城市规划	1230	6085	1.545	81	30
7	国际城市规划	661	2858	1.508	38	20
8	土木建筑工程信息技术	661	2454	1.436	25	19
9	规划师	1795	7275	1.324	88	28
10	中国园林	1641	5997	1.301	46	21

44.5　高被引作者分析

2014—2018 年论文总被引频次 Top 10 的作者见表 44-4。其中，发文总被引频次居前 3 位的作者分别是北京大学的俞孔坚（656 次）、浙江大东吴集团建设有限公司的汤亦（578 次）和北京建筑大学的车伍（496 次）。5 年发文量居前 3 位的作者分别是中国建筑材料联合会的乔龙德（60 篇）、三亚红树林旅游文化地产开发有限公司的王开园（53 篇）和西安建筑科技大学的薛建阳（52 篇）。

表 44-4　建筑科学领域高被引作者 Top 10

序号	作者	作者单位	发文量/篇	总被引频次/次	篇均被引频次/次	被引率/%	h 指数
1	俞孔坚	北京大学	15	656	43.73	80.0	7
2	汤亦	浙江大东吴集团建设有限公司	1	578	578.00	100.0	1
3	车伍	北京建筑大学	11	496	45.09	100.0	9
4	李术才	山东大学	24	484	20.17	100.0	11
5	齐宝库	沈阳建筑大学	9	448	49.78	100.0	7
6	苏春富	闽东能源投资有限公司	1	401	401.00	100.0	1

续表

序号	作者	作者单位	发文量/篇	总被引频次/次	篇均被引频次/次	被引率/%	h 指数
7	仇保兴	全国政协人口与资源环境委员会	3	393	131.00	100.0	3
8	缪丽琴	福建富林建设工程有限公司	1	349	349.00	100.0	1
9	郑刚	天津大学	27	346	12.81	96.3	12
10	刘永德	中国航空规划设计研究总院有限公司	2	330	165.00	50.0	1

44.6　高被引机构分析

建筑科学领域总被引频次 Top 20 高等院校和总被引频次 Top 10 科研院所的发文和被引情况分别见表 44-5 和表 44-6。

表 44-5　建筑科学领域高被引高等院校 Top 20

序号	第一作者单位	发文量/篇	总被引频次/次	篇均被引频次/次	序号	第一作者单位	发文量/篇	总被引频次/次	篇均被引频次/次
1	同济大学	5242	13467	2.57	11	西南交通大学	1466	2854	1.95
2	清华大学	1997	5638	2.82	12	北京工业大学	1007	2836	2.82
3	西安建筑科技大学	2906	5001	1.72	13	长安大学	1986	2470	1.24
4	重庆大学	2011	4401	2.19	14	河海大学	1062	2355	2.22
5	北京建筑大学	1509	4064	2.69	15	北京交通大学	675	2347	3.48
6	沈阳建筑大学	2247	3748	1.67	16	浙江大学	941	2283	2.43
7	中国矿业大学	900	3554	3.95	17	哈尔滨工业大学	1146	2128	1.86
8	东南大学	1516	3474	2.29	18	武汉大学	781	2005	2.57
9	天津大学	1640	3379	2.06	19	北京大学	291	1835	6.31
10	华南理工大学	1810	3124	1.73	20	南京林业大学	521	1807	3.47

表 44-6　建筑科学领域高被引科研院所 Top 10

序号	第一作者单位	发文量/篇	总被引频次/次	篇均被引频次/次	序号	第一作者单位	发文量/篇	总被引频次/次	篇均被引频次/次
1	中国科学院武汉岩土力学研究所	426	2739	6.43	3	广东省建筑设计研究院	1183	856	0.72
2	中国城市规划设计研究院	442	1418	3.21	4	福建省建筑科学研究院	861	788	0.92

续表

序号	第一作者单位	发文量/篇	总被引频次/次	篇均被引频次/次	序号	第一作者单位	发文量/篇	总被引频次/次	篇均被引频次/次
5	广州市城市规划勘测设计研究院	638	761	1.19	8	上海市城市规划设计研究院	212	607	2.86
6	山西省建筑设计研究院	510	668	1.31	9	天津市建筑设计院	1529	553	0.36
7	江西省建筑设计研究总院	327	609	1.86	10	中华人民共和国住房和城乡建设部	245	541	2.21

44.7 高被引国外期刊

建筑科学领域2019年被引频次Top 10的国外期刊见表44-7，排名居前3位的国外期刊分别是*Construction and Building Materials*、*Engineering Structures*和*Energy and Buildings*。

表44-7 建筑科学领域高被引国外期刊Top 10

序号	期刊名称	2019年被引频次/次
1	Construction and Building Materials	788
2	Engineering Structures	554
3	Energy and Buildings	409
4	Journal of Constructional Steel Research	331
5	Building and Environment	254
6	Applied Energy	201
7	Journal of Structural Engineering	200
8	Water Research	200
9	Landscape and Urban Planning	196
10	Procedia Engineering	180

第 45 章　水利工程领域高被引分析

45.1　领域论文概况

2014—2018 年，水利工程领域的 77 种期刊上共发表学术论文 97928 篇，由来自 12969 所机构的 63220 位学者作为第一作者发表。上述论文中，有 43585 篇获得过引用，整体被引率为 44.5%，总被引频次为 119941 次，篇均被引 1.22 次；其中，高被引论文有 983 篇，高被引论文篇均被引 18.29 次（表 45-1）。另外，2019 年本领域共发表论文 18285 篇，其中有 1394 篇在当年获得过引用，总共被引 1757 次。

表 45-1　水利工程领域论文分布情况

年份	论文数量/篇	总被引频次/次	被引率/%	高被引论文数量/篇	高被引论文被引频次/次
2014	21086	33941	49.5	217	5734
2015	19744	29993	49.7	185	4324
2016	19338	26580	48.1	180	3992
2017	18858	19599	43.9	168	2402
2018	18902	9828	30.4	233	1529
合计	97928	119941	44.5	983	17981

45.2　高被引论文分析

在水利工程领域，2014—2018 年发表的总被引频次 Top 10 论文（表 45-2）的平均被引频次为 109.9 次，是全部 983 篇高被引论文篇均被引频次的 6.01 倍。从论文分布来看，刊载高被引论文数量居前 3 位的期刊分别是《水利学报》（116 篇）、《水利规划与设计》（114 篇）和《水科学进展》（76 篇），其中，《水科学进展》刊载了高被引论文 Top 10 中的 3 篇；发表高被引论文数量居前 3 位的学者分别是郑州大学的左其亭（12 篇）、文山州水务局的崔东文（11 篇）和合肥工业大学的金菊良（8 篇）；产出高被引论文数量居前 3 位的机构分别是河海大学（84 篇）、中国水利水电科学研究院（47 篇）和西安理工大学（21 篇）。

表 45-2　水利工程领域高被引论文 Top 10

序号	论文题名	第一作者	期刊名称	发表年份	被引频次/次	
					总频次	2019 年
1	南票区水资源状况及开发利用分析	才庆欣	水利规划与设计	2014	151	13
2	海绵城市建设应作为新时期城市治水的重要内容	张旺	水利发展研究	2014	151	11
3	关于海绵城市建设理念、技术和政策问题的思考	鞠茂森	水利发展研究	2015	139	7
4	海绵城市建设有关问题讨论	张建云	水科学进展	2016	121	46

续表

序号	论文题名	第一作者	期刊名称	发表年份	被引频次/次	
					总频次	2019 年
5	水利水电工程管理及施工质量控制的相关问题探讨	王彩龙	水利规划与设计	2014	110	5
6	变化环境下城市水文学的发展与挑战——Ⅰ. 城市水文效应	张建云	水科学进展	2014	96	30
7	基于水利工程项目施工管理问题及创新对策分析	陶卫华	吉林水利	2015	88	5
8	海绵城市建设研究进展与若干问题探讨	崔广柏	水资源保护	2016	85	16
9	中国城市洪涝问题及成因分析	张建云	水科学进展	2016	79	36
10	对水利水电工程施工阶段的质量管理	邸伟忠	黑龙江水利科技	2014	79	3

45.3 研究主题关联分析

在水利工程领域，983 篇高被引论文共被引用了 17981 次。通过分析施引文献关键词的词频及关键词之间的共现关系，获得水利工程领域的热点主题和主题关联，如图 45-1 所示。由图可知："城市雨水资源化""水资源""水利水电工程""施工技术"等关键词的文档词频较高，是水利工程领域的研究热点；本领域主要形成 4 个研究主题簇，分别以"城市雨水化""低影响开发"为核心，以"水资源""河长制"为核心，以"水利水电工程""施工技术"为核心，以"水土保持""工程建设"为核心。

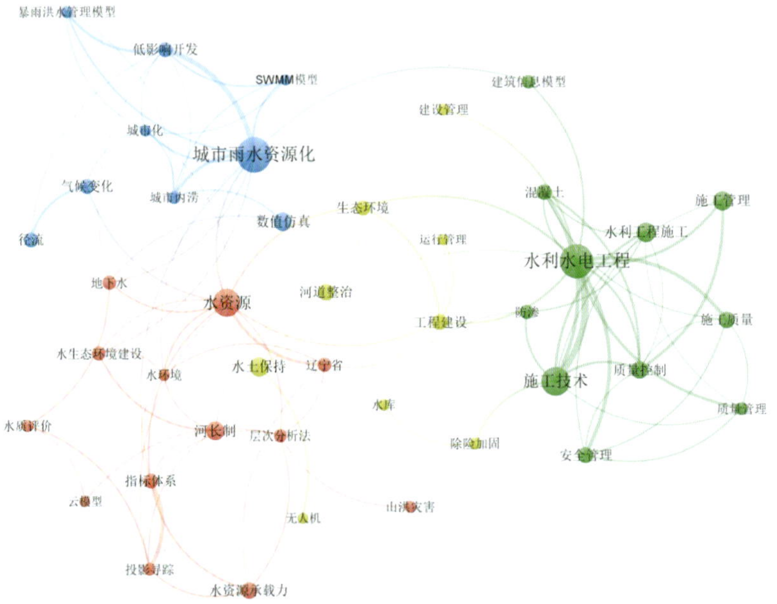

图 45-1　水利工程领域热点论文主题关联

45.4　高影响力期刊分析

在水利工程领域，5 年影响因子 Top 10 期刊见表 45-3，总被引频次最高的期刊是《水利规划与设计》（7549 次），5 年影响因子最高的期刊是《水科学进展》。

表 45-3　水利工程领域高被引期刊基本指标

序号	期刊名称	5 年载文量/篇	总被引频次/次	5 年影响因子	高被引论文数量/篇	h 指数
1	水科学进展	540	3638	2.102	76	24
2	水利学报	903	5329	2.008	116	24
3	水资源保护	662	2608	1.441	38	17
4	水力发电学报	1041	3395	1.054	29	16
5	水利水电科技进展	570	1812	1.028	28	15
6	水资源与水工程学报	1352	2979	0.862	19	13
7	水利规划与设计	2465	7549	0.858	114	23
8	河海大学学报（自然科学版）	535	1220	0.849	13	11
9	华北水利水电大学学报（自然科学版）	525	1319	0.844	10	10
10	泥沙研究	374	887	0.810	7	11

45.5　高被引作者分析

2014—2018 年论文总被引频次 Top 10 的作者见表 45-4。其中，发文总被引频次居前 3 位的作者分别是南京水利科学研究院的张建云（372 次）、文山州水务局的崔东文（362 次）和郑州大学的左其亭（353 次）。5 年发文量居前 3 位的作者分别是中华人民共和国水利部的陈雷（53 篇）、文山州水务局的崔东文（46 篇）和河北省水利厅的苏银增（41 篇）。

表 45-4　水利工程领域高被引作者 Top 10

序号	作者	作者单位	发文量/篇	总被引频次/次	篇均被引频次/次	被引率/%	h 指数
1	张建云	南京水利科学研究院	9	372	41.33	100.0	5
2	崔东文	文山州水务局	46	362	7.87	97.8	11
3	左其亭	郑州大学	29	353	12.17	89.7	12
4	张旺	水利部发展研究中心	6	164	27.33	83.3	3
5	夏军	武汉大学	9	162	18.00	100.0	7
6	才庆欣	辽宁省葫芦岛市南票区大中型水库移民后期扶持工作办公室	7	158	22.57	42.9	3
7	陈雷	中华人民共和国水利部	53	155	2.92	66.0	6

续表

序号	作者	作者单位	发文量/篇	总被引频次/次	篇均被引频次/次	被引率/%	h指数
8	鞠茂森	吉好地咨询（北京）有限公司	1	139	139.00	100.0	1
9	黄国如	华南理工大学	18	136	7.56	88.9	7
10	王浩	中国水利水电科学研究院	12	128	10.67	91.7	6

45.6 高被引机构分析

水利工程领域总被引频次 Top 20 高等院校和总被引频次 Top 10 科研院所的发文和被引情况分别见表 45-5 和表 45-6。

表 45-5 水利工程领域高被引高等院校 Top 20

序号	第一作者单位	发文量/篇	总被引频次/次	篇均被引频次/次	序号	第一作者单位	发文量/篇	总被引频次/次	篇均被引频次/次
1	河海大学	3027	7650	2.53	11	郑州大学	226	870	3.85
2	武汉大学	709	2075	2.93	12	新疆农业大学	295	606	2.05
3	三峡大学	1015	1614	1.59	13	长安大学	227	575	2.53
4	西安理工大学	531	1551	2.92	14	中国地质大学	241	557	2.31
5	华北水利水电大学	723	1371	1.90	15	成都理工大学	365	535	1.47
6	天津大学	467	1131	2.42	16	北京师范大学	134	512	3.82
7	大连理工大学	449	1051	2.34	17	合肥工业大学	161	427	2.65
8	西北农林科技大学	345	1032	2.99	18	太原理工大学	311	424	1.36
9	清华大学	244	1020	4.18	19	上海交通大学	187	329	1.76
10	四川大学	513	894	1.74	20	华北电力大学	148	320	2.16

表 45-6 水利工程领域高被引科研院所 Top 10

序号	第一作者单位	发文量/篇	总被引频次/次	篇均被引频次/次	序号	第一作者单位	发文量/篇	总被引频次/次	篇均被引频次/次
1	中国水利水电科学研究院	1021	3142	3.08	4	水利部发展研究中心	331	1001	3.02
2	南京水利科学研究院	538	1671	3.11	5	新疆水利水电勘测设计研究院	813	806	0.99
3	长江水利委员会长江科学院	499	1206	2.42	6	水电水利规划设计总院	252	749	2.97

续表

序号	第一作者单位	发文量/篇	总被引频次/次	篇均被引频次/次	序号	第一作者单位	发文量/篇	总被引频次/次	篇均被引频次/次
7	贵州省水利水电勘测设计研究院	588	581	0.99	9	黄河水利科学研究院	230	529	2.30
8	广东省水利水电科学研究院	421	567	1.35	10	广东省水利电力规划勘测设计研究院	436	496	1.14

45.7　高被引国外期刊

水利工程领域 2019 年被引频次 Top 10 的国外期刊见表 45-7，排名居前 3 位的国外期刊分别是 *Journal of Hydrology*、*Science of the Total Environment* 和 *Water*。

表 45-7　水利工程领域高被引国外期刊 Top 10

序号	期刊名称	2019 年被引频次/次
1	Journal of Hydrology	276
2	Science of the Total Environment	148
3	Water	123
4	Journal of Hydrodynamics	107
5	Water Resources Research	107
6	Construction and Building Materials	103
7	Ocean Engineering	89
8	Water Resources Management	77
9	Hydrological Processes	76
10	Physics of Fluids	64

第 46 章　交通运输领域高被引分析

46.1　领域论文概况

2014—2018 年，交通运输领域的 189 种期刊上共发表学术论文 239184 篇，由来自 24085 所机构的 150241 位学者作为第一作者发表。上述论文中，有 100580 篇获得过引用，整体被引率为 42.1%，总被引频次为 278613 次，篇均被引 1.16 次；其中，高被引论文有 2401 篇，高被引论文篇均被引 17.40 次（表 46-1）。另外，2019 年本领域共发表论文 48185 篇，其中有 3252 篇在当年获得过引用，总共被引 4132 次。

表 46-1　交通运输领域论文分布情况

年份	论文数量/篇	总被引频次/次	被引率/%	高被引论文数量/篇	高被引论文被引频次/次
2014	48978	76662	46.7	470	12458
2015	47116	72891	48.6	481	11332
2016	46138	58669	46.0	430	7613
2017	48003	47446	41.6	529	7211
2018	48949	22945	27.8	491	3155
合计	239184	278613	42.1	2401	41769

46.2　高被引论文分析

在交通运输领域，2014—2018 年发表的总被引频次 Top 10 论文（表 46-2）的平均被引频次为 195.0 次，是全部 2401 篇高被引论文篇均被引频次的 11.21 倍。从论文分布来看，刊载高被引论文数量居前 3 位的期刊分别是《黑龙江交通科技》（137 篇）、《交通世界（下旬刊）》（116 篇）和《交通世界（上旬刊）》（115 篇），其中，《隧道建设》和《珠江水运》分别刊载了高被引论文 Top 10 中的 2 篇；发表高被引论文数量居前 3 位的学者分别是中交第一公路勘察设计研究院有限公司的王宏（6 篇）、中铁第四勘察设计院集团有限公司的肖明清（5 篇）和中铁第一勘察设计院集团有限公司的王争鸣（4 篇）；产出高被引论文数量居前 3 位的机构分别是西南交通大学（77 篇）、北京交通大学（76 篇）和长安大学（72 篇）。

表 46-2　交通运输领域高被引论文 Top 10

序号	论文题名	第一作者	期刊名称	发表年份	被引频次/次	
					总频次	2019 年
1	公路工程沥青路面施工技术与质量控制策略	王峰娟	交通标准化	2014	722	63
2	汽车轻量化技术的研究与进展	范子杰	汽车安全与节能学报	2014	192	57
3	我国隧道及地下工程发展现状与展望	洪开荣	隧道建设	2015	153	43

续表

序号	论文题名	第一作者	期刊名称	发表年份	被引频次/次	
					总频次	2019 年
4	道路桥梁沉降段路基路面施工技术	马东旭	公路交通科技·应用技术版	2015	145	8
5	浅谈水利水电工程施工质量控制与管理	孔令岩	珠江水运	2014	138	7
6	BIM技术在地铁车站结构设计中的应用研究	李坤	铁道工程学报	2015	129	32
7	中国盾构和掘进机隧道技术现状、存在的问题及发展思路	王梦恕	隧道建设	2014	125	32
8	BIM技术在桥梁工程设计阶段的应用研究	刘智敏	北京交通大学学报	2015	119	38
9	参数优化变分模态分解方法在滚动轴承早期故障诊断中的应用	唐贵基	西安交通大学学报	2015	119	35
10	分析水利水电工程施工中边坡开挖支护技术的应用	成万龙	珠江水运	2014	108	5

46.3　研究主题关联分析

在交通运输领域，2401 篇高被引论文共被引用了 41769 次。通过分析施引文献关键词的词频及关键词之间的共现关系，获得交通运输领域的热点主题和主题关联，如图 46-1 所示。由图可知：“道路工程”“施工技术”“建筑信息模型”“公路桥梁”等关键词的文档词频较高，是交通运输领域的研究热点；本领域主要形成 4 个研究主题簇，分别以“施工技术”“公路桥梁”为核心，以“桥梁施工”“建筑信息模型”为核心，以“道路工程”“沥青路面”为核心，以“质量控制”“高速公路”为核心。

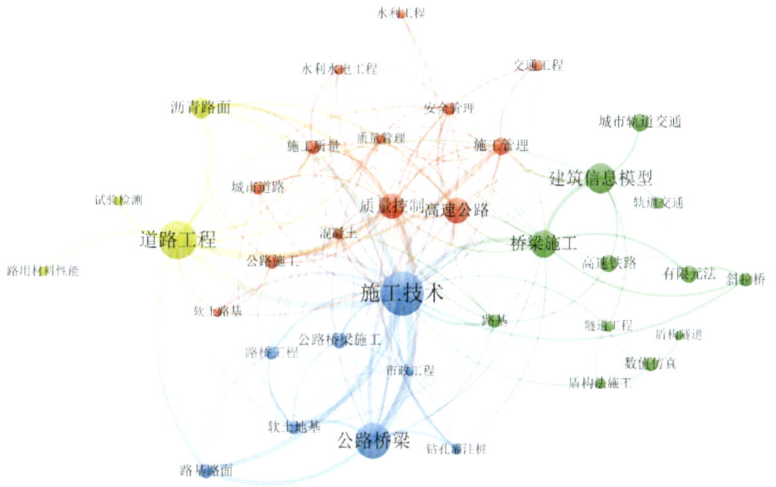

图 46-1　交通运输领域热点论文主题关联

46.4 高影响力期刊分析

在交通运输领域，5 年影响因子 Top 10 期刊见表 46-3，总被引频次最高的期刊是《黑龙江交通科技》（13766 次），5 年影响因子最高的期刊是《桥梁建设》。

表 46-3 交通运输领域高被引期刊基本指标

序号	期刊名称	5 年载文量/篇	总被引频次/次	5 年影响因子	高被引论文数量/篇	h 指数
1	桥梁建设	631	3878	2.013	95	19
2	中国公路学报	1181	5778	1.757	103	22
3	中国铁道科学	618	2417	1.294	36	17
4	隧道建设（中英文）	1578	4927	1.214	80	20
5	西南交通大学学报	817	2865	1.200	37	17
6	汽车安全与节能学报	290	925	1.172	12	12
7	现代隧道技术	1093	3731	1.099	58	19
8	交通运输系统工程与信息	1076	3102	1.044	29	14
9	交通运输工程学报	516	1671	1.033	19	13
10	铁道学报	1285	3687	1.026	39	16

46.5 高被引作者分析

2014—2018 年论文总被引频次 Top 10 的作者见表 46-4。其中，发文总被引频次居前 3 位的作者分别是河北省保定市交通运输局公路勘测设计院的王峰娟（754 次）、中铁隧道集团有限公司的洪开荣（241 次）和清华大学的范子杰（192 次）。5 年发文量居前 3 位的作者分别是中国船舶燃料有限责任公司的田明（61 篇）、大连海事大学的李振福（47 篇）和上海航运交易所的汪叶（45 篇）。

表 46-4 交通运输领域高被引作者 Top 10

序号	作者	作者单位	发文量/篇	总被引频次/次	篇均被引频次/次	被引率/%	h 指数
1	王峰娟	河北省保定市交通运输局公路勘测设计院	5	754	150.80	100.0	4
2	洪开荣	中铁隧道集团有限公司	4	241	60.25	100.0	3
3	范子杰	清华大学	1	192	192.00	100.0	1
4	何川	西南交通大学	6	169	28.17	100.0	3
5	王宏	中交第一公路勘察设计研究院有限公司	8	165	20.63	100.0	7
6	马东旭	唐山市交通运输局	4	152	38.00	100.0	2

续表

序号	作者	作者单位	发文量/篇	总被引频次/次	篇均被引频次/次	被引率/%	h 指数
7	孔令岩	辽宁省法库县泡子沿水库管理所	2	138	69.00	50.0	1
8	高宗余	中铁大桥勘测设计院集团有限公司	3	133	44.33	100.0	3
9	李坤	中铁第四勘察设计院集团有限公司	2	129	64.50	50.0	1
10	李群湛	西南交通大学	2	129	64.50	100.0	2

46.6　高被引机构分析

交通运输领域总被引频次 Top 20 高等院校和总被引频次 Top 10 科研院所的发文和被引情况分别见表 46-5 和表 46-6。

表 46-5　交通运输领域高被引高等院校 Top 20

序号	第一作者单位	发文量/篇	总被引频次/次	篇均被引频次/次	序号	第一作者单位	发文量/篇	总被引频次/次	篇均被引频次/次
1	西南交通大学	3617	9082	2.51	11	大连海事大学	1395	2044	1.47
2	长安大学	2511	5978	2.38	12	上海交通大学	1298	1912	1.47
3	北京交通大学	2069	5966	2.88	13	东南大学	881	1616	1.83
4	同济大学	2085	4325	2.07	14	哈尔滨工程大学	957	1612	1.68
5	兰州交通大学	1645	3059	1.86	15	清华大学	348	1533	4.41
6	武汉理工大学	1763	2838	1.61	16	上海海事大学	1132	1382	1.22
7	重庆交通大学	1526	2620	1.72	17	华东交通大学	564	1201	2.13
8	西安交通大学	832	2506	3.01	18	湖南大学	453	1165	2.57
9	长沙理工大学	1127	2255	2.00	19	中国人民解放军海军工程大学	1171	1151	0.98
10	中南大学	820	2232	2.72	20	大连理工大学	795	1114	1.40

表 46-6　交通运输领域高被引科研院所 Top 10

序号	第一作者单位	发文量/篇	总被引频次/次	篇均被引频次/次	序号	第一作者单位	发文量/篇	总被引频次/次	篇均被引频次/次
1	山西省交通科学研究院	889	992	1.12	2	河北省保定市交通运输局公路勘测设计院	9	756	84.00

续表

序号	第一作者单位	发文量/篇	总被引频次/次	篇均被引频次/次	序号	第一作者单位	发文量/篇	总被引频次/次	篇均被引频次/次
3	上海铁路局	652	698	1.07	7	中国船舶科学研究中心	348	477	1.37
4	交通运输部公路科学研究院	439	682	1.55	8	交通运输部水运科学研究院	454	473	1.04
5	中国舰船研究设计中心	471	639	1.36	9	中国汽车技术研究中心	442	461	1.04
6	中国铁道科学研究院铁道建筑研究所	126	504	4.00	10	交通运输部科学研究院	408	454	1.11

46.7　高被引国外期刊

交通运输领域 2019 年被引频次 Top 10 的国外期刊见表 46-7，排名居前 3 位的国外期刊分别是 *Construction and Building Materials*、*Transportation Research Part C: Emerging Technologies* 和 *Ocean Engineering*。

表 46-7　交通运输领域高被引国外期刊 Top 10

序号	期刊名称	2019 年被引频次/次
1	Construction and Building Materials	498
2	Transportation Research Part C: Emerging Technologies	293
3	Ocean Engineering	279
4	IEEE Transactions on Intelligent Transportation Systems	189
5	Applied Energy	177
6	Engineering Structures	172
7	Transportation Research Part B:Methodological	164
8	Procedia Engineering	148
9	Construction and Building Materials	136
10	Journal of Power Sources	136

第 47 章　航空航天领域高被引分析

47.1　领域论文概况

2014—2018 年，航空航天领域的 74 种期刊上共发表学术论文 55007 篇，由来自 3738 所机构的 39033 位学者作为第一作者发表。上述论文中，有 27126 篇获得过引用，整体被引率为 49.3%，总被引频次为 72994 次，篇均被引 1.33 次；其中，高被引论文有 556 篇，高被引论文篇均被引 14.95 次（表 47-1）。另外，2019 年本领域共发表论文 9941 篇，其中有 498 篇在当年获得过引用，总共被引 608 次。

表 47-1　航空航天领域论文分布情况

年份	论文数量/篇	总被引频次/次	被引率/%	高被引论文数量/篇	高被引论文被引频次/次
2014	11187	22713	60.7	122	2883
2015	11460	20124	58.6	109	2093
2016	11095	15497	53.7	97	1627
2017	10820	10517	45.8	92	1008
2018	10445	4143	25.9	136	702
合计	55007	72994	49.3	556	8313

47.2　高被引论文分析

在航空航天领域，2014—2018 年发表的总被引频次 Top 10 论文（表 47-2）的平均被引频次为 65.3 次，是全部 556 篇高被引论文篇均被引频次的 4.37 倍。从论文分布来看，刊载高被引论文数量居前 3 位的期刊分别是《航空学报》（105 篇）、《航空制造技术》（42 篇）和《中国惯性技术学报》（31 篇），其中，《航空学报》刊载了高被引论文 Top 10 中的 5 篇；发表高被引论文数量居前 3 位的学者分别是南京航空航天大学的马园园（2 篇）、北京航空航天大学的于勇（2 篇）和中国矿业大学的陈国良（2 篇）；产出高被引论文数量居前 3 位的机构分别是北京航空航天大学（56 篇）、南京航空航天大学（38 篇）和西北工业大学（26 篇）。

表 47-2　航空航天领域高被引论文 Top 10

序号	论文题名	第一作者	期刊名称	发表年份	被引频次/次	
					总频次	2019 年
1	高性能大型金属构件激光增材制造：若干材料基础问题	王华明	航空学报	2014	117	43
2	灰色系统研究进展（2004—2014）	刘思峰	南京航空航天大学学报	2015	72	16
3	3D 打印材料应用和研究现状	王延庆	航空材料学报	2016	71	29
4	等离子体流动控制研究进展与展望	吴云	航空学报	2015	61	20

续表

序号	论文题名	第一作者	期刊名称	发表年份	被引频次/次	
					总频次	2019 年
5	航空航天复合材料结构非接触无损检测技术的进展及发展趋势	马保全	航空学报	2014	60	11
6	高温钛合金的现状与前景	王清江	航空材料学报	2014	56	21
7	镁合金在航空航天领域研究应用现状与展望	吴国华	载人航天	2016	55	25
8	Kriging 模型及代理优化算法研究进展	韩忠华	航空学报	2016	54	36
9	飞行器任务规划技术综述	沈林成	航空学报	2014	54	7
10	我国航空用钛合金技术研究现状及发展	朱知寿	航空材料学报	2014	53	12

47.3　研究主题关联分析

在航空航天领域，556 篇高被引论文共被引用了 8313 次。通过分析施引文献关键词的词频及关键词之间的共现关系，获得航空航天领域的热点主题和主题关联，如图 47-1 所示。由图可知：“3D 打印”“无人机”“故障诊断”“力学性能”等关键词的文档词频较高，是航空航天领域的研究热点；本领域主要形成 5 个研究主题簇，分别以“无人机”“卡尔曼滤波”为核心，以“高超音速飞行器”“临近空间”为核心，以“数值仿真”“高超声速”为核心，以“故障诊断”为核心，以“力学性能”“3D 打印”为核心。

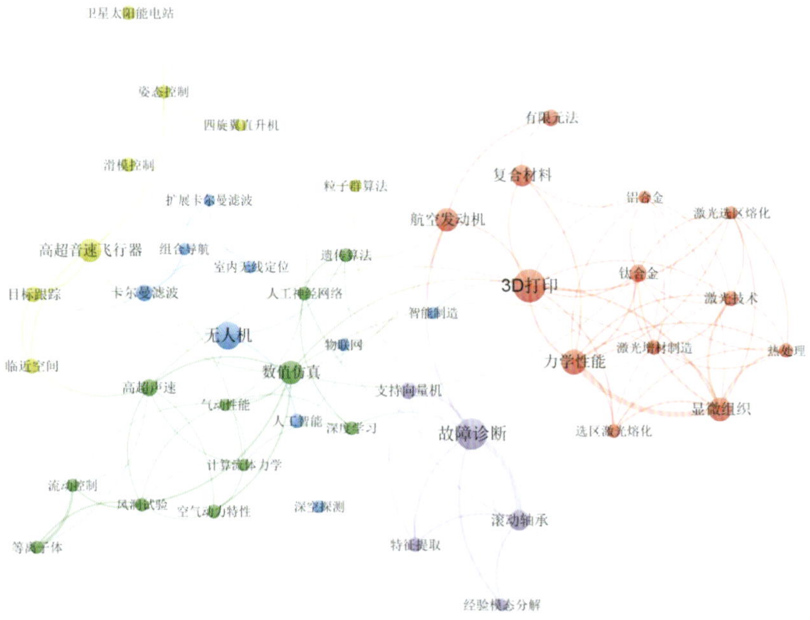

图 47-1　航空航天领域热点论文主题关联

47.4　高影响力期刊分析

在航空航天领域，5 年影响因子 Top 10 期刊见表 47-3，总被引频次最高的期刊是《航空学报》（6488 次），5 年影响因子最高的期刊是《航空学报》。

表 47-3　航空航天领域高被引期刊基本指标

序号	期刊名称	5 年载文量/篇	总被引频次/次	5 年影响因子	高被引论文数量/篇	h 指数
1	航空学报	1853	6488	1.092	105	22
2	航空材料学报	448	1489	1.022	22	14
3	宇航学报	933	2683	0.923	27	13
4	中国惯性技术学报	755	2070	0.817	31	14
5	振动、测试与诊断	953	2129	0.776	25	12
6	北京航空航天大学学报	1661	3429	0.739	31	15
7	深空探测学报	327	493	0.728	5	8
8	中国航空学报（英文版）	934	2098	0.710	20	13
9	航空动力学报	1915	3704	0.698	15	13
10	空气动力学学报	643	1084	0.608	7	10

47.5　高被引作者分析

2014—2018 年论文总被引频次 Top 10 的作者见表 47-4。其中，发文总被引频次居前 3 位的作者分别是北京航空航天大学的王华明（117 次）、国家探月与航天工程中心的吴伟仁（93 次）和广东技术师范学院的向丹（81 次）。5 年发文量居前 3 位的作者分别是北京空间科技信息研究所的刘韬（28 篇）、中国民航大学的王莉莉（19 篇）和北京空间科技信息研究所的朱贵伟（17 篇）。

表 47-4　航空航天领域高被引作者 Top 10

序号	作者	作者单位	发文量/篇	总被引频次/次	篇均被引频次/次	被引率/%	h 指数
1	王华明	北京航空航天大学	1	117	117.00	100.0	1
2	吴伟仁	国家探月与航天工程中心	5	93	18.60	100.0	3
3	向丹	广东技术师范学院	2	81	40.50	100.0	2
4	崔平远	北京理工大学	6	79	13.17	100.0	5
5	刘思峰	南京航空航天大学	3	78	26.00	100.0	2
6	王延庆	中国矿业大学	1	71	71.00	100.0	1
7	王浩伟	中国人民解放军海军航空工程学院	7	69	9.86	100.0	5

续表

序号	作者	作者单位	发文量/篇	总被引频次/次	篇均被引频次/次	被引率/%	h 指数
8	朱知寿	中国航发北京航空材料研究院	2	63	31.50	100.0	2
9	周绍磊	中国人民解放军海军航空工程学院	11	61	5.55	100.0	5
10	崔建国	沈阳航空航天大学	10	61	6.10	70.0	3

47.6 高被引机构分析

航空航天领域总被引频次 Top 20 高等院校和总被引频次 Top 10 科研院所的发文和被引情况分别见表 47-5 和表 47-6。

表 47-5 航空航天领域高被引高等院校 Top 20

序号	第一作者单位	发文量/篇	总被引频次/次	篇均被引频次/次	序号	第一作者单位	发文量/篇	总被引频次/次	篇均被引频次/次
1	北京航空航天大学	2980	6340	2.13	11	沈阳航空航天大学	589	784	1.33
2	南京航空航天大学	2815	5248	1.86	12	中国人民解放军军械工程学院	305	564	1.85
3	西北工业大学	1972	4246	2.15	13	西安交通大学	185	552	2.98
4	空军工程大学	1017	2007	1.97	14	清华大学	224	472	2.11
5	哈尔滨工业大学	590	1329	2.25	15	北华航天工业学院	493	429	0.87
6	中国民航大学	864	1205	1.39	16	上海交通大学	250	426	1.70
7	中国人民解放军海军航空工程学院	636	1198	1.88	17	南昌航空大学	393	402	1.02
8	北京理工大学	459	1077	2.35	18	中国人民解放军装备学院	201	331	1.65
9	国防科技大学	599	1000	1.67	19	天津大学	149	323	2.17
10	南京理工大学	620	960	1.55	20	大连理工大学	171	322	1.88

表 47-6 航空航天领域高被引科研院所 Top 10

序号	第一作者单位	发文量/篇	总被引频次/次	篇均被引频次/次	序号	第一作者单位	发文量/篇	总被引频次/次	篇均被引频次/次
1	中国空气动力研究与发展中心	547	1214	2.22	2	北京空间飞行器总体设计部	482	818	1.70

续表

序号	第一作者单位	发文量/篇	总被引频次/次	篇均被引频次/次	序号	第一作者单位	发文量/篇	总被引频次/次	篇均被引频次/次
3	中国空间技术研究院	484	709	1.46	7	中航工业第一飞机设计研究院	477	514	1.08
4	中国航发北京航空材料研究院	191	615	3.22	8	中国运载火箭技术研究院	619	460	0.74
5	中国空空导弹研究院	434	590	1.36	9	中国空间技术研究院西安分院	390	443	1.14
6	北京控制工程研究所	402	527	1.31	10	中国航天空气动力技术研究院	237	419	1.77

47.7　高被引国外期刊

航空航天领域 2019 年被引频次 Top 10 的国外期刊见表 47-7，排名居前 3 位的国外期刊分别是 *Acta Astronautica*、*Aerospace Science and Technology* 和 *AIAA Journal*。

表 47-7　航空航天领域高被引国外期刊 Top 10

序号	期刊名称	2019 年被引频次/次
1	Acta Astronautica	236
2	Aerospace Science and Technology	206
3	AIAA Journal	168
4	Computers & Structures	144
5	Journal of Aircraft	141
6	Journal of Guidance Control and Dynamics	139
7	Sensors	136
8	IEEE Transactions on Industrial Electronics	105
9	International Journal of Advanced Manufacturing Technology	101
10	Ceramics International	91

第 48 章 环境科学、安全科学领域高被引分析

48.1 领域论文概况

2014—2018 年，环境科学、安全科学领域的 100 种期刊上共发表学术论文 139781 篇，由来自 19813 所机构的 90871 位学者作为第一作者发表。上述论文中，有 71028 篇获得过引用，整体被引率为 50.8%，总被引频次为 292400 次，篇均被引 2.09 次；其中，高被引论文有 1441 篇，高被引论文篇均被引 29.10 次（表 48-1）。另外，2019 年本领域共发表论文 27026 篇，其中有 2698 篇在当年获得过引用，总共被引 3739 次。

表 48-1 环境科学、安全科学领域论文分布情况

年份	论文数量/篇	总被引频次/次	被引率/%	高被引论文数量/篇	高被引论文被引频次/次
2014	27654	86999	55.1	282	14336
2015	28048	77806	56.6	270	11064
2016	28482	61052	53.9	303	8280
2017	27713	44650	51.0	266	5246
2018	27884	21893	37.4	320	3001
合计	139781	292400	50.8	1441	41927

48.2 高被引论文分析

在环境科学、安全科学领域，2014—2018 年发表的总被引频次 Top 10 论文（表 48-2）的平均被引频次为 183.0 次，是全部 1441 篇高被引论文篇均被引频次的 6.29 倍。从论文分布来看，刊载高被引论文数量居前 3 位的期刊分别是《中国人口·资源与环境》（211 篇）、《环境科学》（203 篇）和《资源科学》（128 篇），其中，《环境科学》刊载了高被引论文 Top 10 中的 3 篇；发表高被引论文数量居前 3 位的学者分别是北京市环境保护监测中心的程念亮（6 篇）、中国科学院地理科学与资源研究所的封志明（5 篇）和北京市环境保护监测中心的王占山（4 篇）；产出高被引论文数量居前 3 位的机构分别是中国科学院地理科学与资源研究所（58 篇）、中国环境科学研究院（27 篇）和西北农林科技大学（26 篇）。

表 48-2 环境科学、安全科学领域高被引论文 Top 10

序号	论文题名	第一作者	期刊名称	发表年份	被引频次/次	
					总频次	2019 年
1	基于单位面积价值当量因子的生态系统服务价值化方法改进	谢高地	自然资源学报	2015	325	143
2	北京地区冬春 PM2.5 和 PM10 污染水平时空分布及其与气象条件的关系	赵晨曦	环境科学	2014	228	34
3	绿色发展：功能界定、机制分析与发展战略	胡鞍钢	中国人口·资源与环境	2014	207	42

续表

序号	论文题名	第一作者	期刊名称	发表年份	被引频次/次	
					总频次	2019 年
4	雾霾重污染期间北京居民对高浓度 PM2.5 持续暴露的健康风险及其损害价值评估	谢元博	环境科学	2014	168	23
5	我国地膜覆盖和残留污染特点与防控技术	严昌荣	农业资源与环境学报	2014	167	41
6	中国生态系统服务的价值	谢高地	资源科学	2015	166	79
7	国内外乡村旅游研究热点-近 20 年文献回顾	卢小丽	资源科学	2014	154	28
8	中国农田土壤重金属富集状况及其空间分布研究	张小敏	环境科学	2014	149	30
9	中国 PM2.5 跨区域传输特征数值模拟研究	薛文博	中国环境科学	2014	142	32
10	中国传统村落的空间分布格局研究	刘大均	中国人口•资源与环境	2014	124	34

48.3　研究主题关联分析

在环境科学、安全科学领域，1441 篇高被引论文共被引用了 41927 次。通过分析施引文献关键词的词频及关键词之间的共现关系，获得环境科学、安全科学领域的热点主题和主题关联，如图 48-1 所示。由图可知："PM2.5""重金属""生物活性炭""城市化"等关键词的文档词频较高，是环境科学、安全科学领域的研究热点；本领域主要形成 3 个研究主题簇，分别以"PM2.5""大气污染"为核心，以"重金属""风险评价"为核心，以"土地利用""城市化"为核心。

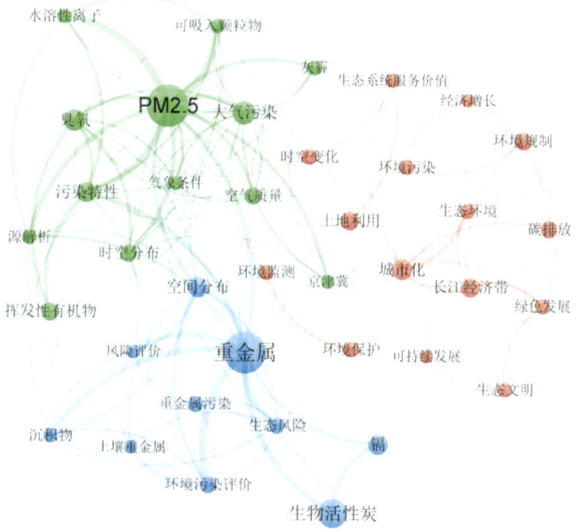

图 48-1　环境科学、安全科学领域热点论文主题关联

48.4　高影响力期刊分析

在环境科学、安全科学领域，5 年影响因子 Top 10 期刊见表 48-3，总被引频次最高的期刊是《环境科学》（21413 次），5 年影响因子最高的期刊是《中国人口・资源与环境》。

表 48-3　环境科学、安全科学领域高被引期刊基本指标

序号	期刊名称	5 年载文量/篇	总被引频次/次	5 年影响因子	高被引论文数量/篇	h 指数
1	中国人口•资源与环境	1297	15685	3.843	211	46
2	自然资源学报	923	8337	3.256	83	33
3	资源科学	1256	12378	3.100	128	39
4	环境科学	3277	21413	2.064	203	39
5	中国环境科学	2742	15301	1.818	124	34
6	长江流域资源与环境	1290	6364	1.759	34	22
7	农业环境科学学报	1737	8922	1.656	49	27
8	环境科学学报	2629	13222	1.560	90	33
9	干旱区资源与环境	2042	9783	1.515	51	25
10	生态与农村环境学报	770	3194	1.509	16	19

48.5　高被引作者分析

2014—2018 年论文总被引频次 Top 10 的作者见表 48-4。其中，发文总被引频次居前 3 位的作者分别是中国科学院地理科学与资源研究所的谢高地（526 次）、北京理工大学的李生才（376 次）和北京市环境保护监测中心的王占山（369 次）。5 年发文量居前 3 位的作者分别是大唐国际发电股份有限公司北京高井热电厂的王光辉（70 篇）、北京理工大学的李生才（54 篇）和山东新时代药业有限公司的张奎昌（50 篇）。

表 48-4　环境科学、安全科学领域高被引作者 Top 10

序号	作者	作者单位	发文量/篇	总被引频次/次	篇均被引频次/次	被引率/%	h 指数
1	谢高地	中国科学院地理科学与资源研究所	6	526	87.67	83.3	5
2	李生才	北京理工大学	54	376	6.96	98.1	10
3	王占山	北京市环境保护监测中心	22	369	16.77	90.9	11
4	王金南	环境保护部环境规划院	34	361	10.62	100.0	12
5	程念亮	北京市环境保护监测中心	16	315	19.69	93.8	10
6	薛文博	环境保护部环境规划院	8	251	31.38	100.0	6

续表

序号	作者	作者单位	发文量/篇	总被引频次/次	篇均被引频次/次	被引率/%	h 指数
7	封志明	中国科学院地理科学与资源研究所	6	243	40.50	100.0	6
8	高吉喜	环境保护部南京环境科学研究所	20	242	12.10	100.0	11
9	赵晨曦	北京林业大学	1	228	228.00	100.0	1
10	胡鞍钢	清华大学	2	207	103.50	50.0	1

48.6　高被引机构分析

环境科学、安全科学领域总被引频次 Top 20 高等院校和总被引频次 Top 10 科研院所的发文和被引情况分别见表 48-5 和表 48-6。

表 48-5　环境科学、安全科学领域高被引高等院校 Top 20

序号	第一作者单位	发文量/篇	总被引频次/次	篇均被引频次/次	序号	第一作者单位	发文量/篇	总被引频次/次	篇均被引频次/次
1	中国地质大学	852	3634	4.27	11	西南大学	423	2481	5.87
2	清华大学	712	2851	4.00	12	南京大学	544	2413	4.44
3	南京农业大学	447	2845	6.36	13	同济大学	754	2388	3.17
4	北京师范大学	547	2734	5.00	14	北京工业大学	580	2384	4.11
5	西北农林科技大学	472	2731	5.79	15	重庆大学	605	2060	3.40
6	南京信息工程大学	510	2639	5.17	16	兰州大学	309	1839	5.95
7	辽宁工程技术大学	773	2635	3.41	17	中南大学	527	1821	3.46
8	西安建筑科技大学	916	2607	2.85	18	河海大学	554	1795	3.24
9	中国矿业大学	740	2577	3.48	19	中国人民大学	388	1690	4.36
10	华中农业大学	323	2511	7.77	20	中国海洋大学	485	1628	3.36

表 48-6　环境科学、安全科学领域高被引科研院所 Top 10

序号	第一作者单位	发文量/篇	总被引频次/次	篇均被引频次/次	序号	第一作者单位	发文量/篇	总被引频次/次	篇均被引频次/次
1	中国科学院地理科学与资源研究所	496	4895	9.87	3	环境保护部环境规划院	483	2838	5.88
2	中国环境科学研究院	923	4266	4.62	4	中国环境监测总站	284	2162	7.61

续表

序号	第一作者单位	发文量/篇	总被引频次/次	篇均被引频次/次	序号	第一作者单位	发文量/篇	总被引频次/次	篇均被引频次/次
5	中国科学院生态环境研究中心	488	2089	4.28	8	中国科学院南京地理与湖泊研究所	166	1017	6.13
6	北京市环境保护监测中心	112	1308	11.68	9	中华人民共和国环境保护部	277	993	3.58
7	环境保护部南京环境科学研究所	239	1293	5.41	10	北京市环境保护科学研究院	144	876	6.08

48.7 高被引国外期刊

环境科学、安全科学领域 2019 年被引频次 Top 10 的国外期刊见表 48-7，排名居前 3 位的国外期刊分别是 *Science of the Total Environment*、*Chemosphere* 和 *Water Research*。

表 48-7 环境科学、安全科学领域高被引国外期刊 Top 10

序号	期刊名称	2019 年被引频次/次
1	Science of the Total Environment	2515
2	Chemosphere	1534
3	Water Research	1526
4	Bioresource Technology	1359
5	Chemical Engineering Journal	1186
6	Environmental Pollution	1054
7	Journal of Hazardous Materials	963
8	Atmospheric Environment	899
9	Environmental Science and Technology	862
10	Journal of Cleaner Production	682

第 49 章　社会科学总论领域高被引分析

49.1　领域论文概况

2014—2018 年，社会科学总论领域的 900 种期刊上共发表学术论文 1320944 篇，由来自 153002 所机构的 808143 位学者作为第一作者发表。上述论文中，有 400416 篇获得过引用，整体被引率为 30.3%，总被引频次为 1130426 次，篇均被引 0.86 次；其中，高被引论文有 12304 篇，高被引论文篇均被引 20.90 次（表 49-1）。另外，2019 年本领域共发表论文 250625 篇，其中有 14597 篇在当年获得过引用，总共被引 20527 次。

表 49-1　社会科学总论领域论文分布情况

年份	论文数量/篇	总被引频次/次	被引率/%	高被引论文数量/篇	高被引论文被引频次/次
2014	241409	300638	37.7	2424	73123
2015	262065	287413	35.0	2435	65771
2016	269474	251206	32.3	2635	57459
2017	282654	192371	28.2	2651	40185
2018	265342	98798	19.2	2159	20604
合计	1320944	1130426	30.3	12304	257142

49.2　高被引论文分析

在社会科学总论领域，2014—2018 年发表的总被引频次 Top 10 论文（表 49-2）的平均被引频次为 499.1 次，是全部 12304 篇高被引论文篇均被引频次的 23.88 倍。从论文分布来看，刊载高被引论文数量居前 3 位的期刊分别是《才智》（396 篇）、《中国社会科学》（244 篇）和《中国管理信息化》（242 篇），其中，《贵州社会科学》刊载了高被引论文 Top 10 中的 3 篇；发表高被引论文数量居前 3 位的学者分别是中央民族大学的胡利明（20 篇）、清华大学的胡鞍钢（16 篇）和南京大学的刘志彪（16 篇）；产出高被引论文数量居前 3 位的机构分别是中国人民大学（517 篇）、北京大学（307 篇）和中国社会科学院（268 篇）。

表 49-2　社会科学总论领域高被引论文 Top 10

序号	论文题名	第一作者	期刊名称	发表年份	被引频次/次	
					总频次	2019 年
1	中介效应分析：方法和模型发展	温忠麟	心理科学进展	2014	1259	450
2	论中国的精准扶贫	汪三贵	贵州社会科学	2015	701	158
3	供给侧结构性改革——适应和引领中国经济新常态	胡鞍钢	清华大学学报（哲学社会科学版）	2016	521	44
4	推进国家治理体系和治理能力现代化	俞可平	前线	2014	392	37

续表

序号	论文题名	第一作者	期刊名称	发表年份	被引频次/次	
					总频次	2019 年
5	工匠精神及其当代价值	肖群忠	湖南社会科学	2015	387	75
6	精准扶贫：内涵、实践困境及其原因阐释——基于宁夏银川两个村庄的调查	葛志军	贵州社会科学	2015	375	69
7	“丝绸之路经济带”：战略内涵、定位和实现路径	胡鞍钢	新疆师范大学学报（哲学社会科学版）	2014	362	20
8	精准扶贫：技术靶向、理论解析和现实挑战	左停	贵州社会科学	2015	347	69
9	工匠精神的历史传承与当代培育	李宏伟	自然辩证法研究	2015	334	72
10	有调节的中介模型检验方法：竞争还是替补	温忠麟	心理学报	2014	313	88

49.3　研究主题关联分析

在社会科学总论领域，12304 篇高被引论文共被引用了 257142 次。通过分析施引文献关键词的词频及关键词之间的共现关系，获得社会科学总论领域的热点主题和主题关联，如图 49-1 所示。由图可知：“精准扶贫”“乡村振兴”“思想政治教育”“互联网+”等关键词的文档词频较高，是社会科学总论领域的研究热点；本领域主要形成 3 个研究主题簇，分别以“思想政治教育”“社会主义核心价值观”为核心，以“精准扶贫”“乡村振兴”为核心；以“心理健康”“人口老龄化”为核心。

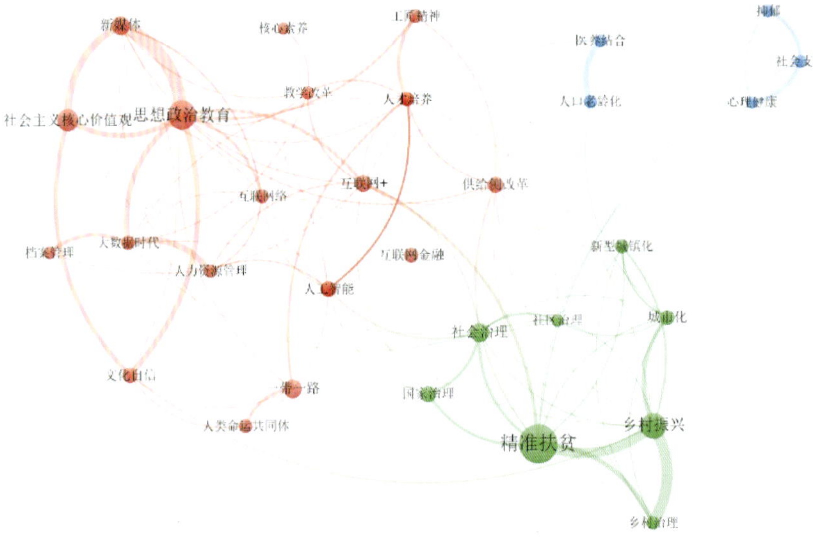

图 49-1　社会科学总论领域热点论文主题关联

49.4 高影响力期刊分析

在社会科学总论领域，5 年影响因子 Top 10 期刊见表 49-3，总被引频次最高的期刊是《才智》（42318 次），5 年影响因子最高的期刊是《中国社会科学》。

表 49-3 社会科学总论领域高被引期刊基本指标

序号	期刊名称	5 年载文量/篇	总被引频次/次	5 年影响因子	高被引论文数量/篇	h 指数
1	中国社会科学	702	10637	4.856	244	51
2	人口研究	282	3899	4.294	96	31
3	社会学研究	366	4055	3.915	118	32
4	社会	300	2997	3.290	79	26
5	南京农业大学学报（社会科学版）	495	3997	2.844	111	25
6	中国人口科学	382	3094	2.741	93	26
7	人口学刊	338	2736	2.598	74	23
8	政治学研究	411	2769	2.285	80	24
9	人口与经济	386	2873	2.264	74	23
10	心理发展与教育	445	2906	2.173	75	23

49.5 高被引作者分析

2014—2018 年论文总被引频次 Top 10 的作者见表 49-4。其中，发文总被引频次居前 3 位的作者分别是华南师范大学的温忠麟（1624 次）、清华大学的胡鞍钢（1449 次）和中国人民大学的汪三贵（1053 次）。5 年发文量居前 3 位的作者分别是黑龙江大学的魏义霞（125 篇）、济南市社会科学院的王征（104 篇）和清华大学的胡鞍钢（97 篇）。

表 49-4 社会科学总论领域高被引作者 Top 10

序号	作者	作者单位	发文量/篇	总被引频次/次	篇均被引频次/次	被引率/%	h 指数
1	温忠麟	华南师范大学	5	1624	324.80	100.0	5
2	胡鞍钢	清华大学	97	1449	14.94	72.2	14
3	汪三贵	中国人民大学	13	1053	81.00	84.6	9
4	王浦劬	北京大学	27	576	21.33	74.1	8
5	翟振武	中国人民大学	16	573	35.81	100.0	11
6	俞可平	中共中央编译局	18	540	30.00	66.7	8
7	杨菊华	中国人民大学	40	527	13.18	85.0	11
8	左停	中国农业大学	21	496	23.62	90.5	7

续表

序号	作者	作者单位	发文量/篇	总被引频次/次	篇均被引频次/次	被引率/%	h 指数
9	胡利明	中央民族大学	63	475	7.54	60.3	15
10	贺雪峰	华中科技大学	45	472	10.49	91.1	14

49.6 高被引机构分析

社会科学总论领域总被引频次 Top 20 高等院校和总被引频次 Top 10 科研院所的发文和被引情况分别见表 49-5 和表 49-6。

表 49-5 社会科学总论领域高被引高等院校 Top 20

序号	第一作者单位	发文量/篇	总被引频次/次	篇均被引频次/次	序号	第一作者单位	发文量/篇	总被引频次/次	篇均被引频次/次
1	中国人民大学	11016	29214	2.65	11	中山大学	4124	7650	1.85
2	北京大学	7420	17223	2.32	12	浙江大学	3433	7486	2.18
3	武汉大学	8948	16528	1.85	13	山东大学	5298	7098	1.34
4	北京师范大学	5786	12585	2.18	14	四川大学	5298	6832	1.29
5	南京大学	6709	12277	1.83	15	华东师范大学	4413	6577	1.49
6	华中师范大学	5139	10911	2.12	16	厦门大学	3225	6002	1.86
7	吉林大学	6315	10800	1.71	17	东北师范大学	3325	5912	1.78
8	清华大学	3943	10589	2.69	18	中南财经政法大学	2780	5703	2.05
9	复旦大学	5148	10128	1.97	19	西南大学	3717	5628	1.51
10	南开大学	5514	8575	1.56	20	华南师范大学	2984	5268	1.77

表 49-6 社会科学总论领域高被引科研院所 Top 10

序号	第一作者单位	发文量/篇	总被引频次/次	篇均被引频次/次	序号	第一作者单位	发文量/篇	总被引频次/次	篇均被引频次/次
1	中国社会科学院	7721	13560	1.76	6	中共上海市委党校	683	1100	1.61
2	中共中央党校	5611	5350	0.95	7	中国科学院心理研究所	216	967	4.48
3	上海社会科学院	1350	2741	2.03	8	中共湖南省委党校	663	935	1.41
4	中共中央编译局	473	1492	3.15	9	上海国际问题研究院	348	907	2.61
5	中国社会科学院社会学研究所	158	1200	7.59	10	中国社会科学院马克思主义研究院	396	894	2.26

49.7　高被引国外期刊

社会科学总论领域 2019 年被引频次 Top 10 的国外期刊见表 49-7，排名居前 3 位的国外期刊分别是 *PLOS ONE*、*Frontiers in Psychology* 和 *Computers in Human Behavior*。

表 49-7　社会科学总论领域高被引国外期刊 Top 10

序号	期刊名称	2019 年被引频次/次
1	PLOS ONE	381
2	Frontiers in Psychology	324
3	Computers in Human Behavior	280
4	Journal of Cleaner Production	246
5	Foreign Affairs	158
6	Journal of Personality and Social Psychology	155
7	Social Science Electronic Publishing	134
8	Nature	134
9	Tourism Management	132
10	Scientific Reports	129

第 50 章 管理学领域高被引分析

50.1 领域论文概况

2014—2018 年，管理学领域的 47 种期刊上共发表学术论文 69690 篇，由来自 10658 所机构的 46394 位学者作为第一作者发表。上述论文中，有 38329 篇获得过引用，整体被引率为 55.0%，总被引频次为 209842 次，篇均被引 3.01 次；其中，高被引论文有 686 篇，高被引论文篇均被引 49.90 次（表 50-1）。另外，2019 年本领域共发表论文 13240 篇，其中有 1514 篇在当年获得过引用，总共被引 2255 次。

表 50-1 管理学领域论文分布情况

年份	论文数量/篇	总被引频次/次	被引率/%	高被引论文数量/篇	高被引论文被引频次/次
2014	14725	62878	60.0	150	11215
2015	14072	58221	60.4	140	10118
2016	13750	44786	59.1	135	7273
2017	13741	30221	54.1	134	3810
2018	13402	13736	40.6	127	1812
合计	69690	209842	55.0	686	34228

50.2 高被引论文分析

在管理学领域，2014—2018 年发表的总被引频次 Top 10 论文（表 50-2）的平均被引频次为 314.1 次，是全部 686 篇高被引论文篇均被引频次的 6.29 倍。从论文分布来看，刊载高被引论文数量居前 3 位的期刊分别是《管理世界》（171 篇）、《中国软科学》（61 篇）和《中国行政管理》（58 篇），其中，《管理世界》刊载了高被引论文 Top 10 中的 3 篇；发表高被引论文数量居前 3 位的学者分别是南开大学的李维安（4 篇）、清华大学的薛澜（3 篇）和中国人民大学的王化成（3 篇）；产出高被引论文数量居前 3 位的机构分别是中国人民大学（32 篇）、清华大学（26 篇）和武汉大学（25 篇）。

表 50-2 管理学领域高被引论文 Top 10

序号	论文题名	第一作者	期刊名称	发表年份	被引频次/次	
					总频次	2019 年
1	CiteSpace 知识图谱的方法论功能	陈悦	科学学研究	2015	836	376
2	新常态下 PPP 模式应用存在的问题及对策	周正祥	中国软科学	2015	362	64
3	国家治理现代化进程中的社会治理体制创新	姜晓萍	中国行政管理	2014	357	51
4	中国特色海绵城市的新兴趋势与实践研究	吴丹洁	中国软科学	2016	279	71

续表

序号	论文题名	第一作者	期刊名称	发表年份	被引频次/次	
					总频次	2019 年
5	企业政治资源的诅咒效应——基于政治关联与企业技术创新的考察	袁建国	管理世界	2015	231	75
6	政府支持、研发管理与技术创新效率——基于中国工业行业的实证分析	肖文	管理世界	2014	228	74
7	我国精准扶贫政策及其创新路径研究	王介勇	中国科学院院刊	2016	225	53
8	“互联网+”行动计划的实施背景、内涵及主要内容	宁家骏	电子政务	2015	221	39
9	谁在利用政府补贴进行创新?——所有制和要素市场扭曲的联合调节效应	杨洋	管理世界	2015	212	75
10	中国农村贫困化地域分异特征及其精准扶贫策略	刘彦随	中国科学院院刊	2016	190	59

50.3　研究主题关联分析

在管理学领域，686 篇高被引论文共被引用了 34228 次。通过分析施引文献关键词的词频及关键词之间的共现关系，获得管理学领域的热点主题和主题关联，如图 50-1 所示。由图可知：“精准扶贫”“知识图谱”“技术创新”“企业创新”等关键词的文档词频较高，是管理学领域的研究热点；本领域主要形成 3 个研究主题簇，分别以“精准扶贫”“知识图谱”为核心，以“创新绩效”“技术创新”为核心，以“产权性质”“企业创新”为核心。

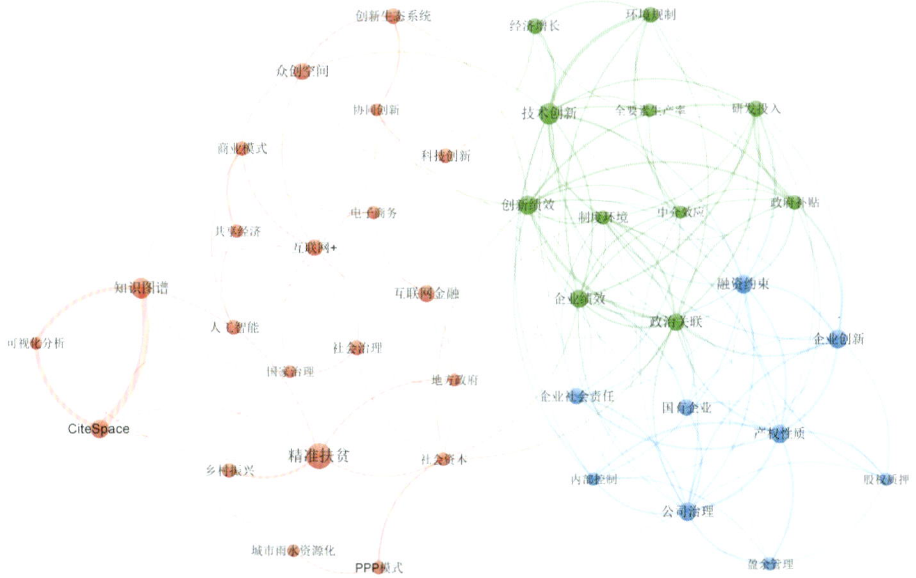

图 50-1　管理学领域热点论文主题关联

50.4 高影响力期刊分析

在管理学领域，5 年影响因子 Top 10 期刊见表 50-3，总被引频次最高的期刊是《管理世界》（19332 次），5 年影响因子最高的期刊是《管理世界》。

表 50-3 管理学领域高被引期刊基本指标

序号	期刊名称	5 年载文量/篇	总被引频次/次	5 年影响因子	高被引论文数量/篇	h 指数
1	管理世界	1309	19332	5.775	171	59
2	南开管理评论	530	6822	4.551	50	40
3	公共管理学报	299	3388	3.863	27	30
4	中国软科学	1147	11176	3.204	61	39
5	科学学研究	1130	9913	2.995	33	34
6	管理科学	383	3341	2.992	16	27
7	管理评论	1365	9759	2.663	34	31
8	科研管理	1182	9274	2.547	30	34
9	管理科学学报	576	4048	2.472	13	25
10	科学学与科学技术管理	973	6851	2.187	16	28

50.5 高被引作者分析

2014—2018 年论文总被引频次 Top 10 的作者见表 50-4。其中，发文总被引频次居前 3 位的作者分别是大连理工大学-德雷塞尔大学知识可视化与科学发现联合研究所的陈悦（836 次）、长沙理工大学的周正祥（393 次）和四川大学的姜晓萍（363 次）。5 年发文量居前 3 位的作者分别是中共迁西县委的金阳（46 篇）、华南理工大学的张振刚（36 篇）和复旦大学的马臻（33 篇）。

表 50-4 管理学领域高被引作者 Top 10

序号	作者	作者单位	发文量/篇	总被引频次/次	篇均被引频次/次	被引率/%	h 指数
1	陈悦	大连理工大学-德雷塞尔大学知识可视化与科学发现联合研究所	1	836	836.00	100.0	1
2	周正祥	长沙理工大学	4	393	98.25	100.0	4
3	姜晓萍	四川大学	3	363	121.00	66.7	2
4	张振刚	华南理工大学	36	362	10.06	86.1	11
5	魏江	浙江大学	13	326	25.08	100.0	8
6	郑磊	复旦大学	10	319	31.90	90.0	7

续表

序号	作者	作者单位	发文量/篇	总被引频次/次	篇均被引频次/次	被引率/%	h 指数
7	李维安	南开大学	8	316	39.50	100.0	6
8	薛澜	清华大学	13	300	23.08	84.6	6
9	吴丹洁	西北大学	1	279	279.00	100.0	1
10	袁建国	华中科技大学	4	277	69.25	100.0	4

50.6　高被引机构分析

管理学领域总被引频次 Top 20 高等院校和总被引频次 Top 10 科研院所的发文和被引情况分别见表 50-5 和表 50-6。

表 50-5　管理学领域高被引高等院校 Top 20

序号	第一作者单位	发文量/篇	总被引频次/次	篇均被引频次/次	序号	第一作者单位	发文量/篇	总被引频次/次	篇均被引频次/次
1	中国人民大学	1285	5951	4.63	11	中山大学	330	2607	7.90
2	南开大学	725	4471	6.17	12	南京大学	478	2471	5.17
3	清华大学	680	4345	6.39	13	北京大学	544	2425	4.46
4	武汉大学	585	3753	6.42	14	中南大学	504	2393	4.75
5	华南理工大学	582	3667	6.30	15	天津大学	380	2370	6.24
6	大连理工大学	683	3570	5.23	16	上海交通大学	723	2215	3.06
7	西安交通大学	710	3483	4.91	17	同济大学	517	2184	4.22
8	华中科技大学	532	3237	6.08	18	湖南大学	326	2071	6.35
9	浙江大学	325	3007	9.25	19	对外经济贸易大学	378	2038	5.39
10	重庆大学	499	2704	5.42	20	复旦大学	282	2037	7.22

表 50-6　管理学领域高被引科研院所 Top 10

序号	第一作者单位	发文量/篇	总被引频次/次	篇均被引频次/次	序号	第一作者单位	发文量/篇	总被引频次/次	篇均被引频次/次
1	中国科学院科技政策与管理科学研究所	172	1431	8.32	3	大连理工大学-德雷塞尔大学知识可视化与科学发现联合研究所	1	836	836.00
2	中国科学院地理科学与资源研究所	90	1364	15.16	4	中国科学技术发展战略研究院	143	686	4.80

续表

序号	第一作者单位	发文量/篇	总被引频次/次	篇均被引频次/次	序号	第一作者单位	发文量/篇	总被引频次/次	篇均被引频次/次
5	国家信息中心	53	640	12.08	8	中国科学院科技战略咨询研究院	142	404	2.85
6	中国科学技术信息研究所	177	620	3.50	9	国务院发展研究中心	46	390	8.48
7	中国社会科学院	182	546	3.00	10	国家自然科学基金委员会	163	296	1.82

50.7　高被引国外期刊

管理学领域2019年被引频次Top 10的国外期刊见表50-7，排名居前3位的国外期刊分别是*Research Policy*、*Strategic Management Journal*和*Journal of Cleaner Production*。

表50-7　管理学领域高被引国外期刊Top 10

序号	期刊名称	2019年被引频次/次
1	Research Policy	512
2	Strategic Management Journal	409
3	Journal of Cleaner Production	383
4	Journal of Business Research	365
5	Academy of Management Journal	258
6	International Journal of Production Economics	220
7	European Journal of Operational Research	202
8	Journal of Financial Economics	196
9	Journal of Business Ethics	190
10	Nature	174

第 51 章　法学领域高被引分析

51.1　领域论文概况

2014—2018 年，法学领域的 99 种期刊上共发表学术论文 144023 篇，由来自 16961 所机构的 92460 位学者作为第一作者发表。上述论文中，有 48101 篇获得过引用，整体被引率为 33.4%，总被引频次为 170238 次，篇均被引 1.18 次；其中，高被引论文有 1440 篇，高被引论文篇均被引 30.55 次（表 51-1）。另外，2019 年本领域共发表论文 26748 篇，其中有 1962 篇在当年获得过引用，总共被引 2670 次。

表 51-1　法学领域论文分布情况

年份	论文数量/篇	总被引频次/次	被引率/%	高被引论文数量/篇	高被引论文被引频次/次
2014	25553	46931	40.8	251	11538
2015	28247	42539	39.0	276	10710
2016	30342	37536	34.7	292	9778
2017	30567	29686	31.1	286	8319
2018	29314	13546	22.5	335	3647
合计	144023	170238	33.4	1440	43992

51.2　高被引论文分析

在法学领域，2014—2018 年发表的总被引频次 Top 10 论文（表 51-2）的平均被引频次为 235.8 次，是全部 1440 篇高被引论文篇均被引频次的 7.72 倍。从论文分布来看，刊载高被引论文数量居前 3 位的期刊分别是《中国法学》（161 篇）、《法学研究》（102 篇）和《法学》（94 篇），其中，《中国法学》刊载了高被引论文 Top 10 中的 5 篇；发表高被引论文数量居前 3 位的学者分别是清华大学的张明楷（23 篇）、中国人民大学的王利明（20 篇）和华东政法大学的刘宪权（16 篇）；产出高被引论文数量居前 3 位的机构分别是中国人民大学（145 篇）、清华大学（96 篇）和中国政法大学（96 篇）。

表 51-2　法学领域高被引论文 Top 10

序号	论文题名	第一作者	期刊名称	发表年份	被引频次/次	
					总频次	2019 年
1	法治与国家治理现代化	张文显	中国法学	2014	364	56
2	从隐私到个人信息：利益再衡量的理论与制度安排	张新宝	中国法学	2015	320	122
3	认罪认罚从宽制度研究	陈卫东	中国法学	2016	300	70
4	人工智能时代的制度安排与法律规制	吴汉东	法律科学—西北政法大学学报	2017	260	142

续表

序号	论文题名	第一作者	期刊名称	发表年份	被引频次/次	
					总频次	2019 年
5	论以审判为中心的诉讼制度改革	沈德咏	中国法学	2015	228	43
6	“专车”类共享经济的规制路径	唐清利	中国法学	2015	218	37
7	我国农村土地法律制度变革的思路与框架——十八届三中全会《决定》相关内容解读	陈小君	法学研究	2014	180	34
8	“认罪认罚从宽”改革的理论反思——基于刑事速裁程序运行经验的考察	陈瑞华	当代法学	2016	171	35
9	共享经济的法律规制问题——以互联网专车为例	彭岳	行政法学研究	2016	159	37
10	完善认罪认罚从宽制度：中国语境下的关键词展开	魏晓娜	法学研究	2016	158	50

51.3　研究主题关联分析

在法学领域，1440 篇高被引论文共被引用了 43992 次。通过分析施引文献关键词的词频及关键词之间的共现关系，获得法学领域的热点主题和主题关联，如图 51-1 所示。由图可知：“人工智能”“认罪认罚从宽制度”“三权分置”“土地承包经营权”等关键词的文档词频较高，是法学领域的研究热点；本领域主要形成 3 个研究主题簇，分别以“三权分置”“土地经营权”为核心，以“以审判为中心”“认罪认罚从宽制度”为核心，以“人工智能”“个人信息”为核心。

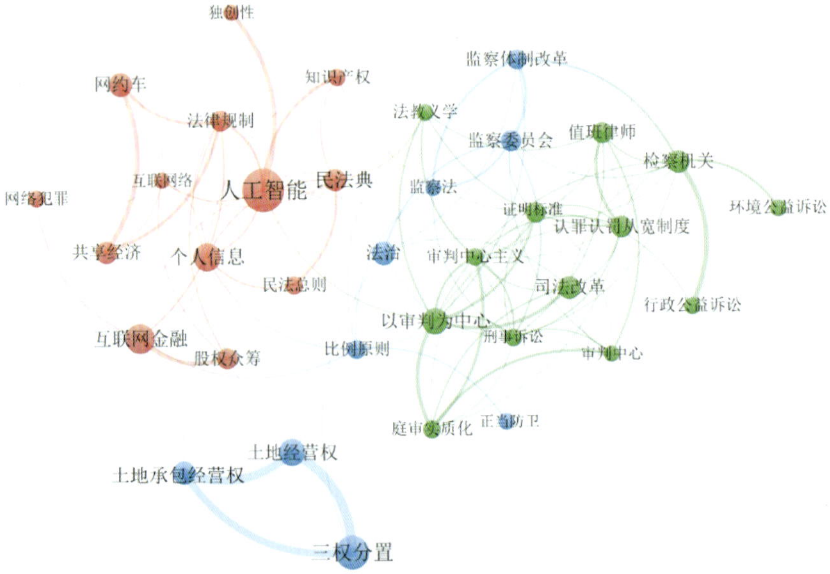

图 51-1　法学领域热点论文主题关联

51.4　高影响力期刊分析

在法学领域，5 年影响因子 Top 10 期刊见表 51-3，总被引频次最高的期刊是《法制与社会》（12200 次），5 年影响因子最高的期刊是《中国法学》。

表 51-3　法学领域高被引期刊基本指标

序号	期刊名称	5 年载文量/篇	总被引频次/次	5 年影响因子	高被引论文数量/篇	h 指数
1	中国法学	502	9384	5.086	161	43
2	法学研究	366	5797	4.615	102	36
3	中外法学	438	3870	2.381	54	27
4	清华法学	350	2811	2.366	39	25
5	法律科学－西北政法大学学报	607	4213	2.308	47	24
6	法学	968	7348	2.162	94	34
7	法学评论	616	4184	1.914	63	29
8	法学家	439	3110	1.911	46	27
9	东方法学	485	2216	1.880	41	19
10	政法论坛	513	3057	1.832	41	24

51.5　高被引作者分析

2014—2018 年论文总被引频次 Top 10 的作者见表 51-4。其中，发文总被引频次居前 3 位的作者分别是清华大学的张明楷（1238 次）、华东政法大学的刘宪权（816 次）和中国人民大学的王利明（799 次）。5 年发文量居前 3 位的作者分别是清华大学的张明楷（60 篇）、中华人民共和国最高人民检察院的曹建明（55 篇）和中华人民共和国司法部的吴爱英（54 篇）。

表 51-4　法学领域高被引作者 Top 10

序号	作者	作者单位	发文量/篇	总被引频次/次	篇均被引频次/次	被引率/%	h 指数
1	张明楷	清华大学	60	1238	20.63	85.0	22
2	刘宪权	华东政法大学	49	816	16.65	89.8	14
3	王利明	中国人民大学	45	799	17.76	77.8	16
4	陈卫东	中国人民大学	41	787	19.20	82.9	12
5	杨立新	中国人民大学	50	741	14.82	94.0	15
6	陈瑞华	北京大学	38	629	16.55	71.1	12
7	赵秉志	北京师范大学	53	628	11.85	77.4	13

续表

序号	作者	作者单位	发文量/篇	总被引频次/次	篇均被引频次/次	被引率/%	h 指数
8	吴汉东	中南财经政法大学	25	599	23.96	92.0	12
9	龙宗智	四川大学	38	574	15.11	78.9	10
10	王迁	华东政法大学	34	551	16.21	91.2	13

51.6 高被引机构分析

法学领域总被引频次 Top 20 高等院校和总被引频次 Top 10 科研院所的发文和被引情况分别见表 51-5 和表 51-6。

表 51-5 法学领域高被引高等院校 Top 20

序号	第一作者单位	发文量/篇	总被引频次/次	篇均被引频次/次	序号	第一作者单位	发文量/篇	总被引频次/次	篇均被引频次/次
1	中国人民大学	1590	9632	6.06	11	中国人民公安大学	1902	2081	1.09
2	华东政法大学	3439	7757	2.26	12	山东大学	625	1794	2.87
3	中国政法大学	2827	7551	2.67	13	四川大学	1043	1778	1.70
4	北京大学	1070	7031	6.57	14	上海交通大学	432	1735	4.02
5	清华大学	843	6235	7.40	15	南京师范大学	621	1646	2.65
6	西南政法大学	2642	5863	2.22	16	浙江大学	369	1575	4.27
7	中南财经政法大学	2027	4298	2.12	17	南京大学	438	1466	3.35
8	武汉大学	1477	3955	2.68	18	西北政法大学	1793	1377	0.77
9	吉林大学	724	2483	3.43	19	苏州大学	554	1345	2.43
10	北京师范大学	1092	2424	2.22	20	东南大学	290	1268	4.37

表 51-6 法学领域高被引科研院所 Top 10

序号	第一作者单位	发文量/篇	总被引频次/次	篇均被引频次/次	序号	第一作者单位	发文量/篇	总被引频次/次	篇均被引频次/次
1	中国社会科学院	431	1662	3.86	4	中华人民共和国最高人民检察院	467	748	1.60
2	中国社会科学院法学研究所	169	1490	8.82	5	国家“2011 计划”司法文明协同创新中心	11	499	45.36
3	中华人民共和国最高人民法院	242	1042	4.31	6	中国法学会	39	451	11.56

续表

序号	第一作者单位	发文量/篇	总被引频次/次	篇均被引频次/次	序号	第一作者单位	发文量/篇	总被引频次/次	篇均被引频次/次
7	上海社会科学院	90	446	4.96	9	公安部物证鉴定中心	146	269	1.84
8	中国法学会学术委员会	1	364	364.00	10	国家2011计划司法文明协同创新中心	4	206	51.50

51.7　高被引国外期刊

法学领域 2019 年被引频次 Top 10 的国外期刊见表 51-7，排名居前 3 位的国外期刊分别是 *Forensic Science International*: *Genetics*、*Nature* 和 *Washington Law Review*。

表 51-7　法学领域高被引国外期刊 Top 10

序号	期刊名称	2019 年被引频次/次
1	Forensic Science International: Genetics	75
2	Nature	27
3	Washington Law Review	21
4	Journal of Forensic Sciences	20
5	Yale Law Journal	20
6	Science	19
7	Berkeley Technology Law Journal	18
8	Duke Law Journal	17
9	Journal of International Economic Law	16
10	University of Pennsylvania Law Review	15

第 52 章　经济领域高被引分析

52.1　领域论文概况

2014—2018 年，经济领域的 489 种期刊上共发表学术论文 1702701 篇，由来自 245047 所机构的 1119438 位学者作为第一作者发表。上述论文中，有 557270 篇获得过引用，整体被引率为 32.7%，总被引频次为 1659268 次，篇均被引 0.97 次；其中，高被引论文有 17369 篇，高被引论文篇均被引 22.76 次（表 52-1）。另外，2019 年本领域共发表论文 328670 篇，其中有 25251 篇在当年获得过引用，总共被引 36579 次。

表 52-1　经济领域论文分布情况

年份	论文数量/篇	总被引频次/次	被引率/%	高被引论文数量/篇	高被引论文被引频次/次
2014	297226	396826	37.1	3092	109912
2015	325719	402176	36.7	3186	101308
2016	366888	392038	35.0	3855	90476
2017	370141	311987	32.6	3811	62875
2018	342727	156241	22.9	3425	30820
合计	1702701	1659268	32.7	17369	395391

52.2　高被引论文分析

在经济领域，2014—2018 年发表的总被引频次 Top 10 论文（表 52-2）的平均被引频次为 415.4 次，是全部 17369 篇高被引论文篇均被引频次的 18.25 倍。从论文分布来看，刊载高被引论文数量居前 3 位的期刊分别是《低碳世界》（749 篇）、《经济研究》（496 篇）和《住宅与房地产》（411 篇），其中，《中国工业经济》刊载了高被引论文 Top 10 中的 2 篇；发表高被引论文数量居前 3 位的学者分别是重庆理工大学的程平（24 篇）、南京财经大学的陆岷峰（21 篇）和中国人民大学的张杰（16 篇）；产出高被引论文数量居前 3 位的机构分别是中国人民大学（430 篇）、南开大学（255 篇）和中国社会科学院（227 篇）。

表 52-2　经济领域高被引论文 Top 10

序号	论文题名	第一作者	期刊名称	发表年份	被引频次/次	
					总频次	2019 年
1	精准扶贫的难点、对策与路径选择	邓维杰	农村经济	2014	621	102
2	互联网思维与传统企业再造	李海舰	中国工业经济	2014	514	83
3	供给侧结构性改革的理论逻辑与实践路径	冯志峰	经济问题	2016	471	37
4	互联网时代的商业模式创新：价值创造视角	罗珉	中国工业经济	2015	459	100

续表

序号	论文题名	第一作者	期刊名称	发表年份	被引频次/次	
					总频次	2019 年
5	PPP模式理论阐释及其现实例证	刘薇	改革	2015	387	66
6	互联网金融监管的必要性与核心原则	谢平	国际金融研究	2014	368	36
7	国际贸易新方式：跨境电子商务的最新研究	鄂立彬	东北财经大学学报	2014	345	41
8	中国互联网金融：模式、影响、本质与风险	郑联盛	国际经济评论	2014	336	36
9	中国制造业企业全要素生产率研究	杨汝岱	经济研究	2015	332	96
10	共享经济的成因、内涵与商业模式研究	郑志来	现代经济探讨	2016	321	83

52.3　研究主题关联分析

在经济领域，17369 篇高被引论文共被引用了 395391 次。通过分析施引文献关键词的词频及关键词之间的共现关系，获得经济领域的热点主题和主题关联，如图 52-1 所示。由图可知："建筑工程""财务管理""互联网金融""施工技术"等关键词的文档词频较高，是经济领域的研究热点；本领域主要形成 3 个研究主题簇，分别以"财务管理""内部控制"为核心，以"互联网金融""经济增长"为核心，以"建筑工程""施工技术"为核心。

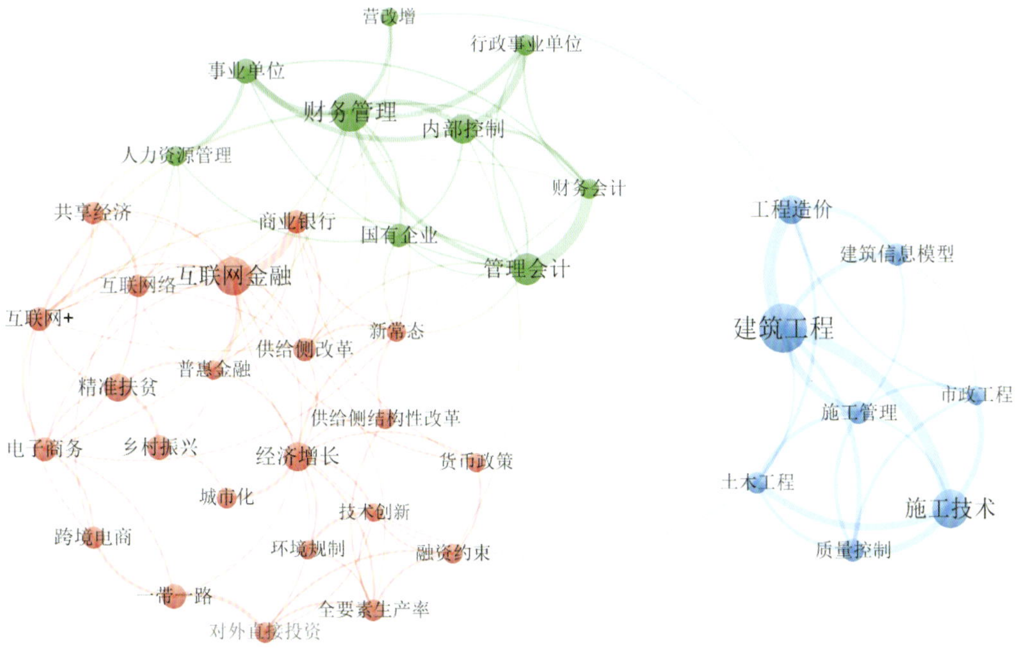

图 52-1　经济领域热点论文主题关联

52.4 高影响力期刊分析

在经济领域，5 年影响因子 Top 10 期刊见表 52-3，总被引频次最高的期刊是《低碳世界》（47367 次），5 年影响因子最高的期刊是《经济研究》。

表 52-3 经济领域高被引期刊基本指标

序号	期刊名称	5 年载文量/篇	总被引频次/次	5 年影响因子	高被引论文数量/篇	h 指数
1	经济研究	977	24605	8.952	496	76
2	中国工业经济	696	15831	7.862	339	61
3	会计研究	831	13244	5.302	326	52
4	金融研究	801	10625	5.087	254	43
5	世界经济	543	7521	5.024	199	41
6	中国农村经济	549	6817	4.683	185	39
7	审计研究	494	5691	4.146	151	33
8	中国农村观察	296	2893	3.605	87	26
9	数量经济技术经济研究	611	5942	3.488	159	34
10	经济学（季刊）	343	3527	3.204	92	29

52.5 高被引作者分析

2014—2018 年论文总被引频次 Top 10 的作者见表 52-4。其中，发文总被引频次居前 3 位的作者分别是重庆理工大学的程平（973 次）、中国人民大学的张杰（793 次）和盐城师范学院的郑志来（789 次）。5 年发文量居前 3 位的作者分别是重庆理工大学的程平（133 篇）、南京财经大学的陆岷峰（125 篇）和燕山大学的刘邦凡（89 篇）。

表 52-4 经济领域高被引作者 Top 10

序号	作者	作者单位	发文量/篇	总被引频次/次	篇均被引频次/次	被引率/%	h 指数
1	程平	重庆理工大学	133	973	7.32	76.7	15
2	张杰	中国人民大学	44	793	18.02	75.0	14
3	郑志来	盐城师范学院	20	789	39.45	90.0	11
4	谢平	中国投资有限责任公司	5	652	130.40	80.0	4
5	邓维杰	四川农业大学成都校区	1	621	621.00	100.0	1
6	孔祥智	中国人民大学	40	594	14.85	92.5	9
7	陆岷峰	南京财经大学	125	576	4.61	75.2	12
8	罗必良	华南农业大学	20	566	28.30	90.0	11

续表

序号	作者	作者单位	发文量/篇	总被引频次/次	篇均被引频次/次	被引率/%	h 指数
9	冯巧根	南京大学	34	561	16.50	97.1	12
10	黎文靖	暨南大学	10	548	54.80	100.0	6

52.6　高被引机构分析

经济领域总被引频次 Top 20 高等院校和总被引频次 Top 10 科研院所的发文和被引情况分别见表 52-5 和表 52-6。

表 52-5　经济领域高被引高等院校 Top 20

序号	第一作者单位	发文量/篇	总被引频次/次	篇均被引频次/次	序号	第一作者单位	发文量/篇	总被引频次/次	篇均被引频次/次
1	中国人民大学	8211	23869	2.91	11	南京大学	2571	9119	3.55
2	南开大学	3489	12628	3.62	12	上海财经大学	1792	8735	4.87
3	中南财经政法大学	5224	12065	2.31	13	暨南大学	1820	7281	4.00
4	东北财经大学	3381	12061	3.57	14	吉林大学	2840	7023	2.47
5	中央财经大学	4539	11975	2.64	15	清华大学	1863	6867	3.69
6	北京大学	3658	11372	3.11	16	安徽财经大学	5646	6807	1.21
7	武汉大学	4298	11345	2.64	17	复旦大学	1629	6769	4.16
8	西南财经大学	3674	10814	2.94	18	中山大学	1877	6656	3.55
9	对外经济贸易大学	4338	10186	2.35	19	首都经济贸易大学	3555	5968	1.68
10	厦门大学	2427	9410	3.88	20	江西财经大学	3564	5822	1.63

表 52-6　经济领域高被引科研院所 Top 10

序号	第一作者单位	发文量/篇	总被引频次/次	篇均被引频次/次	序号	第一作者单位	发文量/篇	总被引频次/次	篇均被引频次/次
1	中国社会科学院	3815	11930	3.13	5	上海社会科学院	714	1888	2.64
2	国务院发展研究中心	1132	2810	2.48	6	中国社会科学院财经战略研究院	319	1853	5.81
3	中国社会科学院工业经济研究所	221	2506	11.34	7	中国农业科学院	469	1774	3.78
4	财政部财政科学研究所	556	2222	4.00	8	中华人民共和国农业部	441	1763	4.00

续表

序号	第一作者单位	发文量/篇	总被引频次/次	篇均被引频次/次	序号	第一作者单位	发文量/篇	总被引频次/次	篇均被引频次/次
9	中国财政科学研究院	928	1609	1.73	10	中国社会科学院经济研究所	245	1491	6.09

52.7 高被引国外期刊

经济领域 2019 年被引频次 Top 10 的国外期刊见表 52-7，排名居前 3 位的国外期刊分别是 *The American Economic Review*、*Journal of Financial Economics* 和 *Journal of Cleaner Production*。

表 52-7 经济领域高被引国外期刊 Top 10

序号	期刊名称	2019 年被引频次/次
1	The American Economic Review	843
2	Journal of Financial Economics	657
3	Journal of Cleaner Production	651
4	Journal of International Economics	543
5	Strategic Management Journal	453
6	Tourism Management	398
7	Journal of Corporate Finance	352
8	Journal of Business Research	344
9	Journal of Banking and Finance	334
10	Social Science Electronic Publishing	332

第 53 章　新闻出版领域高被引分析

53.1　领域论文概况

2014—2018 年，新闻出版领域的 62 种期刊上共发表学术论文 186743 篇，由来自 21977 所机构的 114512 位学者作为第一作者发表。上述论文中，有 74578 篇获得过引用，整体被引率为 39.9%，总被引频次为 205149 次，篇均被引 1.10 次；其中，高被引论文有 1861 篇，高被引论文篇均被引 20.00 次（表 53-1）。另外，2019 年本领域共发表论文 32693 篇，其中有 3626 篇在当年获得过引用，总共被引 5040 次。

表 53-1　新闻出版领域论文分布情况

年份	论文数量/篇	总被引频次/次	被引率/%	高被引论文数量/篇	高被引论文被引频次/次
2014	35124	49424	41.2	336	10575
2015	37608	51101	43.4	359	9443
2016	39595	46758	42.7	426	8394
2017	38545	36559	40.0	344	5300
2018	35871	21307	31.5	396	3504
合计	186743	205149	39.9	1861	37216

53.2　高被引论文分析

在新闻出版领域，2014—2018 年发表的总被引频次 Top 10 论文（表 53-2）的平均被引频次为 175.6 次，是全部 1861 篇高被引论文篇均被引频次的 8.78 倍。从论文分布来看，刊载高被引论文数量居前 3 位的期刊分别是《中国科技期刊研究》（174 篇）、《新媒体研究》（154 篇）和《科技传播》（124 篇），其中，《硅谷》刊载了高被引论文 Top 10 中的 3 篇；发表高被引论文数量居前 3 位的学者分别是北京师范大学的喻国明（24 篇）、中山大学的张志安（19 篇）和中国人民大学的喻国明（15 篇）；产出高被引论文数量居前 3 位的机构分别是中国人民大学（94 篇）、中国传媒大学（70 篇）和清华大学（59 篇）。

表 53-2　新闻出版领域高被引论文 Top 10

序号	论文题名	第一作者	期刊名称	发表年份	被引频次/次	
					总频次	2019 年
1	场景：移动时代媒体的新要素	彭兰	新闻记者	2015	356	102
2	“互联网+”意味着什么——对“互联网+”的深层认识	黄楚新	新闻与写作	2015	238	36
3	移动互联网时代学术期刊的微信公众号服务模式创新	谢文亮	中国科技期刊研究	2015	209	30
4	土木工程施工中的质量控制分析	李燕山	硅谷	2014	182	3

续表

序号	论文题名	第一作者	期刊名称	发表年份	被引频次/次	
					总频次	2019 年
5	防渗漏施工技术在房建施工中的应用	张志臣	科技传播	2014	146	4
6	建筑工程土建施工中桩基础技术的应用	王延立	硅谷	2014	139	3
7	智媒化：未来媒体浪潮——新媒体发展趋势报告（2016）	彭兰	国际新闻界	2016	130	57
8	电气自动化在电气工程中的融合运用	石峰	硅谷	2014	127	2
9	道路桥梁施工中预应力的应用及存在的问题探析	王振	科技传播	2014	116	2
10	传统媒体与新兴媒体融合的关键与路径	胡正荣	新闻与写作	2015	113	22

53.3　研究主题关联分析

在新闻出版领域，1861 篇高被引论文共被引用了 37216 次。通过分析施引文献关键词的词频及关键词之间的共现关系，获得新闻出版领域的热点主题和主题关联，如图 53-1 所示。由图可知："新媒体""科技期刊""学术期刊""媒体融合"等关键词的文档词频较高，是新闻出版领域的研究热点；本领域主要形成 3 个研究主题簇，分别以"科技期刊""学术期刊"为核心，以"媒体融合""人工智能"为核心，以"新媒体""电视新闻"为核心。

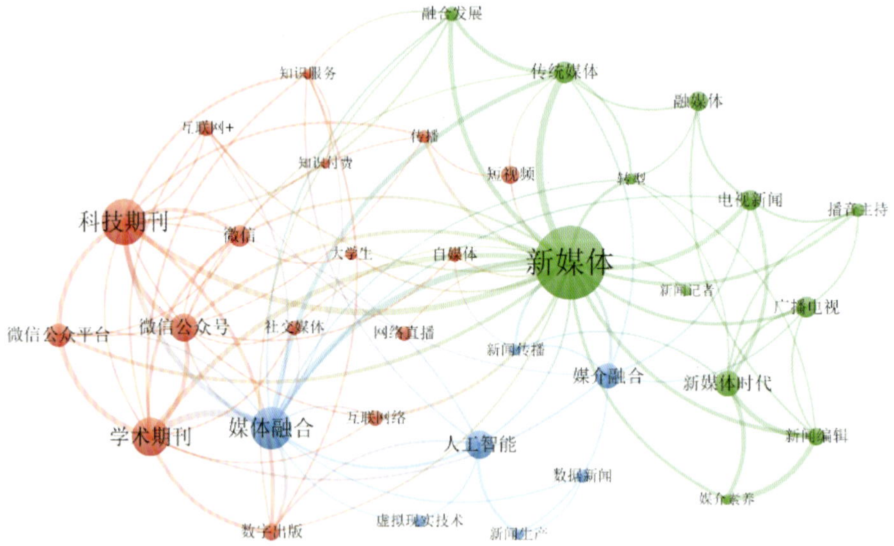

图 53-1　新闻出版领域热点论文主题关联

53.4　高影响力期刊分析

在新闻出版领域，5 年影响因子 Top 10 期刊见表 53-3，总被引频次最高的期刊是《新闻研究导刊》（20637 次），5 年影响因子最高的期刊是《中国科技期刊研究》。

表 53-3　新闻出版领域高被引期刊基本指标

序号	期刊名称	5 年载文量/篇	总被引频次/次	5 年影响因子	高被引论文数量/篇	h 指数
1	中国科技期刊研究	1268	8441	1.597	174	30
2	国际新闻界	703	3529	1.474	67	26
3	新闻与传播研究	691	2882	1.314	63	23
4	新闻记者	885	4069	1.154	86	24
5	编辑学报	1126	4755	1.103	105	22
6	新闻大学	621	2118	0.882	37	19
7	现代传播	2392	7367	0.842	108	27
8	编辑之友	1518	3781	0.709	54	19
9	当代传播	1003	2494	0.634	23	15
10	新闻与写作	2457	5199	0.614	91	24

53.5　高被引作者分析

2014—2018 年论文总被引频次 Top 10 的作者见表 53-4。其中，发文总被引频次居前 3 位的作者分别是北京师范大学的喻国明（1322 次）、中国人民大学的彭兰（1089 次）和中国人民大学的陈力丹（621 次）。5 年发文量居前 3 位的作者分别是中国人民大学的陈力丹（217 篇）、首都师范大学的赵丕杰（183 篇）和国家行政学院的郭全中（143 篇）。

表 53-4　新闻出版领域高被引作者 Top 10

序号	作者	作者单位	发文量/篇	总被引频次/次	篇均被引频次/次	被引率/%	h 指数
1	喻国明	北京师范大学	122	1322	10.84	90.2	15
2	彭兰	清华大学	34	1089	32.03	91.2	13
3	陈力丹	中国人民大学	217	621	2.86	57.1	11
4	张志安	中山大学	106	498	4.70	62.3	14
5	黄楚新	中国社会科学院新闻与传播研究所	16	437	27.31	81.3	7
6	史安斌	清华大学	86	379	4.41	65.1	10
7	陈昌凤	清华大学	54	332	6.15	83.3	10
8	郭全中	国家行政学院	143	306	2.14	51.0	8
9	谢文亮	广东财经大学	11	294	26.73	100.0	7
10	黄旦	复旦大学	12	258	21.50	75.0	7

53.6 高被引机构分析

新闻出版领域总被引频次 Top 20 高等院校和总被引频次 Top 10 科研院所的发文和被引情况分别见表 53-5 和表 53-6。

表 53-5 新闻出版领域高被引高等院校 Top 20

序号	第一作者单位	发文量/篇	总被引频次/次	篇均被引频次/次	序号	第一作者单位	发文量/篇	总被引频次/次	篇均被引频次/次
1	中国传媒大学	4827	6967	1.44	11	中山大学	339	1130	3.33
2	中国人民大学	1682	5285	3.14	12	河南大学	1296	1117	0.86
3	清华大学	919	2862	3.11	13	陕西师范大学	1088	1098	1.01
4	武汉大学	1501	2537	1.69	14	浙江大学	467	987	2.11
5	复旦大学	825	2190	2.65	15	重庆大学	958	969	1.01
6	暨南大学	889	1540	1.73	16	河北大学	1183	925	0.78
7	南京大学	784	1470	1.88	17	北京印刷学院	528	918	1.74
8	北京大学	694	1397	2.01	18	华中科技大学	520	890	1.71
9	北京师范大学	579	1337	2.31	19	湖南师范大学	833	869	1.04
10	四川大学	1113	1332	1.20	20	上海交通大学	609	857	1.41

表 53-6 新闻出版领域高被引科研院所 Top 10

序号	第一作者单位	发文量/篇	总被引频次/次	篇均被引频次/次	序号	第一作者单位	发文量/篇	总被引频次/次	篇均被引频次/次
1	中华人民共和国国家新闻出版广电总局	1402	1687	1.20	6	河南电视台	416	561	1.35
2	吉林电视台	605	909	1.50	7	中央人民广播电台	603	482	0.80
3	中国中央电视台	915	682	0.75	8	中国新闻出版研究院	297	467	1.57
4	中国社会科学院新闻与传播研究所	96	657	6.84	9	中国科学技术信息研究所	51	406	7.96
5	中国社会科学院	394	612	1.55	10	广东广播电视台	415	355	0.86

53.7 高被引国外期刊

新闻出版领域 2019 年被引频次 Top 10 的国外期刊见表 53-7，排名居前 3 位的国外期刊分别是 *Digital Journalism*、*Computers in Human Behavior* 和 *New Media & Society*。

表 53-7　新闻出版领域高被引国外期刊 Top 10

序号	期刊名称	2019 年被引频次/次
1	Digital Journalism	71
2	Computers in Human Behavior	70
3	New Media & Society	65
4	Health Communication	65
5	Journalism Practice	55
6	Journal of Communication	54
7	Journalism	51
8	Journalism Studies	40
9	Nature	32
10	PLOS ONE	29

第 54 章　图书情报档案领域高被引分析

54.1　领域论文概况

2014—2018 年，图书情报档案领域的 67 种期刊上共发表学术论文 87834 篇，由来自 9217 所机构的 46703 位学者作为第一作者发表。上述论文中，有 46338 篇获得过引用，整体被引率为 52.8%，总被引频次为 202553 次，篇均被引 2.31 次；其中，高被引论文有 857 篇，高被引论文篇均被引 38.29 次（表 54-1）。另外，2019 年本领域共发表论文 13854 篇，其中有 1654 篇在当年获得过引用，总共被引 2405 次。

表 54-1　图书情报档案领域论文分布情况

年份	论文数量/篇	总被引频次/次	被引率/%	高被引论文数量/篇	高被引论文被引频次/次
2014	21001	56375	52.9	212	10931
2015	20221	53628	54.0	203	9597
2016	16663	44737	58.7	165	6312
2017	15457	32665	55.3	149	4023
2018	14492	15148	41.4	128	1950
合计	87834	202553	52.8	857	32813

54.2　高被引论文分析

在图书情报档案领域，2014—2018 年发表的总被引频次 Top 10 论文（表 54-2）的平均被引频次为 192.3 次，是全部 857 篇高被引论文篇均被引频次的 5.02 倍。从论文分布来看，刊载高被引论文数量居前 3 位的期刊分别是《图书情报工作》（107 篇）、《图书馆工作与研究》（66 篇）和《中国图书馆学报》（58 篇），其中，《中国图书馆学报》刊载了高被引论文 Top 10 中的 4 篇；发表高被引论文数量居前 3 位的学者分别是武汉大学的黄如花（9 篇）、上海社会科学院的王世伟（7 篇）和华东师范大学的范并思（7 篇）；产出高被引论文数量居前 3 位的机构分别是武汉大学（86 篇）、北京大学（33 篇）和吉林大学（22 篇）。

表 54-2　图书情报档案领域高被引论文 Top 10

序号	论文题名	第一作者	期刊名称	发表年份	被引频次/次	
					总频次	2019 年
1	阅读推广与图书馆学：基础理论问题分析	范并思	中国图书馆学报	2014	342	78
2	高校图书馆微信公众平台服务发展现状及对策	张秋	图书馆建设	2014	225	16
3	高校图书馆应对 MOOC 挑战的策略探讨	傅天珍	大学图书馆学报	2014	210	9
4	大数据时代数字图书馆面临的机遇和挑战	苏新宁	中国图书馆学报	2015	187	38

续表

序号	论文题名	第一作者	期刊名称	发表年份	被引频次/次	
					总频次	2019 年
5	MOOCs 的兴起及图书馆的角色	秦鸿	中国图书馆学报	2014	186	6
6	阅读推广、图书馆阅读推广的定义——兼论如何认识和学习图书馆时尚阅读推广案例	王波	图书馆论坛	2015	183	55
7	基于微信公众平台的高校图书馆阅读推广效果实证研究	万慕晨	图书情报工作	2015	165	40
8	大规模在线开放课程（MOOC）与高校图书馆角色研究综述	罗博	图书情报工作	2014	146	3
9	论信息安全、网络安全、网络空间安全	王世伟	中国图书馆学报	2015	142	19
10	大学生信息素养教育的“慕课”化趋势	潘燕桃	大学图书馆学报	2014	137	14

54.3　研究主题关联分析

在图书情报档案领域，857 篇高被引论文共被引用了 32813 次。通过分析施引文献关键词的词频及关键词之间的共现关系，获得图书情报档案领域的热点主题和主题关联，如图 54-1 所示。由图可知：“图书馆”“高校图书馆”“阅读推广”“公共图书馆”等关键词的文档词频较高，是图书情报档案领域的研究热点；本领域主要形成 3 个研究主题簇，分别以“高校图书馆”“信息服务”“微信公众平台”“信息素养”为核心，以“图书馆”“智慧图书馆”“知识图谱”“数字人文”“学科服务”为核心，以“公共图书馆”“阅读推广”“创客空间”“文化扶贫”为核心。

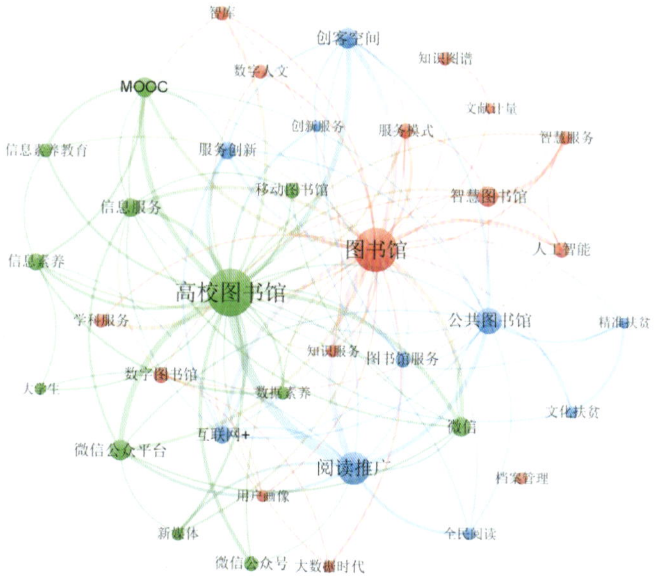

图 54-1　图书情报档案领域热点论文主题关联

54.4 高影响力期刊分析

在图书情报档案领域，5 年影响因子 Top 10 期刊见表 54-3，总被引频次最高的期刊是《图书情报工作》（16604 次），5 年影响因子最高的期刊是《中国图书馆学报》。

表 54-3 图书情报档案领域高被引期刊基本指标

序号	期刊名称	5 年载文量/篇	总被引频次/次	5 年影响因子	高被引论文数量/篇	h 指数
1	中国图书馆学报	287	5260	4.934	58	36
2	大学图书馆学报	585	4985	2.374	46	30
3	图书与情报	694	5435	2.160	48	31
4	图书情报知识	463	3244	2.099	29	25
5	图书情报工作	2419	16604	1.999	107	41
6	情报理论与实践	1690	8885	1.677	46	28
7	情报学报	696	2732	1.632	9	16
8	情报杂志	2097	10685	1.575	38	28
9	图书馆工作与研究	1607	8269	1.568	66	28
10	国家图书馆学刊	475	2914	1.474	16	22

54.5 高被引作者分析

2014—2018 年论文总被引频次 Top 10 的作者见表 54-4。其中，发文总被引频次居前 3 位的作者分别是武汉大学的黄如花（954 次）、华东师范大学的范并思（719 次）和武汉大学的邱均平（569 次）。5 年发文量居前 3 位的作者分别是武汉大学的赵蓉英（86 篇）、武汉大学的黄如花（66 篇）和武汉大学的张敏（61 篇）。

表 54-4 图书情报档案领域高被引作者 Top 10

序号	作者	作者单位	发文量/篇	总被引频次/次	篇均被引频次/次	被引率/%	h 指数
1	黄如花	武汉大学	66	954	14.45	97.0	16
2	范并思	华东师范大学	15	719	47.93	93.3	10
3	邱均平	武汉大学	60	569	9.48	93.3	14
4	王世伟	上海社会科学院	27	538	19.93	100.0	12
5	李纲	武汉大学	46	521	11.33	87.0	13
6	赵蓉英	武汉大学	86	476	5.53	88.4	10
7	肖希明	武汉大学	42	415	9.88	92.9	14
8	李国新	北京大学	21	402	19.14	100.0	11

续表

序号	作者	作者单位	发文量/篇	总被引频次/次	篇均被引频次/次	被引率/%	h 指数
9	柯平	南开大学	40	383	9.57	92.5	11
10	张兴旺	桂林理工大学	17	371	21.82	94.1	9

54.6　高被引机构分析

图书情报档案领域总被引频次 Top 20 高等院校和总被引频次 Top 10 科研院所的发文和被引情况分别见表 54-5 和表 54-6。

表 54-5　图书情报档案领域高被引高等院校 Top 20

序号	第一作者单位	发文量/篇	总被引频次/次	篇均被引频次/次	序号	第一作者单位	发文量/篇	总被引频次/次	篇均被引频次/次
1	武汉大学	1971	12030	6.10	11	华中师范大学	431	1493	3.46
2	南京大学	1238	4640	3.75	12	黑龙江大学	668	1449	2.17
3	吉林大学	935	4283	4.58	13	上海交通大学	253	1343	5.31
4	北京大学	839	4137	4.93	14	北京师范大学	319	1310	4.11
5	中国人民大学	766	2725	3.56	15	郑州大学	556	1265	2.28
6	中山大学	591	2530	4.28	16	南昌大学	303	1144	3.78
7	上海大学	747	2275	3.05	17	湘潭大学	328	1130	3.45
8	华东师范大学	408	2275	5.58	18	南京理工大学	265	1045	3.94
9	南开大学	410	2062	5.03	19	江苏大学	211	1043	4.94
10	安徽大学	600	1830	3.05	20	四川大学	409	1027	2.51

表 54-6　图书情报档案领域高被引科研院所 Top 10

序号	第一作者单位	发文量/篇	总被引频次/次	篇均被引频次/次	序号	第一作者单位	发文量/篇	总被引频次/次	篇均被引频次/次
1	中国科学院文献情报中心	328	1726	5.26	6	南京图书馆	273	797	2.92
2	中国科学技术信息研究所	507	1677	3.31	7	深圳图书馆	128	737	5.76
3	中国国家图书馆	777	1670	2.15	8	辽宁省图书馆	236	696	2.95
4	上海图书馆	222	1533	6.91	9	中国医学科学院医学信息研究所	218	524	2.40
5	上海社会科学院	80	836	10.45	10	中国科学院成都文献情报中心	116	521	4.49

54.7　高被引国外期刊

图书情报档案领域 2019 年被引频次 Top 10 的国外期刊见表 54-7，排名居前 3 位的国外期刊分别是 *Scientometrics*、*Computers in Human Behavior* 和 *Journal of the Association for Information Science and Technology*。

表 54-7　图书情报档案领域高被引国外期刊 Top 10

序号	期刊名称	2019 年被引频次/次
1	Scientometrics	539
2	Computers in Human Behavior	325
3	Journal of the Association for Information Science and Technology	300
4	Journal of Informetrics	170
5	PLOS ONE	130
6	Government Information Quarterly	105
7	International Journal of Information Management	93
8	Nature	68
9	Procedia Computer Science	64
10	Online Information Review	62

第 55 章　教育领域高被引分析

55.1　领域论文概况

2014—2018 年，教育领域的 653 种期刊上共发表学术论文 2292260 篇，由来自 232318 所机构的 1515991 位学者作为第一作者发表。上述论文中，有 636537 篇获得过引用，整体被引率为 27.8%，总被引频次为 1787051 次，篇均被引 0.78 次；其中，高被引论文有 22206 篇，高被引论文篇均被引 21.42 次（表 55-1）。另外，2019 年本领域共发表论文 386352 篇，其中有 28503 篇在当年获得过引用，总共被引 43626 次。

表 55-1　教育领域论文分布情况

年份	论文数量/篇	总被引频次/次	被引率/%	高被引论文数量/篇	高被引论文被引频次/次
2014	428848	415165	29.4	4161	128666
2015	464637	435473	30.3	4765	120738
2016	472251	413088	29.3	4443	109737
2017	477061	340708	28.8	4779	79040
2018	449463	182617	20.8	4058	37379
合计	2292260	1787051	27.8	22206	475560

55.2　高被引论文分析

在教育领域，2014—2018 年发表的总被引频次 Top 10 论文（表 55-2）的平均被引频次为 811.9 次，是全部 22206 篇高被引论文篇均被引频次的 37.90 倍。从论文分布来看，刊载高被引论文数量居前 3 位的期刊分别是《学周刊》（1357 篇）、《中国继续医学教育》（1231 篇）和《实验技术与管理》（567 篇），其中，《现代教育技术》刊载了高被引论文 Top 10 中的 2 篇；发表高被引论文数量居前 3 位的学者分别是厦门大学的别敦荣（26 篇）、华东师范大学的祝智庭（24 篇）和江苏师范大学的杨现民（23 篇）；产出高被引论文数量居前 3 位的机构分别是北京师范大学（459 篇）、华东师范大学（407 篇）和华中师范大学（232 篇）。

表 55-2　教育领域高被引论文 Top 10

序号	论文题名	第一作者	期刊名称	发表年份	被引频次/次	
					总频次	2019 年
1	对分课堂：大学课堂教学改革的新探索	张学新	复旦教育论坛	2014	1087	347
2	高校微课建设的现状分析与发展对策研究	胡铁生	现代教育技术	2014	992	113
3	从“翻转课堂”的本质，看“翻转课堂”在我国的未来发展	何克抗	电化教育研究	2014	924	176

续表

序号	论文题名	第一作者	期刊名称	发表年份	被引频次/次	
					总频次	2019 年
4	在线教育的“后 MOOC 时代”——SPOC 解析	康叶钦	清华大学教育研究	2014	891	146
5	翻转课堂中知识内化过程及教学模式设计	赵兴龙	现代远程教育研究	2014	871	117
6	英语学科核心素养的实质内涵	程晓堂	课程·教材·教法	2016	749	254
7	基于微课的“翻转课堂”模式在大学英语教学中应用的可行性分析	卢海燕	外语电化教学	2014	705	65
8	新工科建设的内涵与行动	钟登华	高等工程教育研究	2017	703	386
9	基于核心素养的课程发展：挑战与课题	钟启泉	全球教育展望	2016	603	165
10	基于微课的“翻转课堂”教学模式设计和实践	刘锐	现代教育技术	2014	594	67

55.3 研究主题关联分析

在教育领域，22206 篇高被引论文共被引用了 475560 次。通过分析施引文献关键词的词频及关键词之间的共现关系，获得教育领域的热点主题和主题关联，如图 55-1 所示。由图可知：“翻转课堂”“核心素养”“教学改革”“教学模式”等关键词的文档词频较高，是教育领域的研究热点；本领域主要形成 3 个研究主题簇，分别以“核心素养”“课堂教学”为核心，以“翻转课堂”“微课”为核心，以“教学改革”“人才培养”为核心。

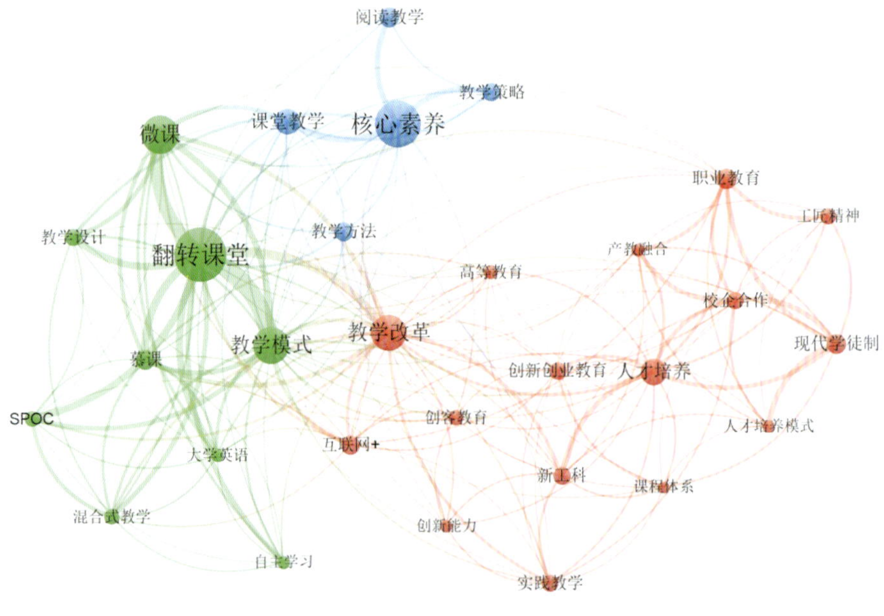

图 55-1 教育领域热点论文主题关联

55.4 高影响力期刊分析

在教育领域，5 年影响因子 Top 10 期刊见表 55-3，总被引频次最高的期刊是《中国继续医学教育》（69664 次），5 年影响因子最高的期刊是《远程教育杂志》。

表 55-3 教育领域高被引期刊基本指标

序号	期刊名称	5 年载文量/篇	总被引频次/次	5 年影响因子	高被引论文数量/篇	h 指数
1	远程教育杂志	398	7694	5.389	158	41
2	高等工程教育研究	1016	14001	4.637	244	48
3	现代远程教育研究	387	6906	4.326	111	34
4	开放教育研究	456	7054	4.259	161	36
5	中国电化教育	1554	24044	4.043	520	68
6	电化教育研究	1146	13043	3.349	342	43
7	现代教育技术	1135	14317	3.335	285	52
8	教育研究	1323	15639	3.303	387	50
9	体育科学	705	6367	3.201	194	34
10	清华大学教育研究	488	4554	2.861	71	25

55.5 高被引作者分析

2014—2018 年论文总被引频次 Top 10 的作者见表 55-4。其中，发文总被引频次居前 3 位的作者分别是华东师范大学的祝智庭（2147 次）、江苏师范大学的杨现民（1987 次）和北京师范大学的何克抗（1709 次）。5 年发文量居前 3 位的作者分别是山东省枣庄市市中区实验小学的贾宪章（157 篇）、北京丰台二中的甘志国（144 篇）和滁州职业技术学院的张健（113 篇）。

表 55-4 教育领域高被引作者 Top 10

序号	作者	作者单位	发文量/篇	总被引频次/次	篇均被引频次/次	被引率/%	h 指数
1	祝智庭	华东师范大学	30	2147	71.57	100.0	19
2	杨现民	江苏师范大学	26	1987	76.42	100.0	18
3	何克抗	北京师范大学	32	1709	53.41	93.8	12
4	胡铁生	广东省佛山市教育局	11	1535	139.55	90.9	8
5	林健	清华大学	24	1328	55.33	95.8	13
6	李志义	大连理工大学	5	1299	259.80	100.0	5
7	张学新	复旦大学	1	1087	1087.00	100.0	1

续表

序号	作者	作者单位	发文量/篇	总被引频次/次	篇均被引频次/次	被引率/%	h指数
8	程晓堂	北京师范大学	9	1057	117.44	88.9	6
9	余胜泉	北京师范大学	19	1040	54.74	94.7	10
10	赵兴龙	中央电化教育馆	9	988	109.78	88.9	5

55.6 高被引机构分析

教育领域总被引频次 Top 20 高等院校和总被引频次 Top 10 科研院所的发文和被引情况分别见表 55-5 和表 55-6。

表 55-5 教育领域高被引高等院校 Top 20

序号	第一作者单位	发文量/篇	总被引频次/次	篇均被引频次/次	序号	第一作者单位	发文量/篇	总被引频次/次	篇均被引频次/次
1	北京师范大学	6662	24153	3.63	11	江苏师范大学	2242	6513	2.90
2	华东师范大学	5943	21294	3.58	12	浙江大学	2178	6028	2.77
3	东北师范大学	3524	11530	3.27	13	吉林大学	2634	5680	2.16
4	华中师范大学	5082	11146	2.19	14	北京体育大学	3912	5399	1.38
5	南京师范大学	6089	9900	1.63	15	上海体育学院	2294	5344	2.33
6	华南师范大学	3985	9174	2.30	16	厦门大学	1817	5069	2.79
7	清华大学	1403	8877	6.33	17	西北师范大学	2826	4975	1.76
8	西南大学	4145	7685	1.85	18	河南大学	3921	4722	1.20
9	陕西师范大学	4905	7516	1.53	19	首都师范大学	2571	4543	1.77
10	北京大学	2026	6582	3.25	20	华中科技大学	1207	4472	3.71

表 55-6 教育领域高被引科研院所 Top 10

序号	第一作者单位	发文量/篇	总被引频次/次	篇均被引频次/次	序号	第一作者单位	发文量/篇	总被引频次/次	篇均被引频次/次
1	中华人民共和国教育部	487	3576	7.34	4	中央电化教育馆	63	1648	26.16
2	中国教育科学研究院	655	2381	3.64	5	广东省佛山市教育局	34	1567	46.09
3	北京教育科学研究院	967	2075	2.15	6	漯河医学高等专科学校	719	1136	1.58

续表

序号	第一作者单位	发文量/篇	总被引频次/次	篇均被引频次/次	序号	第一作者单位	发文量/篇	总被引频次/次	篇均被引频次/次
7	教育部职业技术教育中心研究所	163	1131	6.94	9	上海市教育科学研究院	372	1000	2.69
8	教育部考试中心	254	1019	4.01	10	赤峰市医院	272	963	3.54

55.7　高被引国外期刊

教育领域2019年被引频次Top 10的国外期刊见表55-7，排名居前3位的国外期刊分别是*PLOS ONE*、*Computers & Education*和*Computers in Human Behavior*。

表55-7　教育领域高被引国外期刊Top 10

序号	期刊名称	2019年被引频次/次
1	PLOS ONE	325
2	Computers & Education	283
3	Computers in Human Behavior	228
4	Sports Medicine	112
5	Teaching and Teacher Education	109
6	British Journal of Sports Medicine	108
7	Frontiers in Psychology	106
8	BMC Medical Education	98
9	Scientific Reports	91
10	Nature	90

第 56 章　语言文艺领域高被引分析

56.1　领域论文概况

2014—2018 年，语言文艺领域的 378 种期刊上共发表学术论文 810732 篇，由来自 113968 所机构的 531810 位学者作为第一作者发表。上述论文中，有 157408 篇获得过引用，整体被引率为 19.4%，总被引频次为 330493 次，篇均被引 0.41 次；其中，高被引论文有 7800 篇，高被引论文篇均被引 10.94 次（表 56-1）。另外，2019 年本领域共发表论文 135218 篇，其中有 4788 篇在当年获得过引用，总共被引 6109 次。

表 56-1　语言文艺领域论文分布情况

年份	论文数量/篇	总被引频次/次	被引率/%	高被引论文数量/篇	高被引论文被引频次/次
2014	149546	85820	23.6	1489	23454
2015	161503	84273	22.7	1761	22862
2016	165773	71991	20.7	1787	19160
2017	183110	58801	17.7	1667	13444
2018	150800	29608	12.4	1096	6401
合计	810732	330493	19.4	7800	85321

56.2　高被引论文分析

在语言文艺领域，2014—2018 年发表的总被引频次 Top 10 论文（表 56-2）的平均被引频次为 249.0 次，是全部 7800 篇高被引论文篇均被引频次的 22.76 倍。从论文分布来看，刊载高被引论文数量居前 3 位的期刊分别是《大众文艺》（493 篇）、《课程教育研究》（484 篇）和《艺术科技》（246 篇），其中，《外语教学与研究》刊载了高被引论文 Top 10 中的 3 篇；发表高被引论文数量居前 3 位的学者分别是北京外国语大学的文秋芳（21 篇）、广东外语外贸大学的仲伟合（18 篇）和华中科技大学的徐锦芬（17 篇）；产出高被引论文数量居前 3 位的机构分别是北京大学（135 篇）、南京林业大学（133 篇）和北京外国语大学（130 篇）。

表 56-2　语言文艺领域高被引论文 Top 10

序号	论文题名	第一作者	期刊名称	发表年份	被引频次/次	
					总频次	2019 年
1	构建“产出导向法”理论体系	文秋芳	外语教学与研究	2015	514	215
2	《大学英语教学指南》要点解读	王守仁	外语界	2016	475	153
3	大学英语教学中通用英语与专用英语之争：问题与对策	文秋芳	外语与外语教学	2014	251	32
4	强制阐释论	张江	文学评论	2014	239	31

续表

序号	论文题名	第一作者	期刊名称	发表年份	被引频次/次	
					总频次	2019 年
5	商务英语专业本科教学质量国家标准要点解读	王立非	外语教学与研究	2015	198	41
6	交互设计：从物理逻辑到行为逻辑	辛向阳	装饰	2015	193	52
7	外语课堂教学中的问题与若干研究课题	束定芳	外语教学与研究	2014	171	27
8	“产出导向法”的中国特色	文秋芳	现代外语	2017	168	80
9	中国文学走出去：问题与实质	谢天振	中国比较文学	2014	141	31
10	“师生合作评价”：“产出导向法”创设的新评价形式	文秋芳	外语界	2016	140	64

56.3　研究主题关联分析

在语言文艺领域，7800 篇高被引论文共被引用了 85321 次。通过分析施引文献关键词的词频及关键词之间的共现关系，获得语言文艺领域的热点主题和主题关联，如图 56-1 所示。由图可知：“核心素养”“课堂教学”“阅读教学”“翻转课堂”等关键词的文档词频较高，是语言文艺领域的研究热点；本领域主要形成 3 个研究主题簇，分别以“翻转课堂”“教学模式”为核心，以“课堂教学”“阅读教学”为核心，以“传统文化”“翻译策略”为核心。

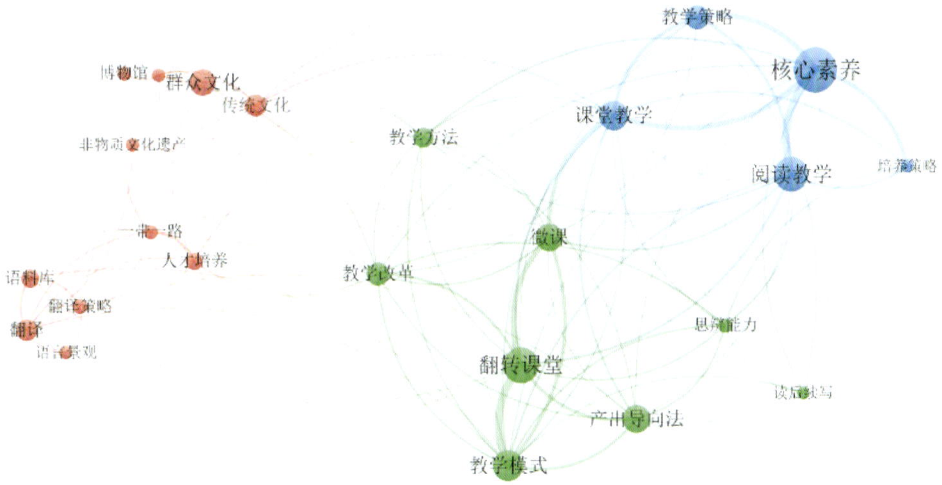

图56-1　语言文艺领域热点论文主题关联

56.4　高影响力期刊分析

在语言文艺领域，5 年影响因子 Top 10 期刊见表 56-3，总被引频次最高的期刊是《课程教育研究》（23602 次），5 年影响因子最高的期刊是《外语界》。

表 56-3 语言文艺领域高被引期刊基本指标

序号	期刊名称	5 年载文量/篇	总被引频次/次	5 年影响因子	高被引论文数量/篇	h 指数
1	外语界	359	4483	3.618	182	31
2	现代外语	484	2902	2.058	122	23
3	外语教学与研究	517	3552	1.988	102	25
4	外语教学理论与实践	289	1511	1.595	79	17
5	中国外语	467	2503	1.574	112	22
6	外语教学	713	3441	1.426	185	24
7	外语与外语教学	499	2590	1.399	111	20
8	外国语	390	1575	1.190	74	17
9	上海翻译	492	1778	1.183	95	18
10	中国翻译	813	3490	1.129	174	24

56.5 高被引作者分析

2014—2018 年论文总被引频次 Top 10 的作者见表 56-4。其中，发文总被引频次居前 3 位的作者分别是北京外国语大学的文秋芳（1669 次）、广东外语外贸大学的仲伟合（688 次）和南京大学的王守仁（662 次）。5 年发文量居前 3 位的作者分别是南京三八保育院的葛蓓（94 篇）、河北省定兴县幼儿园的孙晓鹏（73 篇）和东莞理工学院的梁宝忠（72 篇）。

表 56-4 语言文艺领域高被引作者 Top 10

序号	作者	作者单位	发文量/篇	总被引频次/次	篇均被引频次/次	被引率/%	h 指数
1	文秋芳	北京外国语大学	32	1669	52.16	90.6	14
2	仲伟合	广东外语外贸大学	24	688	28.67	91.7	13
3	王守仁	南京大学	10	662	66.20	100.0	7
4	蔡基刚	复旦大学	13	450	34.62	92.3	6
5	王立非	对外经济贸易大学	26	417	16.04	88.5	10
6	王初明	广东外语外贸大学	13	390	30.00	84.6	6
7	张江	中国社会科学院	17	352	20.71	94.1	7
8	束定芳	上海外国语大学	22	350	15.91	81.8	9
9	徐锦芬	华中科技大学	25	259	10.36	84.0	9
10	胡开宝	上海交通大学	20	228	11.40	85.0	6

56.6 高被引机构分析

语言文艺领域总被引频次 Top 20 高等院校和总被引频次 Top 10 科研院所的发文和被引情况分别见表 56-5 和表 56-6。

表 56-5　语言文艺领域高被引高等院校 Top 20

序号	第一作者单位	发文量/篇	总被引频次/次	篇均被引频次/次	序号	第一作者单位	发文量/篇	总被引频次/次	篇均被引频次/次
1	北京外国语大学	1043	4221	4.05	11	上海大学	3261	1743	0.53
2	北京大学	3393	3609	1.06	12	沈阳音乐学院	2361	1666	0.71
3	南京大学	2555	3421	1.34	13	中国人民大学	2057	1642	0.80
4	广东外语外贸大学	962	3205	3.33	14	南京师范大学	2642	1590	0.60
5	北京师范大学	3094	2492	0.81	15	上海交通大学	1100	1585	1.44
6	上海外国语大学	878	1979	2.25	16	中国传媒大学	2561	1567	0.61
7	清华大学	1706	1919	1.12	17	中山大学	1225	1409	1.15
8	复旦大学	1855	1899	1.02	18	河南大学	2878	1365	0.47
9	华东师范大学	2230	1819	0.82	19	首都师范大学	2108	1360	0.65
10	南京林业大学	840	1775	2.11	20	浙江大学	1291	1321	1.02

表 56-6　语言文艺领域高被引科研院所 Top 10

序号	第一作者单位	发文量/篇	总被引频次/次	篇均被引频次/次	序号	第一作者单位	发文量/篇	总被引频次/次	篇均被引频次/次
1	中国社会科学院	2227	2253	1.01	6	陕西省考古研究院	119	236	1.98
2	中国艺术研究院	1997	886	0.44	7	中国社会科学院文学研究所	236	212	0.90
3	中国社会科学院语言研究所	115	402	3.50	8	故宫博物院	300	198	0.66
4	中国社会科学院考古研究所	203	333	1.64	9	郑州幼儿师范高等专科学校	388	187	0.48
5	中国社会科学院近代史研究所	134	246	1.84	10	中国国家博物馆	347	187	0.54

56.7 高被引国外期刊

语言文艺领域 2019 年被引频次 Top 10 的国外期刊见表 56-7，排名居前 3 位的国外期刊分别是 *System*、*Language Learning* 和 *Journal of Pragmatics*。

表 56-7 语言文艺领域高被引国外期刊 Top 10

序号	期刊名称	2019 年被引频次/次
1	System	60
2	Language Learning	59
3	Journal of Pragmatics	53
4	Cognitive Linguistics	51
5	Language Teaching Research	48
6	The Modern Language Journal	47
7	Language Sciences	38
8	Journal of Archaeological Science	38
9	Applied Linguistics	38
10	Journal of Second Language Writing	35

参考文献

[1] 中国科学技术信息研究所. 2011 年版中国科技期刊引证报告：核心版 [M]. 北京：科学技术文献出版社，2011.

[2] 曾建勋. 2011 年版中国期刊引证报告：扩刊版 [M]. 北京：科学技术文献出版社，2011.

[3] 曾建勋，李旭林. 中国期刊高被引指数的探究 [J]. 中国科技期刊研究，2007，18（4）：555-557.

[4] 曾建勋，赵捷，吴雯娜，等. 基于引文的知识链接服务体系研究 [J]. 情报理论与实践，2009，32（5）：1-4.

[5] 贺德方，郑彦宁. 世界高影响力学术论文科学计量学分析：1979—2008 [M]. 北京：科学技术文献出版社，2010.

[6] 贺德方. 中国高影响力论文产出状况的国际比较研究 [J]. 中国软科学，2011（9）：94-99.

[7] 贺德方. 事实型数据：科技情报研究工作的基石 [J]. 情报学报，2010，29（5）：771-776.

[8] 苏新宁，邓三鸿，韩新民. 中国人文社会科学学术影响力报告 [M]. 北京：高等教育出版社，2011.

[9] 苏新宁. 中国人文社会科学图书学术影响力报告 [M]. 北京：中国社会科学出版社，2011.

[10] 邱均平，燕今伟，刘霞，等. 中国学术期刊评价研究报告：RCCSE 权威期刊、核心期刊排行榜与指南 [M]. 北京：科学出版社，2011.

[11] 朱强，蔡蓉华，何峻. 中文核心期刊要目总览：2011 年版 [M]. 6 版. 北京：北京大学出版社，2011.

[12] 万锦堃，薛芳渝. 中国学术期刊综合引证报告：2008 版 [M]. 北京：科学出版社，2008.

[13] 姜晓辉. 中国人文社会科学核心期刊要览：2008 年版 [M]. 北京：社会科学文献出版社，2009.

[14] 中国科学引文数据库项目组. 中国科学计量指标：论文与引文统计：2011 年卷 [M]. 北京：知识产权出版社，2012.

[15] 中国科学引文数据库项目组. 中国科学计量指标：期刊引证报告：2011 年卷 [M]. 北京：知识产权出版社，2011.

[16] 潘教峰，张晓林，王小梅，等. 科学结构地图 2009 [M]. 北京：科学出版社，2010.